10

杂文卷

柏杨全集

人民文学出版社

图书在版编目(CIP)数据

柏杨全集:限量版.10/柏杨著.—北京:人民文学出版社,2010

ISBN 978-7-02-008000-7

Ⅰ.柏… Ⅱ.柏… Ⅲ.①柏杨(1920~2008)-全集②杂文-作品集-中国-当代 Ⅳ.C52

中国版本图书馆 CIP 数据核字(2010)第 048967 号

责任编辑:常雪莲 马玉梅
装帧设计:翁 涌
责任印制:张文芳

10 杂文卷

柏杨全集

我们要活得有尊严

新城对

目　　录

我们要活得有尊严

附 录

新城对

我们要活得有尊严

提　要

《我们要活得有尊严》由柏杨的两部著作《我们要活得有尊严》和《天真是一种动力》合编而成，收录了柏杨世纪之交近十年的作品。在这些文章中，柏杨依然幽默，充满智慧，不但继续挖掘中国文化的劣根性，而且还把关注的目光投向当代人的亲情、婚姻和衣食住行上，从中可以看到柏杨对中国文化和中国民族性的不懈探索和最新成果。

本书有柏杨一贯的批判精神，譬如脏、吵等酱缸中的元素仍不放过，甚至试拟《吵律》。此外，特有一种悲悯情怀在焉，着重在“人权”“尊严”的课题上，《绿岛人权纪念碑落成》《中国人，活得好没有尊严》《缺少“尊重”》《尊严价更高》等，“活要活得有尊严，死要死得有尊严”，因此，他说：“我赞成安乐死！”

本书是以口述的方式写成的杂文，高龄八十的柏杨犹在为人性尊严而呐喊，他期待二十一世纪的中国能够充满“欢乐”，但他同时要求大家要“记忆”——记忆集体罪恶，避免它的再现。

我们在改变世界（代序）

——2002年香港国际书展新书发布会致辞

感谢香港《明报月刊》，感谢潘耀明总编辑，感谢各位朋友，为我的新书——《中国人，活得好没有尊严》，举行发布会！

回溯到1999年，潘总编辑忽然向我邀稿，使我大为惊喜。多年以来，为了筹建绿岛人权纪念碑，超过我体力和能力的负荷，而得了晕眩病，一天二十四小时，晕眩不断，直到今天，这个病仍然缠身，已经很久没有写稿了！而社会大众也好像以为我的社会工作，比我身为一个写作人更为重要，所以，潘总编辑的征召，使我特别兴奋。《明报月刊》是海内外华文世界中，最多人文关怀，可读性又最高的刊物之一，使我感到是一份荣耀。而且，想当初我大量写作的时候，一直都陷在"伏案执笔"苦境，而现在写作已用不着伏案，更用不着执笔，只要有一张嘴巴，有一部计算机，有一位能干的助理小姐就够了，这是作家的天堂时代，我搭上了头班车。

"老牛自知夕阳晚，不用扬鞭自奋蹄"，我今年已经八十二岁了——不知道怎么会活得这么老！我的性格和受到的诅咒，如果不早死战场，也一定会早死刑场。虽然经历了太多的灾难，看尽了太多的荒谬和丑陋，但也遇到了太多美好的事情，和太多美好的友情，我觉得我应该全部回馈给年轻的大朋友和小朋友，而《明报月刊》适时地赐给我机会。

长期的灾难，提高了我心灵层次；难得的幸运，使我产生无穷感恩。现在每当看到年轻孩子，我就十分担心，担心他们目前拥有这幅欢乐的画面，会不会只是眼前的一种假相？我有很多话要对他们说。

真是“光阴似箭，日月如梭”，不知不觉，写了将近三年，直到上个月，《明报月刊》通知我要出版一个集子了，并且邀我来香港为读者先生签名，这可是又一次大为惊喜。

我从遥远的台北，带来一份礼物——一套“人权结婚证书”，回赠给《明报月刊》，一则表示我的感谢，一则也借此报告，在台湾这些年来，我和朋友们所从事的主要工作是些什么。简要地说，我们是在推动一项中华文化的巨大改革，并促进它提升，那就是推广人权家庭的建立和普及。为使每个家庭都成为“有充分尊重，有充分包容”的家庭，我们设计了这套结婚证书，要求新郎新娘坚持八项誓言，这八项是：

一、从结婚那天开始，新郎新娘不仅是夫妇，也是朋友。

二、无论丈夫对妻子、妻子对丈夫、父母对孩子，绝不使用肢体语言和暴力语言。

三、夫妻的收入，完全等值，不是谁养谁，而是两个人共同养这个家。

四、夫妻绝不把孩子当做实现自己希望的工具或炫耀的工具。

五、新郎新娘誓言用事实和行动，维持一夫一妻制度。

六、夫妻一定要保持适度的度假，绝不无尽期地工作、工作、工作……而不稍作休息。

七、夫妻要把对方的父母，当做自己的父母一样孝敬。

八、新郎新娘从结婚那天开始，就要为自己、为配偶、为孩子，尽量购买适当的基金或必要的保险。并且培养专业之外的其他艺术兴趣，使生命更为充实。

八项盟誓和婚前的一项讲习，是文明人类最基础的教养——尊重、包容，都包括在八项之中。“人权结婚证书”不仅可供夫妻间互相检查之用，还可供孩子们鉴定父母履行的程度。孩子们在这样家庭中，必然谦和有礼，充满自信，他们会是一种和其他家庭里成长的孩子不一样的新品种的孩子，使整个中华民族都会改变。

每想到这里，我就喜不自胜，渴望得到各位朋友的指正赞助。

谢谢各位读者先生！谢谢各位读者先生！

2002年7月20日于香港

请再听我说(再序)

——老牛不知夕阳晚,不用扬鞭自奋蹄!

2002年6月,汇集我在香港《明报月刊》写的专栏,出一本新书,香港版书名《中国人,活得好没有尊严!》,大陆版和台湾版书名《我们要活得有尊严》。当时想,这应该是我一生最后一本书了。这并不是无病呻吟,反而正因为我百病缠身。人生像《西游记》里的孙悟空,驾着筋斗云,到了"五指山",高兴地写下"齐天大圣到此一游"。这本书不过是"最后到此一游"的句点,再也没有另一座五指山了。美国退休总统里根先生在"五指山"题字之后,突然宣布他就要呈现老年痴呆症,大家半信半疑。结果,他连他当过美国总统这件事,都忘得干干净净。

我还没有资格作什么宣布,但想起失智、瘫痪、中风,所有造成老年人恐怖的,其恐怖程度都远超过任何政治恐怖。因为政治恐怖受害的是一群人,老人的恐怖则由老人个别承担。

我曾看到一个住在老人院的母亲接到女儿电话时的表情,皱着眉问:"你是谁?什么?夏绿蒂吗?我不认识。"这再一次增加我的失落无助。虽然痴呆现在还没有像对里根先生一样,铺天盖地陡然降临在我身上,甚至,也或许我幸运地在之前已经挂掉。问题是,人生的好运总有用尽的时候,恐怕我的好运在我挂掉之前已经枯竭,所以我认为《中国人,活得好没有尊严!》是我最后的一本书,并因此而更不敢懈怠,把握残余的时间,写一字是一字,写一文是一文。廉颇跨马,顾盼自雄,心有千万余情。

在钟摆的滴答声中,又是两年,集结《明报月刊》和各方稿件,又成一书《天真是一种动力》。回首四年前歌舞升平,民主的喜悦刚刚开始。我曾经不断重复地介绍西汉王朝开国皇帝刘邦先生的故事:最初他对"儒生"不仅轻视,而且厌恶。他一高兴或一不高兴,就把儒生的帽子拿下来,在里面撒尿,极尽侮辱的能事,还口出脏言诟骂:"你老子我,马上得天下,要你们这些摇笔杆的知识分子有什么用?"儒生回答说:"你陛下可以马上得天下,但你能马上治天下乎?"一语惊醒梦中人,这个历史上的伟大人物就在这刻觉醒。刘邦承认自己错误,也显示自己的包容能力,没有以"挑拨朝廷与人民间的感情"为由把那书生交付军法审判,反而回答"不能"。

讲这个故事时,我特别提醒朋友们,民主政治固然可以用选票得天下,但是同样地并不能用选票治天下。从前的知识分子,一语可以旋转乾坤;而现在的听者似乎态度坚强。

校对手中的稿件时,仿佛能听到我一路所作的叮咛。时代变化太为急剧,台湾的文化滚动得也太快。滚石不生苔,任何事情,都无可奈何地匆匆而过。潮水来时,大家都在游泳;潮水退时,可发现有些人并没有穿游泳衣——虽露出原形,仍在那里装腔作势。优质的文化若没有有心人承传,恶质的文化便一定陆续呈现,因为有潮就有涨退。我恐惧我们重演第二个魏玛共和国。

当我能写作的时候，我一定继续地写；当我能说话的时候，一定继续地说，直到有一天，我再也写不动、说不动。

老牛不知夕阳晚，不用扬鞭自奋蹄！

2004年10月于台北

中国人,活得好没有尊严!

使人震惊的是:所有的知识分子,都赞美“三寸金莲”,认为“瘦不盈握”是挑起男人勃起的最好工具,这种把一半中国人的身体和健康摧毁,使她们成为残废的文化,能不能算是文明?

最晚从八九世纪开始的一千年来,直到二十世纪初期,假如你于午夜时分,低空掠过中国广大的国土,你会听到,几乎每个中国人的家里,都会发出五六岁或七八岁小女孩惨厉的哭声。那一种哭声,使你心痛如割,可是你却无可奈何。因为摧残这些小女孩的凶手,正是她们的亲生爹娘,尤其是她们的母亲,每天晚上都要向小女孩伸出毒手,把她们小小长方形的脚形,用布条缠起,硬生生缠成一个三角形,肉烂骨折。双脚被缠之后,完全失去活动能力,使大儒大贤之类,更坚持“女子无才便是德”理论。当一个女性,双足残废又不识字,遂不得不依赖男人(父亲、丈夫、儿子),任凭男人宰割。然而,更使人震惊的是:这样一个丑陋和残忍的形象,中国人不但不觉得羞耻,反而引起一片赞美,所有的知识分子,都把它称之为“三寸金莲”,认为“瘦不盈握”是挑起男人勃起的最好工具,在诗词歌赋文学作品中,大量呈现。即令到了二十世纪初叶,仍有些作家在报上说:三寸金莲使一个女人行走起来婀娜多姿,庸夫俗子竟然反对。外国人那种高跟鞋,不也伤害女人的脚吗?而脱了高跟鞋以后,十个脚趾平放在那里,是多么的难看。

这种把一半中国人的身体和健康摧毁,使她们成为残废的文化,能不能算是文明?

我们社会的传统,等级森严,有长有幼,有富有贫,有贵有贱。而贵和贱两个阶层——贵中有贱,贱中有贵,层层分明,威力无边。贵的一层，永远乐意于虐待贱的一层，所以市井小民，虽然可以虐待妻子、女儿，但在广大的男人社会中，自己却永远是蚂蚁一样卑微的族群。任何一个小官小吏看他不顺眼，都可以把他揪翻在地，施以鞭打，而大官对小官也是如此。全国最大的官，莫过于宰相，宰相应该可以免此一劫。然而，自公元前三世纪稍后、西汉王朝开始，皇帝可以随时把大臣揪翻在地，骑在他背上，抓住头发。东汉王朝时，皇帝就在金銮宝殿上，殴打大臣。到了明王朝，更是令人战栗，有名的"廷杖"，不管宰相也好，部长也好，皇上只要发怒，立刻就有行刑队扑上来，也把他揪翻在地，用四根绳子，绑在早已固定好的木桩上，用黑口袋罩住他的头部，一块木头塞住他的嘴巴，脱下他的裤子，用木棍捶打。

即令到了二十世纪二十年代，就在北京，一个清王朝的家奴型小官，手提灯笼，走到西单大街，趴在地上，脱下裤子，教他的家人在他可敬的屁股上，痛打五六大板（当时报上说：如果不是熬不住，还可能打十几大板），然后爬起来，向围观的群众说："这种滋味，好久不尝，痛快！痛快！"在凌辱和被凌辱中怡然自得。贵的一边偶然倦怠或偶尔慈悲，歇一歇手，或时代已不允许用这种方法虐待，而贱的一边，还大不满意，千方百计自己作践，想出种种妙计，使主子动手，因为，如不被主子虐待，如不主动向主子献媚、主动献上银两，他就没有安全感。所以，中华传统文化中，谄媚成为主流，马屁和行贿手段之精密，令人拍案叫绝。就在二十一世纪，我还看到有些小册子，称呼他尊敬的人物（假设是我）名字时，还出现"上柏下杨"或者"柏上杨下"的奇观。我们就在这种文化中，踉跄走来，回首凝望，不禁满面羞惭，长长一声叹息："中国人，你活得好没有尊严！"

缺少“尊重”

中国人什么能力都有(尤其有窝里斗的能力),只没有“尊重别人”的能力。

《红楼梦》中,王熙凤责罚丫环,丫环跪在地上,一语一叩头,王熙凤喝令打嘴,丫环浑身发抖,抬起头来等候,王熙凤又喝令丫环:“你自己打!”那个因贫穷卖身的可怜女孩,开始用左右手分别打自己的双颊,一面痛苦地哀嚎,一面用力地抽打,眼泪和打出来的血同时流下。

大分裂时代中,一个王爷,喜欢吃血痂,王府之内的几百位官员,每天的工作就是轮流接受鞭刑,等到伤口结痂,王爷就掀下血痂下酒。另一桩有名的“儿口承唾”,苻坚大帝的孙子,逃亡到江南,无论什么时候,只要他一咳嗽,旁边侍候他的书童,就会跪下,张开大口,那位王孙就将浓痰吐到书童的口中。

这还是小儿科的做法,在北齐帝国统治者的人渣家族中,一位王爷,高楼上拉大便,下面的仆人就得张开大嘴承接。长江南岸的王爷更凶,当他铸剑完成后,总是用别人的脖子做试验,如果一剑下去,人头落地,就证明那是一把好剑;如果不能一剑人头落地,而仅受重伤,它就作废。

从这些故事,可以看到,一个人,一旦成了“主子”,也就是一旦有了钱,或一旦有了权,他就能把丑恶凶暴的性格,发挥到极致。

时到二十世纪,凌虐的形式或有不同,但基本的心理状态,永恒不变,经常是“主子”们比上述的王爷更凶。而现在,已是二十一世纪,陕西省的一位“主子”——小学教师,命全班小学生一一出列,打自己的嘴巴。而另一位“主子”,更理直气壮地对一个小学生实行黥刑,在脸上刺青。

这是酱缸培养出来的另一特长,自己的尊严,永远建立在伤害别人的尊严上——伤害别人的人格尊严、身体尊严、生命尊严,而且成为牢不可破的承传,构成另一种“恶婆媳心态”。

传统社会,婆婆对媳妇有无上权威。虽然她自己非常爱自己的女儿,但是她对别人的女儿,却百般地凌虐。媳妇心中充满了痛苦、怨恨,但无力反抗,唯一的盼望是该恶婆婆早日死掉。有一天,恶婆婆死掉,媳妇欢天喜地地坐上婆婆的位置。我们一定认为:这位受尽恶婆婆虐待的媳妇,绝不会再虐待自己的媳妇,可是,恰恰相反,这个受苦的媳妇一旦变成婆婆,成为“主子”后,立刻也就成为恶婆婆,变本加厉地虐待新任的媳妇。

恶婆媳角色的传承,思考模式的传承,好像是人生唯一目的,只要等到自己当上婆婆,一定向新媳妇讨债,计息还本。似乎是:中国人什么能力都有(尤其是窝里斗的能力),就是没有“尊重别人”的能力。

中国人,你为什么这么吵?

文明人“轻声细语”,野蛮人“既吼又嚎”!

华人之“吵”,是世界上一大奇景,美国人把它凝聚为一则小幽默后,声名更是大噪。该则小幽默说,有人向警察局报案:有两个华人在走廊上吵得不可开交,扰乱邻居安宁。警察赶来查看,发现只不过是两个中国人在那里讲悄悄话。

我是河南人,邻省朋友们(尤其是安徽),常嘲笑河南人“高半音”,既“侉”又“尖”,难以入耳。我最初还有点大怒,后来听遍了各省方言,发现“高半音”并不是河南人的专长,“侉而尖”更是普通现象，不禁大为轻松。反正，同一文化产生的声音，腔调、音量，虽然稍有不同，但“吵”的程度，全国则一。

如果你从外太空突然降落到地球上的一家餐厅，发现客人喧哗震天，用不着算卦，准可以肯定它是一家中华料理。如果客人都在静静地进餐，那你可别讲中文，保管不会有人听得懂。不但餐厅，即令是一项正式大会，主席在台上穷吼他的，台下听众，三人一群，五人一堆，分别交头接耳“讲悄悄话”，那可准是华人地盘，尽可放心在那里燃支爆竹后，扬长而去，没有人会在乎你的存在。

不但会场吵、办公室吵、家庭吵，商店、地摊、戏台、电视机、卡拉OK、电话筒上、迎神庙会，连出殡、做法事也一律吵得声震屋瓦。在台湾“国会”当然热闹得如同菜市场，庄严的“国会议员”，提出质询时，状如巫蛊恐怖时代特务头子审问政治犯，口沫四飞，指手画脚，好像这一下子天网恢恢，疏而不漏，你这个“部长”可算栽倒在我手里了。几年之前，台北还有位“国会议员”，跳到桌子上，大声诟骂，观众和选民，看得如醉如痴。在这种示范之下，胜利者乐此不疲，失败者起而效尤，嗓门一旦高不可攀，除了“吵”，其他就什么都没有了。

就在写此文的今天，我在台北参加了一场作家聚会，台上一人吵，台下大家吵。聚餐时只听有人声嘶力竭，喉咙都喊哑了还在喊。好不容易逃出重围，回家之后，接到一位老朋友的电话，语音凄凉，告诉说：“我刚参加一个婚礼回来，这是我这辈子第一次遇到这么吵的婚礼。新娘是一位小学教师，三桌小学生闹得大家非咬着耳朵大声吼，否则就一个字也听不见。”他有一种感觉，似乎是自从进入二十世纪，中华民族“吵”的程度，随岁月而日升，并且发展出一种信心：“嗓门大才会赢！”想要中国人静下来，只有使用暴力。因为中华文化是没有自我克制能力的——我可没有说中华文化是没有自我克制教训的！教训多得很，都在书上，而书，都在书架上。

我想这和“社会强力的机制”有关。二十世纪美国嬉皮年代的青少年，一旦进入社会，就会恢复正常，因为要活下去，只有重新纳入秩序一途。而我们不然，“酱缸文化”对正面教养的腐蚀力，犹如吸了强力胶对身心的戕害作用一样,社会反而成为劣质文化的熔铸炉。成熟理性抬头的社会,是一个情绪受管理,音量得到控制的社会,既然有"理",就不必一味借助咆哮。不夸张自己的喜怒哀乐,恐怕是中华民族要努力的功课。追根溯源,这是一个教育问题。我们是不是可以大胆地假设:说话的分贝,是文明人和野蛮人的分水岭!文明人"轻声细语",野蛮人"既吼又号"!如果无法依靠教育推动这项"文明化"运动,是不是可以借助法律,动用立法,通过一项"吵律",用强制的力量,逼使自己提升。

吵 律

反正,不管用什么方法,中国人一定要成为一个安静的、有沉思能力的、拥有高度文明的民族!

"吵律",古语也,用现代话,应该说是"口腔噪音惩罚条例"。不过,这项条例通过之前,必须先完成配套措施,那就是科学家的事了:要先发明一种"口腔噪音测量器",约一枚银元大小,发给全体公民挂到脖子上,它会在口腔噪音超过法定分贝时,发出警报,警察就可以上前捉住,依"律"处罚。至于分贝指标,由"卫生署"或"环保署"详细制定,输入晶片。

"吵律"草案如下:

第一条:大庭广众场所,如电影院、剧场、咖啡厅、茶室,有人大呼小叫,或大喊某人的名字,或猛传某种信息:"张部长教我告诉你……"总之,以引起大家注意为目的者,依其音量超过法定分贝程度,打三大板至十大板。

第二条:火车、汽车、捷运车上,手拿"大哥大",高谈阔论,讲的全是一些屁事。超过法定音量者,打三大板至二十大板。

第三条:朋友小聚,谈天说地,本来欢乐无穷,却有人独霸市场,阻塞别人发言,只有他前仆后继,说个没完,听者大败,欲揍之而不敢,欲逃之而不能,依其音量超过法定分贝程度,打五大板至五十大板。

第四条:猜拳行令,早已不合时宜,应该改革,无论家宴或店宴,两个粗汉攘臂奋拳,目如铜铃,呼喊叫嚣"六六大顺"、"八仙过海",声震屋瓦,迫使邻居邻桌,无可奈何,只好含辱负重,暗自垂泪者,打十三大板。

第五条:台上主席苦讲,台下人声喧哗,有的跟邻座交头接耳,有的向后座转身招呼,有的隔山打虎,和六七排之外嘘寒问暖,好像十八世纪的菜市场,依其分贝高低,打八大板至八十大板。

第六条:庄严的结婚典礼,小孩哭,大人叫,各吹各的号,各唱各的调,谁也弄不清是喜宴,还是蜂窝,新郎、新娘是什么模样,证婚人、主婚人在台上讲些什么。没有人听,更没有人关心,宾客既不是来祝福,也不是来祝贺,只不过来参加综艺节目,好不过瘾。应依其音量超过分贝之程度,每人打五大板至五十五大板。

第七条:亲人逝世,锥心伤痛,丧事礼堂,一片悲戚。偏偏有些混世之棍,没有一点哀戚悼念之情,甚至有人还大喜过望地惊叫:"哎呀!张公,好久不见,走,咱们找个地方喝两盅!"有些丧家,购买一卷现成的哭带,届时开播,分贝之高,连吉隆坡都听得见。自应严惩,以分贝高低,打二十大板至八十大板,最好打得皮破血流。

第八条:两人相对说"悄悄话",应以对方听得见为度,而竟然高到身旁行人都听得见,即令"探测器"没有反应,只要身边的人向警方检举,举出"悄悄话"内容,与实际相符者,打五大板。

这份草案,真是名副其实的草案,际此人权日益提升之日,打屁股似乎不被国人接受,那么,改为鞭打也行,文明国度中的英国,直到今天,仍有鞭刑。如果仍窒碍难行,那么更有效的方法,莫过于改为罚款,须知世界上没有一个富豪,甚至没有一个国家的国库,能受得了无穷尽"自乘"式的罚款,一旦罚到他痛不欲生,他就非变做一个文明人不可。

反正,不管用什么方法,中国人必须成为一个安静的、沉思的、拥有高度文明的民族!

暴力与说谎

——中华文化不可告人的阴暗面

中华人潜意识里一直充满暴力、谎言、情绪、躁郁、挑衅或自卫。失败的时候,他会用更多的暴力和情绪来反击。

每个人都有不可告人的阴暗面,康德曾对他的朋友说:“你如果知道我现在正想什么,你会吓得跳起来。”不仅一个人,即令一个民族,也有她的阴暗面。

中华民族的阴暗面,是我们心灵深处,隐藏着暴力倾向,对别人有一种强烈的虐待狂。暴君和被暴君豢养的知识分子,更把它制度化、道德化:男人对女人的缠脚;幸运的女人对不幸女人的凌虐;以及强势的男人对弱势的男人灭九族、灭十族、瓜蔓抄、刖刑、宫刑、凌迟、剥皮、五马分尸、杀降。阴暗面的底部是一片丛林,在丛林里,只有一件事情是真实的,那就是一定要强,不管你用什么方法强,都是一种绝对价值,和检验成功的唯一标准!弱,不管什么原因,都是一种罪恶。

在这种现实下,诚实是危险的,狡猾是必要的。野生动物的活命原则,是永远在欺骗敌人,“连鸟也会说谎”!问题是:鸟只对其他动物(包括人)说谎,它对它的同类——鸟对鸟,却是互相信赖、互相帮助、互相诚信。人类则不然,他们除了向其他动物说谎外,同时也向他的同类说谎。你看过一条狗欺骗另一条狗吗?你看过一匹马陷害另一匹马吗?你看过一只老虎辱骂另一只老虎吗?

人类的文明不断提升,终于超越了其他禽兽。假使超越的是一群鸟的话，它们互相间会继续保存它们的诚信。而人类与人类之间，跟鸟儿与鸟儿之间不同，人类却继续对人类说谎。当世界上其他民族逐渐建立人类特有的诚信文化时，以黄河流域为根据地的中华文化，大概因为黄河不断突击性的泛滥成灾，我们的老祖先不能安静地建立一个稳定社会，所以当其他民族都推行诚信文化时，我们的老祖先却把阴暗面文化的精髓：狡狯和暴力，保留下来。商朝崇拜鬼，孔丘就是以祭祀鬼而起家的知识分子。我们缺少一个神，中华人的众神是用贿赂买来的，而它自己也是可以收买的。《封神榜》上记得很清楚，无论什么神，都要请皇帝加封。《济公传》上形容一个杂毛老道，他用盛大的仪式祭他的三清神，手挥桃木剑，脚踏魁罡，祷告说："敬禀三清，请你害死赵员外全家，事成之后，我为您重整庙宇，另装金身。"

这种现象使人惊愕，鬼魅世界当然鬼话连篇，无神的世界当然没有神话。任何民族都有神话，充满了童心和天真，认为神可以解决人生最大的困惑。只有中国没有神话，即令后起的神话，也是没有美感的神话。像盘古开天地，竟然说他死了之后，他身上的跳蚤、虱子，变成人的毛发(脏——是不是中华人的原罪？那就是说我们永远没有清洁的能力)。

中华人潜意识里一直充满暴力、谎言、情绪、躁郁、挑衅或自卫。失败的时候，他会用更多的暴力和情绪来反击。有一个小幽默说：一个美籍妻子问她的华裔丈夫说："上海到南京有多远？"丈夫说："四百里！"美籍妻子说："不对，你们中国人一向都是讲'轮'，从不讲'里'的。"做丈夫的好不容易醒悟过来，她是讽刺中国人从不讲理！

因为中华人不讲理，所以中国只有武侠小说，而没有侦探小说，侦探小说主要的是合于逻辑的推理，中国人不可能接受逻辑推理，也不可能接受一个问题，会有不同的答案！而只会老羞成怒、情绪性硬拗！

如果不能够用理性检查我们的思维，我们就会永远陷于说谎与暴力。

不学礼，无以立

在万马奔腾的社会中，“礼”是一种秘密武器……

《论语》上有一则故事：孔丘先生站在庭院里，儿子孔鲤从他面前经过，孔丘问他：“你学《礼经》了吗？”孔鲤说没有，孔丘警告他说：“如果不学《礼经》的话，是没有办法在社会立足的。”

这个故事指出了孔丘先生眼中“礼”的重要。四千年来，“礼”的种种规定，成为儒家系统的中心思想信仰，并且冉冉上升，化成风俗习惯。各位如果看《水浒传》或者其他的传统小说，常常会发现一声断喝：“不得无礼。”或一声大喝：“无礼至极！”于是乎手起刀落，人头滚地。“无礼”在中国传统文化中发生很大的吓阻作用，演变成只问当时行为的是非，而不问程序的正义。“礼”已经不仅是行为规范，而且是行事的指针，但因为长年累月的僵化，反而被掌握权力者巧妙运用，“礼”，遂变成禁锢无力反抗者的铁牢，是擒拿弱势者的囚笼，历史上多少冤狱，由此构成。

所以到了二十世纪，鲁迅先生喊出“吃人的礼教”，而且确实有很多善良的人民，被那些熟悉“礼教”的正人君子和大人先生迫害，而且是义正辞严的迫害，使我们后人或旁观者除了流泪叹息外，无可奈何。

然而时代在变，如今，我们在自由、民主的号召下，社会走到另外一个极端。旧的“礼”，事实上已经被抛弃得一干二净。我二十几岁的时候，也就是二十世纪三十年代，一个弑父的逆子，被判绞刑，全县轰动，议论纷纷，归结到一个标准：就是人不可以杀他的亲生父母。而现在呢，儿子杀父母，在社会上屡见不鲜，轻则动不动殴打，拳脚相向，重则挥刀动枪，非置父母于死地不可，好像是随便吃一个包子那么容易。逆子判死刑的固然有,但借精神异常或其他理由,仅仅判几年徒刑的,也不在少数。

"礼"所规定的人伦行为法则,已被抛弃,法律在钱权交集下,公正性使人捶胸。整个社会上上下下,不但可以随意污辱别人,也可以谩骂别人,理由是:我们现在是民主社会,真自由和假自由,充满寰宇。用四千年前孔丘先生的话,我们现在是在一个无礼的社会里面,手足失措,我们会制造假的证据,也会制造假的证人,更会流涕哭泣,表演中他的假的都是真的。最近台北市有一位议员,他在这方面的动作,使我们吃惊。他已经承认他所持的证据是假的,只因他的六七位助理用他的姓名编剧、导播、串演一出戏,捏造一卷录像纪录片,暴露台北殡葬业把祭拜死人的食品,转卖给餐饮店营业牟利的故事。将来这场幼儿园小班功力的官司怎样发展,无法臆测,从执法到民意机构,我们都有一种茫茫然之感,只是觉得这个世界在天摇地动,有人在欺负我们小民,我们除了吓了一跳或两跳外,别无他法。

"礼",必须建立在信实的基础上,并且要靠法来执行。孔丘先生的话提醒我们礼的意义和功能。"礼"最深层基础就是一种内心法则、内在秩序。就如同任何会议都要有法则、有秩序一样,总不能吵成一团兼打成一团。每个人都应该站在"礼"规定他应该站的岗位上,说"礼"规定他应该说的话。美国是一个自由法治的先进国家,从电视新闻媒体上,我们也看到过,假借"礼"执法过度的警察,凌虐嫌疑犯情形。而媒体的公布,多少发挥公众舆论及法律制裁的作用。但也可见天下人性的黑暗面是一体的。时,不分古今;地,不分中外。今天,我们社会更大的危机是,竟有人想操弄媒体,从作秀中谋取异想天开的名与利。看过一部美国的影片,报导美国新的军官是怎么样被训练出来的,连一个敬礼和立正,都被苛刻地要求。无论是站、是蹲、是跪、是卧,都要合乎军士班长的要求,结果,当他们好不容易结业步出营房时,看到那些平常威风凛凛严格训练他们的军士班长,向他们敬礼告别,内心涌出许多感触,发现秩序的重要。

在万马奔腾的社会中,"礼"是一种秘密武器,一旦失传,势必造成混乱,甚至全军覆没。现代的社会流行“企业管理”,掌控了企管的秘诀,就可以在傲慢的对方不必惨败下,大获全胜。否则,就得全军覆没,跌到世界只剩下你一个人,躺在一个芜草衰屋下,听墙角秋虫叫!

猜忌,使我们鬼祟

1982 年我为《长发披面》写了一个序,想不到二十二年后,现状反而更坏。故此将原序改写,向世人示警:我们已进入了历史的恶性循环。

自从公元前一世纪罢黜百家、独尊儒术以来,泛政治、泛道德观念开始繁衍,几乎所有事物,只要有权的大爷愿意,都可以往政治或道德的方向引申曲解。中华人的灵性——想象力、创造力以及辨别是非的思考力和勇气,都受到伤害。泛政治、泛道德是一种钳制想象力、创造力和独立思考的酷刑,专门制造假相,并且用暴戾的手段保护假相。胆敢戳一下假相屁股、揭一下假相伪装的家伙,都要受尽侮辱,人头落地。于是,久而久之,真相遂被淹没、扭曲,甚至牺牲。不但没有人敢接触真相,反而恐惧、厌恶真相。万一有人胆大包天,使真相大白,习惯于假相的家奴之辈,甚至恼羞成怒。

介绍两则美国总统的事:二十世纪四十年代,美国副总统华莱士由前苏联经中国返美,中途顺便去东南亚视察美军阵地。视察期间,他突然跳出战壕,举起轻机枪,大叫说:“共和党在哪里?”霎时掌声如雷。另一则是十几年前的事,里根总统遇刺,被送进医院急诊室。那时医护人员云集,气氛紧张。里根忽然抬起头来,问:“你们不是民主党吧?”医护人员忍不住大笑,说:“民主党统统被赶走了,我们都是共和党!”

如果在我们国家,这种事能发生吗?即令发生,铁定要发生大祸。两千年来与日俱增的密如蛛网的禁忌,造成了中华人行尸走肉的景观。俗语云:“看了《玉匣记》,不敢放个屁。”《玉匣记》是古老的占卜书籍之一,禁忌多如驴毛。生活在《玉匣记》世界里,出门要看日子,坐板凳要看方向,拉屎撒尿也要看时辰,连偶然打个喷嚏,都可能得罪鬼神。我们怎能虎虎生风?

我曾经写过几部历史丛书,包括《中国人史纲》《皇后之死》《帝王之死》,发掘出一些历史上被埋葬或忽视的事实,于是《玉匣记》里的牛魔王和琵琶精纷纷出笼,一口咬定我“借古讽今”。在一次文化聚会上,有几个可敬的作家一口咬定我一个专栏“鬼话连篇集”借古讽今得厉害。嗟夫,“借古讽今”是中国流行过的巫蛊,迄今仍可以听到磨刀霍霍。然而我们奇怪的不是杀戮,而是这些古代的人和事,怎么会被硬拉到今天的人和事上?我不过用现代人所了解和通用的字汇,对古人古事作一个系统报导和分析,如此而已。如果一定要在其中找些罪行劣迹对号入座,或自以为那就是影射某一个家伙,则传统文化就成了一部《新玉匣记》,小民还敢放一个屁?

最大的盼望是,我们要先逃出《玉匣记》,管它黄莺叫也好,臭虫跳也好,不必一定去疑神疑鬼。扫除积累已久的文化阴暗面后,才能成长为健康的人。有健康的心理、健康的人生观和成熟的幽默感,然后才能产生民主社会。天地何其广阔,有多少事等待我们去做,没有开放的、气吞八荒的胸襟,一味在猜忌中打滚,只有使自己更为鬼祟。国家弄到今天这种地步,报应已够沉重的了,不应该再继续种下恶因。

权力痴呆症候群

世界上所有的“大人物”似乎不必个别研究，他们共享一则讣闻和一部传记——《权力的滋味》就足够了！

爱情是一种致命的吸引力，人们可以为了爱情改变航道，甚至发动战争。权力则是一种比爱情更致命的吸引力，它的能量超过爱情千百万倍。一个尝到权力滋味的人，最初不过欲仙欲死，到了后来，则终必陷于既疯又狂。不同的是，爱情失败虽然悲惨，但有可能凝聚成一段浪漫情愫，带领年轻男女顶礼膜拜；而权力失败者能够留个全尸，已经值得额手称庆了。爱情的吸引力无毒，容易收场；权力的吸引力有毒，会纠缠终身。

每个象征威权的金交椅上，都隐藏着一颗尖端向上的权力毒牙，人们只要坐上去，无论是“小人物”或“大人物”，毒牙都会插入他那可敬的白胖屁股，用不了多久，他就会忘记自己是谁——忘记自己曾是一个抵抗外侮、不折不扣的民族英雄；忘记千万人响应他的号召挺身作战，临死还为他高呼万岁的悲壮情节；忘记所有救过他的命，使他感恩落泪的刎颈友情；忘记他信誓旦旦，慷慨激昂地向人民所做的承诺。甩掉这些“包袱”，使那个“大人物"即令诚实地面对过去，也毫无愧疚。揽镜自照，对自己的才智魄力，和纵横捭阖，忍不住要向自己呈递“佩服书”！

然后，权力的毒素顺着脉络和神经系统，从他白胖屁股逐渐侵入心脏和大脑。他渐渐习惯于被歌颂和奉承，一些向他乞讨一官半职者谄媚的表情，以及从前轻视、侮辱、虐待过他的敌人，现在则跪在地上，爬来爬去捡他抛出饲喂鹰犬的面包屑。

毒牙使“大人物”只有坐在那个金交椅位置上，才感到舒服与安全。然后他摊开地图,凝视他所改造的世界,他已办到上帝都办不到的事。他想起幼年时候跪在床前向上帝祷告:"主啊,赐福给我!"他有点羞愧,上帝算什么?拿破仑说:"上帝永远站在大炮最多的一边。"事实上,上帝永远站在权力最大的一边,那就是:"大人物"这一边。而且上帝的位置,还要他安排,还要仰头看他的脸色!

优越感终于达到极峰,毒牙里的毒液在他可敬的屁股里射出最后一滴,麻痹了他残余的人性和思维,权力痴呆症逐渐显现,眼睛耳朵开始异化。他深信他的权力来自全民的恭顺,所以他无所不能,看到的都是"大人物"最喜欢看到的,听到的也都是"大人物"最喜欢听到的。他已超越上帝,可以随心所欲、毫无忌惮地膨胀权力和道德能量,因为他已经什么都不清楚了。他唯一不能做主的事就是:无法选择荣耀中死,或是屈辱中死,更无法选择死后是被鞭尸或仍被奴才继续供奉。

捷克作家穆纳克所写的《权力的滋味》一书,是一个结构奇特的文学作品。它在时光隧道中把死亡放在最先,"大人物"的诡异变化,作者归因于他尝到了权力滋味。但是更深层面探讨的话,历史上似乎还没有一个"大人物",可以拒抗这种滋味,他不能不中毒,因为他那伟大的屁股正坐在毒牙上。书中的"大人物",如果跟世界上其他"大人物",诸如墨索里尼、希特勒、斯大林、蒋中正、波尔布特之类比较,不禁兴起一种感慨:天下之大,可是所有鳄鱼的生活模式却都一样,不必花时间去分别研究他们。对于所谓"大人物"之类,同样道理,也不必分别个案处理,可以共享一则讣闻,或一部传记。这个讣闻和传记,就是这本书——《权力的滋味》。

狮子与绵羊

“人苦于不自知！”这是一句智慧的话，人应经常照照镜子，才能看出自己的本来面目。

从前，有个刚生下来的小狮子，不知道什么原因，羊群把它养大。有一天，一个狮子出来猎守，羊群跑得精光，只剩那个孤零零的小狮子，向大狮子咩咩叫，大狮子把它带到水边，教它照照自己，小狮子忽然发现它的长相跟它的族群不一样，反而跟旁边的狮子一样，不禁大为吃惊。大狮子说：你一定要知道，你是狮子，不是羊！不应该咩咩地叫，你应该吼出来。

这个故事也可以有另外一种讲法，一个小羊，被一群狮子养大。有一天，一只大绵羊把它偷偷地领了出来，也把它带到水边，当小羊发现，它的长相竟然和养育它的妈妈们，完全不一样，却跟身旁这个绵羊一样，也大为吃惊，向绵羊大吼。大绵羊说：你不是狮子，你吼不出声音来的，你应该咩咩地叫。

我们最大的困惑，就是我们不了解我们的对手。更深刻地说，我们的最大的困惑，应该是我们不了解自己。曹操先生曾经叹息：“人苦于不自知。”以曹操的人生历练，和他晚年讲出来的这句话，真是一句智能的语言。无论在台北、在上海，甚至在一个不知名的小镇，都会发现每个人都在忙，忙得像只饥饿的猴子。一位年轻朋友向我诉苦说，他实在忙，每天都在忙，他觉得他已忙过了头。我问他这个头是什么，他说忙得只对工作有兴趣，对人生却没有兴趣。他问我怎么办，我认为恐怕是需要一场大病。

现代社会已没有一个朋友可以诚实地告诉你，在他们眼中，你是什么。唯一的办法，只有自己经常去静静的水边，照照自己的影像，在这个时候,才能看出本来面目,到底是一只狮子?或到底是一只羊?到底是吃肉?还是吃草?一个人占错了位置,真是一种罪恶。一只狮化的羊,它背负着狮子的重担,重担的压力,将使它神经错乱、行动诡异。而一头羊化的狮子,它会发现它被弱化,当它自己咩咩叫的时候,它最亲密的同伴,对它都不会认同,只会嘲笑它,使它更孤立无助。

人类族群中,各式各样的角色,分别混在一起,有些是狮子,有些是羊,有些则是乱七八糟的其他动物。人类奇特的地方,在于只限内心的不同,外表却一模一样。只因为难以认清自己,所以一直烦躁不安。人们具有比一般动物更高的智能,我们除了要到水边照镜子之外,也可以自己照镜子。这个镜子就是你的益友。执迷不悟狮化的羊,终于会死于狮子之口;执迷不悟羊化的狮子,会死于羊群的踏践糟蹋。

我的朋友周碧瑟教授,是预防医学专家。有一天,她过度疲累,无法到学校上课。我说:“我代你上课好不好?”她说:“谢谢你,但是你讲什么?”我说:“饭前洗手,饭后漱口,先用卫生纸捂着嘴再咳嗽。”她说:“四个小时的课,你就只讲三句话,行吗?”我沮丧地说:“恐怕是不行。”不几个月,听说政府要给她当一个全国性防疫单位的主管,我极力反对她接受,说:“你快要五十岁了,连偶尔说句谎话,就面红耳赤,怎么能适应官场文化?用不了三个月,攻击信、控告函,包管塞满一屋子,即令你不会气死,也会气老!”她接受我的建议。我不能够想象,柏杨当了预防医学教授,而周教授当了政府大官,除了害人害己外,所呈现出来的将是一个什么样的场景?

把一个不恰当的人,放在一个必须要恰当的人的位置上。既看不清自己的面目,也看不清国家的面目,怎不使人担忧。

隋唐宫廷

中国宫廷实际上是一座酥胸大阵,酥胸,在政治权力中,具有决定性的地位,宫廷里每一次美女的笑声,可能都是小民一次哀号!

中国宫廷,是世界上最肮脏、最淫乱和最黑暗的地方,里面只有皇帝一个男人,他为了发泄性欲,用政治力量,遴选天下最漂亮的女人,集中在一个大围墙(皇城)里,由他兴之所至,想怎么乱搞,就怎么乱搞。传统学术思想中,没有人权观念,更没有女权观念。在男人眼中,女人不是人;在皇帝老爷眼中,女人就更不是人,而只是他陛下一人包下了的娼妓。宫廷之内,皇帝担任的是大嫖客角色,也担任随时都会翻脸无情的杀手。

政治权力一直为帝王服务,儒家学派同时也一直为帝王服务——为帝王们这种六亲不认的淫秽兽行,提供理论基础。五经之一的《礼记》里的《婚义》篇,硬性规定帝王们除了一位大老婆皇后外,还应该拥有小老婆群。公元前十二世纪周王朝鼎盛时,小老婆群至少有一百二十人,包括第一级夫人三人,第二级嫔九人,第三级世妇二十七人,第四级御妻八十一人。

——凡是帝王,都喜欢并崇拜儒家学派,这是最大的原因之一,只因儒家学派的主张,每一样都使当陛下的老爷或小子,从心理上到生理上,都发麻般的舒服,连随便奸淫妇女,都能制造出一种庄严的画面,使它灿烂夺目。像三位夫人的职责,竟是"坐论妇礼",九位嫔的职责,竟是"掌教四德",俨然神圣不可侵犯,其实不过供大家伙床上娱乐罢了。帝王既然龙心大悦,誓死拥护儒家于上,摇尾系统自然如疯如狂,誓死拥护儒家于下。

这种情形,到了公元后六世纪末至七世纪初隋王朝宫廷,和七世纪中至十世纪初唐王朝宫廷,更变本加厉。小老婆群的位号和人数,花样翻新,艳香扑鼻,使当权的皇帝老爷,心花更是怒放。隋王朝第二任皇帝杨广时,他的小老婆群共分二十级:第一级贵妃,第二级淑妃,第三级德妃,位比亲王。第四级顺仪,第五级顺容,第六级顺华,第七级修仪,第八级修容,第九级修华,第十级充仪,第十一级充容,第十二级充华,位比宰相。第十三级婕妤,位比部长。第十四级美人,第十五级才人,位比省长。第十六级宝林,第十七级御女,位比厅长。第十八级采女,第十九级承衣,第二十级刀人,位比县长。

唐王朝宫廷小老婆群的编制,更加伟大,另有不同,初期:第一级惠妃,第二级淑妃,第三级德妃,第四级贤妃,位比亲王。第五级昭仪,第六级昭容,第七级昭媛,第八级修仪,第九级修容,第十级修媛,第十一级充仪,第十二级充容,第十三级充媛,位比宰相。第十四级婕妤,位比部长。第十五级美人,位比省长。第十六级才人,位比厅长。第十七级宝林,位比郡长(太守、知府),第十九级采女,位比县长。

——中国唯一的女皇帝武曌女士,她最初在皇宫中的地位是第十六级才人,低微卑贱,连皇帝的金面都难得一见。皇后倒是可以见的,每天都要战战兢兢,排队排班,前往参拜问安,跪在地下,不教她抬头不敢抬头,不教她站起不敢站起。

可是,到了第九任皇帝,有名的唐明皇李隆基时,继承了皇帝特有的乱伦特权,于745年,把儿媳杨玉环女士按到床上,来一个霸王硬上弓,收归已有之后,封她贵妃,于是小老婆群又有变动:

第一级贵妃,位比亲王,第二级惠妃,第三级丽妃,第四级华妃,位比宰相,第五级芳仪,第六级芬仪,第七级微仪,第八级昭仪,第九级修仪,第十级充仪,位比部长,第十一级美人,位比省长,第十二级才人,位比厅长,第十三级尚宫,第十四级尚仪,第十五级尚服,位比郡长(太守、知府)。

皇帝老爷就利用这些密密麻麻的位号,控制小老婆群,使那些如花似玉的女儿们,没有第二个选择,只有全神贯注地使出浑身解数,包括种种自辱人格的行动，和恶毒的陷害别人的阴谋，去博取那个唯一的男人的一次之欢，以求升迁，最终的目的当然是皇后宝座。于是，激烈的"夺床斗争"，就跟专制制度下的政治斗争一样，凶恶惨烈，杀机四伏，宫廷中充满了失败者所遭受的沉冤血腥。而这些，升斗小民们不知道，儒家系统的史笔，根据"为尊者讳"原则，沉冤血腥全被掩没，粉饰出的面貌，是一副太平盛世。贵阁下有没有看过电影电视上的古装宫廷剧？皇帝老爷都是忠厚可亲的家伙。同时，在宫廷中，一位美女的沉冤血腥，正是另一位美女的胜利崛起，新当权派就踏在旧当权派尚未凝结的血泊上，欢欣歌舞。我们听不到哭声，而只听到欢欣歌舞。

在隋唐王朝宫廷中，最可注意的有两位人物。一是隋王朝的杨广先生，是一个典型。他有绝顶聪明和绝顶能力，所以隋王朝钢铁般的江山，任何人都推不翻的，他只消十年工夫，就把它推翻。大多数男人都是性的奴隶，杨广尤其厉害，他跟一条发情的公狗一样，唯一的兴趣就是跟越多越不嫌多的美女上床做爱。另一位是武曌女士，也是一个典型，属于两栖动物，最初以女性的身体当皇后，最后以男性的身份当皇帝，她发动的夺床斗争，凌厉可怖，忘恩负义，心狠手辣。她对中华文化最大的斫丧，是明目张胆地用特务（酷吏）治理国家。这两位人物都付出他们的代价，杨广被绞死，武曌被气死（也可能是被闷死）。但是他们都把他们领导的政权，连根铲除，更引起千千万万人民死亡。他们固然满身罪恶，但陷他们于罪恶而不能自拔的，还是中国传统的宫廷制度。

宫廷实际上就是一座酥胸大阵。西汉王朝末年的宫廷，小老婆群和宫女数目达四万余人，隋王朝宫廷的小老婆群和宫女，数目更多到无法统计。杨广在天下名胜地方，都有行宫，每一座皇宫都建筑在千万小民的尸体和眼泪上。唐王朝宫廷小老婆群和宫女的数目，也不断增加，终于增加到使小民的纳税钱不堪负荷，群起抗暴。

构成酥胸大阵的，有两大支柱，一是如山如海的美女，一是位卑权重的宦官。隋王朝亡于美女太多，唐王朝亡于宦官权力太重。宦官是中国传统文化最丑陋的产品之一。儒家系统的大亨大师之辈，很少敢于攻击宫廷的美女如云，因为那妨碍到皇帝老爷的兽欲横流。不但很少攻击，有时候还媚态可掬的，用正式公文书（奏章），要求皇帝老爷努力增加小老婆群的人数。同时，也从不敢建议取消宦官制度（偶尔的只敢攻击宦官的个体），宦官是小老婆群的副产品，目的只在防止那些貌如天仙，红杏出墙。如果有谁要求取消，怎么，教俺当皇帝的戴绿帽呀，就要人头落地。

隋王朝属于瓶颈政权，它的任务只在结束大分裂时代烂摊子，和引导唐王朝出场。唐王朝是中国最伟大的王朝之一，只有秦王朝、两汉王朝和早期清王朝，可以跟它媲美。但它无法摆脱宫廷的荒淫、杂交和暴虐。包括唐王朝在内的中国帝王总数，共五百六十人中，只不过产生五位伟大帝王，其他的帝佬帝崽，大多数都被酥胸大阵埋葬。

我们佩服许啸天先生把隋唐王朝宫廷，写得如此详尽。宫廷是蛇蝎之地，一旦泄露“禁中语”，即令他是皇亲国戚，也要处决，所以外界所知的，寥若晨星。但纸永远包不住火，正史上关于这一部分的资料，可靠性很低，“讳”的恐惧使他们如此，必须靠野史的帮助，而野史又往往流于“想当然耳”。许啸天从如此贫瘠的混乱史料中，发掘出宫廷内幕，是一件沉重的工作，也是一件伟大的贡献。

事实显示：“酥胸”在政治权力中枢，具有决定性的地位，敏锐地影响全国小民。宫廷里每一个美女的笑声，每一次皇帝的喜悦，和每一次淫棍娇娃的踌躇满志，我们应了解，可能都是升斗小民们的一次哀号。

滚水灌蚂蚁窝

——全族屠灭,是中国历史上每个王朝皇家的宿命

历史上,几乎所有的亡国之君,都会“天下之恶皆归之”。如果不把亡国之君塑造得那么坏,“叛变”就不能转化为“起义”。

美国华裔读者王咏文女士就《柏杨版资治通鉴》提出若干质疑,谨说出我的意见响应:

一问:如果秦二世是嬴扶苏的话,秦帝国是否仍会灭亡?

柏杨答:依照合理的推演,秦二世如果是嬴扶苏的话,秦帝国绝不会那么快灭亡。不过,我们只能依照已经发生的事件作解读,不能解读假设的事件。嬴扶苏应是一个厚道善良的人,但权力使人扭曲、变形,使人更下流、更肮脏,没有人可以保证嬴扶苏不堕落。

二问:你在书中的序言曾提到:“《史记》和《资治通鉴》是中国史上最伟大的两部书”,那您可有计划要出《柏杨版史记》?

柏杨答:我没有翻译司马迁先生的《史记》,最大的理由是翻译的人已够多了。而《资治通鉴》是一部大书,近千年以来,竟没有一个人把它译成当代语文,使人遗憾。司马光先生的史观虽然陈腐,但那不是缺点,每个人都受时代的局限;而他选取材料之公正、搜集之广泛,使人钦佩。可是,随着时间的流逝,能读懂《资治通鉴》的读者日渐稀少。如果再不译成现代语文,它可能完全成为一部死书;或被三五个所谓历史学家所垄断,集党结派,围食大饼。当《柏杨版资治通鉴》开始每月出版一册之后,台湾就有两部白话文《资治通鉴》,大陆跟着也有三部白话文版本问世。这至少可以证明读者是多么需要他们看得懂的现代语文的《资治通鉴》。

三问:嬴胡亥即位之后,赐死十二公子,车裂十公主。我不明白的是,照理说对公主的仇恨应比对公子轻(因为公主绝无可能抢夺

皇位),为何杀死公主的方式比杀死公子的方式残忍那么多?似乎大不合逻辑。

柏杨答:我向你致敬。这项质疑从来没有人提出过。我认为,这可能是汉王朝的人把它加上去的。历史上,几乎所有的亡国之君,都会“天下之恶皆归之”。如果不把亡国之君塑造得那么坏,“叛变”就不能转化为“起义”。至于为什么杀公子和杀公主手段有异,可能涉及到当时的恩怨,现在已无法考据明白了。

四问:嬴胡亥杀死十二公子、十公主,嬴高自尽后,嬴政的子女(除了嬴胡亥)是否全死光了?

柏杨答:我同意你的推测。不要说心狠手辣的赵高,即令一个呆瓜之辈也会想到斩草除根。嬴姓家族的统治有数百年之久,王子王孙恐怕多得像一群蚂蚁,平常日子享尽荣华富贵,一旦覆亡就像是滚水灌进蚂蚁窝一般。这是中国每个王朝的皇家宿命,无论风光几十年、几百年,最后无一不陷入悲惨结局。所以每个王朝的亡国之君的亲族,总遭到滚水灌蚂蚁窝式的诛杀,兄弟相残、父子互杀、兵变、政变等,形式不一而足。偶尔也有一些幸运的亡国之君,保住了老命,但那是例外,不是常态。

五问:嬴政真正的遗诏是教嬴扶苏和蒙恬带兵会咸阳,处理丧事,继承皇位。这份遗诏只有赵高、李斯、嬴胡亥知道,而此三人绝不会泄露此遗诏的内容,何以后世却会知道?

柏杨答:俗话说:“若要人不知,除非己莫为。”长子继承制度,已成为封建制度的文化。如果忽然生变,自然引起怀疑,而怀疑是追求真相的最大动力。改遗诏、杀长子,可不是几个人所能办到的事。知道的人越多,秘密也越容易泄露。

婷之问

假如我们把五千年来中国历代所有“大人物”，都集中在一个大院子里调查，你会发现，他们最大的恐惧，是千千万万“小人民”翻他们的旧账，记他们的罪恶。公元前473年，伍子胥先生把芈弃疾的坟墓掘开，挖出尸首，一顿鞭打，那是中华民族最光荣、最有活力的一页，“小人民”终于向暴君展示威力。而“大人物”所恐惧的，也正是“小人民”一直保持记忆，一旦高兴或不高兴，就从坟墓里把他们揪出来，揍个痛快。

《姑苏晚报》记者李婷女士，访问我的时候，先后提出十一个问题，全属高度思维，使我紧张。不过我的勇气一向过人，虽是孤军，仍然且战且走，盼望得到援助，或得到高人指教，好使我成长。擅自把这项对话，送给《明报月刊》，自当却酬，只是盼望讨论的范围更广，有感触的人更多。现在，我们开始：

一问：你如何评价“五四”运动在文学艺术思想上给中国百年带来很大的影响？“五四”对中国酱缸文化是主观上要整合？还是客观上无可奈何？

柏杨答：我和“五四”运动有时间上的亲密感，因为1919年发生“五四”运动，1920年我就“奉天承运”，降生人间。所以自当尽我所知，来讨论你提的问题。

“五四”运动是中华民族第一次向酱缸文化发动的挑战，是一种叛逆性的思想解放，使我们古老民族，感觉到重建新文化的迫切。可是，大家奋斗了将近一个世纪，中华文化的幽暗素质——暴力与说谎，依然固若金汤，中华文化不但没有得救，反而更加沉沦，沉沦到我们每一次回顾，都忍不住一次羞惭。

"五四"运动追求的目标是科学与民主,用现代的语言来说,就是专业与人文,而酱缸文化最缺少的基因,正是对专业的诚实尊重。西洋人说:"知识即权力!"我们则"权力即知识!"——也就是"官大学问大"。历史上的"大人物",如身为皇帝的石虎、完颜亮之类,他们分别在黄河及长江建桥,那时候根本没有这种技术,于是他们把工匠拖到岸边,一一敲杀。直到二十一世纪的现在,台北发生窃盗,"大人物"之类,仍然下令限期破案,使"五四"运动比起欧洲的文艺复兴运动,大不相同。

有时候,我忽然想到中国如果没有"五四"运动,会不会更好?或会不会更坏?我不是说先贤推动"五四"运动错了,而是叹息它的永续性太短,结果,除了白话文运动外,其他全都大失败。即令白话运动,直到 1950 年代,台北仍然有《大狮》之类刊物,组帮派,誓死反对。好像出生不久的婴儿,刚刚改变了一个细胞,就受到重创,使"五四"运动成为一个修炼不成的神,徒供后人凭吊唏嘘!

二问:在《丑陋的中国人》与《我们要活得有尊严》二书中,您笔下较多注意的是日常生活里各式各样的中国老百姓,相对于由精英知识分子发动的"五四"而言,中国老百姓们,能从这些并非改朝换代的变革中,得到怎样的改变?

柏杨答:我曾写过一篇《酱缸国医生和病人》,作为《丑陋的中国人》序,当时,我只注意到酱缸国病人之难以医治,只强调病人非理性的对话。香华当时就质疑说:"你揭露了病人的病状,说他发烧,说他咳嗽,病人承认有这些现象,问你怎么办,你却说:'你只要不发烧、不咳嗽就好了。'这种回答,没有积极意义。他正是因为无法自行治疗,才求教于医生。医生只尽到检验的责任,而没有尽到治疗的责任,这种情况之下,检验结果只会使病人更自暴自弃,不给你致命的一拳已算很文明了。"

这项质疑使人沉思:是不是可以试着找出、或推荐一些药方?我们慢慢发现一件事:中华人必须克制情绪性的歇斯底里,而另行建立一种理性文化:个人的尊严、对人的尊重、诚信的能力、包容的气度,在这四根巨柱上，建立平台。

中华人五千年以来一直是情绪的奴隶——日本人一眼就把我们看穿，认为中华人只有五分钟热度。我们希望中华人能够变得理性，用永续性的自我克制，互相扶持，互相勉励，不再用暴烈的革命手段。中国已没有承受再一次开膛破肚的体力了。希望用文明的人文，培植有人权素养的家庭和儿童，不仅仅着眼于中华人，也着眼于全体人类。

三问：您用白话重写了《资治通鉴》，您说是做了桥梁的功能，在感情上，您对这项工作的初衷、坚持、完成，抱有怎样的态度？

柏杨答：不知道你喜不喜欢吃“Buffet”？——台北译作“自助餐”，客人分别挑选他最喜欢的菜，甜酸香臭，各取所需。我阅读《通鉴》，只有一个，想把这部宝藏，让小学程度的国民，都可以看懂。附带地动了一些原书所没有的手脚，像彻头彻尾地使用“公元”“纪元”，破除了过去神圣不可侵犯的年号制度；从前，连想一想都会砍头，现在竟可以公然出现。其次，直接把帝王的姓名叫出来，这在从前也会招来大祸，写出皇帝名字，那可是比踢老虎屁股，还要危险，而我迄今竟然能够完全平安无事，想起来真是高兴。

四问：我尚且不大了解您在人权方面这些年来的努力，但我注意到您想从孩童、家庭的改变中完成中国社会自下而上的人权文明启蒙。在独立战争期间的美国联党人中对美国建国的方略、人权保障、自由维护等等重要概念是由上层知识分子、律师、农场主、职业革命家等自上而下预设制定，并经过二百余年不断完善发展至今，这个成功的实践和您的预计仿佛有根本性的区别，您怎么认为这一点？

柏杨答：我想你问到了要害，中华人一直认为，美国的文化只有二百年（直到二十世纪末叶，在旧金山还听到广东朋友称美国人为“番仔”）。事实上他们移民以前，已有很高的文化水准——散居、选举、清教徒的反抗和严格的自律精神，是一套完整的自由思想。所以美一开国就实行被全世界所羡慕的三权分立政府。中华民族，在美国人实行了三权分立之后的一百年,才第一次听说有三权分立,并且挤出一个四不像的五权分立!

十八世纪七十年代美国建国时,正是中国清王朝十全老人爱新弘历当皇帝,大兴文字狱的时代。就在美国开国当年(1776),弘历把新疆反抗军的首领押到北京,寸磔于市。第二年,一个作家在他的著作上开列玄烨、弘历大名,被剖棺毁尸。比一比两个同时代的元首:华盛顿和弘历,一个像智慧之星,一个不过老腐败,起步时已有这么大的落差。

"五四"运动创开了民间觉醒的一线生机,可是短短的八年之后(1928),国民党北伐成功,蒋中正当权,先行统一思想,要全国大学教授研究"知难行易",胡适先生写了一本小册子《知难行亦不易》质疑,国民党发动围剿,几乎把他逮捕入狱。参与"五四"的精英太少,靠几个留学生,在广大而交通不便的中国,根本起不了作用,而堕落势力又如此顽强,简直是以卵击石。自由民主思想要想从上而下,自不可能。

近二十年,我从事人权教育,认为要改变中华民族的气质,绝不能仰仗"大人物"动手,应先由"小人民"做起,从新婚夫妇开始,从呱呱落地的孩子开始。一对新婚夫妇从结婚那天开始,我们就提醒他们,要建立一个有理性的家庭,新郎、新娘,除了是夫妻之外,必须还是朋友。家庭之中,绝对不允许有任何言语暴力和肢体暴力。尤其是要尊重孩子,孩子们在受到尊重的家庭里成长,他会充满自信。希望由量变到质变。现在,中国正在正规的航道上前进,选举会越来越多,文明的提升或进步,不怕慢,就怕站!

五问:您以文为生,希望用自己的思考来影响人们的选择与行为,这么多年了您的杂文、小说、史论,也日益被越来越多的人认同接受。那么,您的理想实现了多少?(大部分,小部分,甚至无?)文字、文学在多大程度上会对现实的花花世界产生影响?未来的日子里,您乐观还是悲观地看待这一切?

柏杨答:中国的版图太大,人口太多。我是大陆出生的,离别四十年后,重返故乡,对土地这样的大、人口这样的多,从内心有一种恐惧感。中国好像是一艘既老旧、又破烂,而仍用煤炭作动力的古老航空母舰,一旦触礁沉没,附近的大船小舶,都会被吸入漩涡。我们除了自救,借知识传播、观念养成,以及对民主的实践,陆续进入指挥塔外,没有第二条更好的途径。

但我们对这艘航空母舰,有入骨的爱心,和十足的信念。中国事情,只能用望远镜观察,不能用显微镜检查,只要它一直航行在航线上,没有站、没有慢,也没有触礁、没有战争、没有革命。西方一句话说:"上帝的磨虽然磨得很慢,但是它始终在那里磨。"二十世纪八十年代的中国,比七十年代的中国,有很多进步;九十年代的中国,又比八十年代的中国有很大进步,现在二十一世纪,中国的进步,似乎已超过我们的祝福!

六问:中国人善于遗忘过去,这一点屡有提及,根本原因何在?是缺乏宗教的原罪,修行?

柏杨答:假如我们把五千年来中国历代所有"大人物",都集中在一个大院子里调查,你会发现,他们最大的恐惧,是千千万万"小人民"翻他们的旧账,记他们的罪恶。公元前473年,伍子胥先生把芈弃疾的坟墓掘开,挖出尸首,一顿鞭打,那是中华民族最光荣、最有活力的一页,"小人民"终于向暴君展示威力。而"大人物"所恐惧的,也正是"小人民"一直保持记忆,一旦高兴或不高兴,就从坟墓里把他们揪出来,揍个痛快。

但是,"大人物"对鞭尸这种事,无论阻止或预防,都力不从心。二十世纪末叶的赫鲁晓夫先生把斯大林鞭打之后,世界上所有的"大人物",都更心惊肉跳,大家几乎全都放弃所有的工作,专心做一件事,就是杀光所有的仍活着的伍子胥,或赫鲁晓夫。

中华民族尊天祭祖,缺乏宗教情操,缺乏对终极价值的追求,所以只想到即刻实现的现世报,什么原罪,什么来生变犬马,都吓不了他,这是中华人的缺陷——太实用性。

"大人物"总是希望"小人民"遗忘过去,遗忘过去他的罪恶,"伍子胥恐惧症”,或者改为“赫鲁晓夫恐惧症”,那可是一种可以感受到的现世报。

在民主政治制度中,平等自由的人权文化里,永远不可能产生伍子胥或赫鲁晓夫,无论“小人民”或“大人物”,大家都活得自由自在,也都死得自由自在。

七问:虽然说您在“受教育的过程中没有机会读鲁迅”,但您却读过他的小说,在他的小说中,您坦率的认为鲁迅对当时的社会,未来的中国是失望与希望并存,是开出了药方,还是仅停留于曝光?在哪些方面,您与他有相同或不同的见解?

柏杨答:鲁迅的小说跟其他人的小说,都不一样,他是艺术形式与理念的结合,披着小说外衣的论文,探讨人性和社会的黑暗面,读鲁迅的小说需要沉淀思考。

畅销书不见得会获诺贝尔奖,获诺贝尔奖的书,也没有能力促使他成为畅销书,鲁迅生前没有得到诺贝尔奖,是世界文学史上的一个遗憾。

我认为鲁迅的批判不过刚刚开始,他还没有再多思考一些,就过世了。年龄不一定累积智能,但释出智能,必须依赖累积的年龄,那已不属于小说创作的范围。

八问:除了《通鉴》,您的阅读中还有哪些书引起过您注意和研究,并对您写作与思考产生过影响?

柏杨答:你这问题可是把我难住了,我读的书,既多又杂,只要读得懂的书,我都读。从小学四年级开始,我就像一个海绵,除了算术,几乎所有的书,看见就读。我是一个杂食的野生动物,肉类、青草、山上、山下、海上、海下,来者不拒。我有一种知识饥渴症,其实不过是充满好奇。西洋有句谚语:“好奇害死猫!”结果,我就“天生丽质难自弃,一朝送到火烧岛。”

儒家系统“师承”制度是一种谋生道路上的帮派,足以钳制所有的异端,我看过很多所谓大师级的教授,他们的学生如果不照他们的想法讲课,连个教书的位置都找不到,而且有个美丽的形容词来保护

“师承”,那就是他绝不允许他的学生欺师灭祖。我从前非常悲哀我没有师承,浪费很多的时间,自己去查考,有师承的人,问一问老师就可以得到答案。而现在我真高兴没有师承,使我的天地更为辽阔。

所以我真的想不起来哪一本书给我这么大的影响。压死骆驼的是最后一根稻草,而使我这个海绵饱和的,是最后还没有滴下来的那一滴水。

九问:如果说中国人是您最关注的问题,中国文人也应该进入您的视野。中国文人在我看来若以近现代论可分三种:A. 清流:王国维、陈寅恪、马寅初、梁漱溟等。B. 浊流:郭沫若、周扬、蒋梦麟、胡适等。C. 不入流:鲁迅、沈从文、钱锺书。您可能已经发现我是以政党或政治的介入深浅来划分,并不代表好恶。那么您的心目中,文人、作家、学者对于政党、政治、政事的态度您有自己的标准与行事指导?

柏杨答:你对中国文化人的评估,似乎仍然很传统地以当官不当官作为取向,当官的都是浊流,没有当官的都是清流,至于你说的不入流,我认为似不存在。许多时候,做官不做官,自己都不能当家做主。

感谢二十一世纪带来伟大时代,“小人民”已开始有能力拒绝效忠这个“大人物”或那个“大人物”,也开始有能力拒绝效忠这个党或那个党。大家尊重理性:“大人物”尽忠职守的时候,“小人民”投“大人物”的票,“大人物”没有政绩,“小人民”就不投“大人物”的票;对党的态度也是一样。再没人甜言蜜语地宣誓说:“身为某党的人,死为某党的鬼!”——写到这里,你是不是从两千年的过去,听到一种女人们凄凉的誓言:我生为你家的人,死为你家的鬼?

民主政治下的“小人民”不是家奴,他们用神圣的权利——选票,来选择“大人物”,检查他们的贡献和成效,如果做得好,下次再选他,如果他背叛了他的承诺,下次选举时就抛弃他,再换一个党,再换一个“大人物”来做。我们对民主政治,永不失望。

十问:大陆有许多青年,他们在大学、高中期间,读到您的《丑陋的中国人》一书,这对他们是一种启蒙似的新鲜引领,这其间包括我的先生，然而所有文字作品，都有被可爱的误读，您希望您本人及作品在大陆青年人心目中，是怎样的一个定位？

柏杨答：谢谢你的爱人！我感到最重要的一件事，就是《丑陋的中国人》所引起的两极反应，一极诟骂我是卖国贼，磨刀霍霍，甚至企图把我逮捕，在京师“寸磔于市”。另一极抱头痛哭说，我们有千万人为国家献身、为革命献身，可是国家、革命，为我们做了什么？是不是允许我们也可以提出一两句质疑，和一二则反省？“五四”运动是一个修炼不成的神，“丑陋”反省的永续时间，比“五四”更短，还没有进入修炼，即被扼杀。所幸，质疑和反省的种子，无论大陆或台湾，都开始回收。

一个很短期间的彷徨，带有中国社会主义特色的文化，把国家驶出充满暗礁的港口，驶上正常航道。我们需要和平，祈祷上帝赐给中国一百年以上的和平，没有战争，没有斗争，帮助“小人民”建立一种新的理性文化。让我们，试着跟理性走！

历史的教训是：人类从不接受历史的教训

——《中国人史纲》韩文译者金瑛洙教授访问

我的史观，只有一句话：“是什么，就是什么；不是什么，就不是什么。”我既不造神，也不造鬼。

一问：《中国人史纲》这本书已经翻译完成，但我却不知如何向韩国读者推荐、介绍这本书。因为您曾经说过这是一本反正统历史的历史书，我不知道是什么意思？所以想借您的智能，将这本书推荐给韩国的读者。

一答：我不记得我说过《中国人史纲》是一本“反正统历史”的历史书。记忆所及，应是说过：这是一本“反正统历史书”的历史书。因为历史是一种真实的存在，没有一个人可以反这种存在，而只能从新的角度来解读这种存在。我所叙述的中国历史,是用一种全新的观点,用一种二十一世纪人们所懂得的语言,来呈现古代历史的事迹。有一则小故事,可以帮助这项说明。一位警察,把另一位在枪战中受伤的伙伴送到医院,当医生从加护病房出来的时候,警察焦急地询问医生:“请你用我所听得懂的语言,告诉我他有没有生命危险。”我现在要说的就是,我是用二十一世纪中国人所看得懂的现代语文和现代观念,来告诉我的读者有关中国人的历史。例如:

1. 我不采取困扰中国人五千年之久的年号制度,而改用公元纪年。这样不但可以迅速而正确地表达事件发生的时间,可以借机跟世界各国(包括韩国)的历史接轨;同时,也打破了中国政治上所谓正统崇拜。

2. 我直接地称呼历代帝王姓名。您所深知,五千年来,中国帝王的姓名,是一种杀伤力最强的危险病毒。简单说,危险性不亚于疯狗的屁股,既摸不得,也碰不得。而在我的笔下,统统照实写出,把“太祖”、“太宗”之类,一扫而光。使帝王群以人的面貌呈现,而不是以神的面貌呈现。

3. 我把古代变化多端的官职名称,也用我们现在人所懂得的语言,予以现代化。像“兵部侍郎”,我把它译作“国防部副部长”,职位权力,一目了然。

4. 我是站在现代中国一个世俗庶民的立场,用我的独立思考,用我的理性,来检验过去历史上的人物和事件。您所深知,中国史籍中,有太多谎言,包括尧、舜所构成的诗情画意,经过“去鬼魅化”的洗涤,使他们回归原有的地位,不再继续传播那些连瞎子都看得出来的骗局。

总而言之,我希望读者能够很轻松地在这本书中,了解历史上中国人的真实足迹。我不保证没有错误,但我保证我是诚实的写作。

二问:《史纲》这本书对我的触动是很深的,相信韩国是非常需要这样的历史书的。您能说说您的史观吗?

二答:我的史观,只有一句话:“是什么,就是什么;不是什么,就不是什么。”我既不造神,也不造鬼。在我另一部《柏杨曰》史籍里,批评了很多的人,谴责了很多的人,也赞扬了很多的人,但都尊重他们的基本尊严,和包容他们人性的弱点,以及怜悯他们那种被权力或被金钱所摧残、扭曲或戏弄的灵魂。

三问:现在中国正处在一个发展变革的时期,随之而来的问题也会很多,您认为中国在发展中存在的最大问题是什么?它的解决方法是什么?您认为两岸(大陆和台湾)的关系今后会如何发展呢?

三答:在西洋神话中,潘多拉的盒子只保留了一个秘密。如果这个秘密跑出来的话,人类就会衰败死亡殆尽。这个秘密就是“预知”。

我没有能力打开潘多拉的盒子,所以我不能预知,我也不是江湖上杂毛老道,会发出预言。所以说,我不知道两岸的关系将来如何发展。直到今天,还没有一个人敢肯定明天的世界,会有什么变化。

我虽然是老实的答复,但相信没有一位读者会满意。所以,我试着用我的历史常识,姑且一猜:两岸之间的关系,表面复杂,实际简单。我认为两岸之间,终于会归于和解。在传统的中华文化中,“定于一”的观念太强。除非美国愿意参加中国内战,中国就不会再有内战。台湾海峡应该是一个和平的海峡。

四问:中国历史对中国的未来起着什么样的作用?

四答:中国历史对中国未来的最大影响,应是阶段性的。上述的“定于一”是中国历史发展的主轴,就会影响中国将来对台湾的行为。

我有一种悲情,一直认为:“历史的教训是,人类从不接受历史的教训。”

五问:您对过去历史的认识,过多的参与了您的主观想法,许多人对此持一种否定的意见,不知您是怎么想的?

五答:对过去历史的认识,不仅是过多的参与了我的主观想法,实际上,应该说,全部都是我个人的主观想法。不但我如此,任何一个史籍的执笔者,都有他主观的想法。我常看到一些庞大的论述,上面满载着孔子、孟子、韩非子、康德、孔德、柏拉图的想法,却单单没有作者自己的想法。在我看起来,这不过是一本图书馆目录摘要。

当《柏杨回忆录》出版的时候,有人批评我是选择性的记忆。当然如此,因为记忆的本身,就有选择性。没有一个人的记忆,是没有选择性的。人脑像计算机,记忆的容积有限。对历史人物与历史事件,更当然是主观的选择。

六问:最后想请教您,你为什么想写《史纲》这本书?这个问题是我,也是今后韩国读者们想要了解的最重要的问题。

六答:我想我的回答一定使您失望。这是我在监狱所完成的四部著作之一。由于监狱的严格管制,除了拜读可敬的《领袖言行》(蒋中正语录)外,只能看古老的线装书,我遂选择了我最喜爱的史籍。这些史籍深奥无比,促使我决心写一部现代人们都看得懂的史籍,用来打发监狱里困苦窒息的岁月。所以只包括政治和文学,而没有涉及到经济。因为我本身没有经济学的素养,而监狱里也没有经济学的书籍可以借读。除了本书以外,我还同时写了《中国帝王皇后亲王公主世系录》《中国历史年表》。另外,还有一本诗集《柏杨诗》。稍后,我会寄上这本诗集请您指教!

先生提出的问题,我一一回答完了,希望早一点看到韩文版的出现。我想韩国读者对中国的不了解,和中国读者对韩国的不了解,情形一样。现在,我们共同铺了一条道路,让我们握手。

民主是所有中国人奋斗的重要目标

——波兰记者 Ryszard Zalski 访问

中国则另有一个观念:如果你要感到满足,就会珍惜现在所有的。中国人比较愿意不断储蓄再储蓄,宁愿享受他们目前现有的一切,结果使自己太少有"挑战心",好像这也是西方对东方有兴趣的原因之一。

Ryszard Zalski:我这次来访,想听听柏杨先生对中国台湾、中国大陆、美国及现代世界的看法。您曾经数次拜访过美国,请问有什么样的感受?

柏杨:我真的很喜欢美国,我也很珍惜美国,因为它真正是一个民主国家。在我们中国,从来没有出现过这样的政治制度,和社会结构。

Ryszard Zalski:美国是否也有一些东西,让您对她失望?

柏杨:世界上没有一个完美无缺的国家,美国让我为她难过的是种族歧视,譬如:黑人及印第安人仍是得不到他们应该得到的尊严。

Ryszard Zalski:您对美国对台湾的影响有什么样的看法?台湾研究学者到美国拿到博士学位或者飞黄腾达后,大部分仍回到台湾,除了他们之外也有很多学生继续留在美国读书或实习,这样的情况是否为台湾带来益处?

柏杨:目前我们的社会相当稳定,我们成为美国经济系统的一部分,我们越来越吸取美国文化。

Ryszard Zalski:我来台湾之后,感到惊讶。我以为本地社会的美国化程度比较高,在您的书《丑陋的中国人》中,您说:台湾人叹赞美国和渴望去那里工作!不过我自己认为台湾人根系于自己的这块土地,一般来说,到美国求学的台湾人通常都会回到台湾。

柏杨:中国人要全盘美国化,并不是一件很容易的事,我们有五千年的历史,假如一个人对我们文化期待改变,他一定要知道,绝不会很快发生,中国文化已经受到西方文化的影响,例如:基督宗教及其教堂的出现,对你们来说这是理所当然,就我们而言这种现象是一种很大的改变。建筑物方面,样式结构,也都受到西方的影响,而家里家具几乎完全西化。

Ryszard Zalski:我也看见您的家也是西方式的。

柏杨：好几千年我们没有报纸，童年时基本上我很难看见报纸。目前有那么多学习西方文化的机会，假如以前一个人不小心说出皇帝的名字，他一定受到斩首的惩罚。一百五十年前，我们还在禁止中国人学习外国语言，也禁止外国人学习中文，当牧师来中国时，一般来说他们必须准备毒药，因为如果当地政府发现他在学习中文，会动用酷刑。目前我们自己主动帮助外国人学习，连与外国人相遇，我们也很喜欢进一步与他们做朋友。现在我们更可以说出总统的名字，在公开场合上跟他招呼，帝国时代这都不被允许。

Ryszard Zalski：您应该非常满意在台湾看到民主化的过程，在《丑陋的中国人》一书中，您表达希望西方文化帮助您的同胞克服自己文化里面的缺点？

柏杨：是的，基本上我很满意。我们的文化缺少自由、人性尊严、公民意识，缺少尊严及包容，在欧美文化里，这类的因素已经巩固。民主制度更需要的理性思考，我们也同样缺少。我们渴望建立新的制度，远离过去旧的制度。

Ryszard Zalski：您出版《丑陋的中国人》一书时，很多中国知识分子抨击您，他们的看法是否随着时间有点改变？目前您的论点是否受到更大的理解？

柏杨：很高兴，时至今天，大部分中国人都赞成我的看法。去年，我分别在香港、台湾、大陆，出版过一本书：《我们要活得有尊严》。我也去过大陆，看过几个大都市，曾有很多聚会。一般来说，我听出来：接纳西方文化好像是治好中国老昏病的良药。俗话说："病急乱找医生。"我也曾经赞成过这种想法。

Ryszard Zalski：在西方，很多人感到中国文化及其产业散发出的魅力，您是否觉得中国人真的可以提供给西方一些好处？

柏杨：西方人特别重视进步及科技发展，在中国人的身上，西方人可以学习如何休息及享受生活。有一个故事说：富有的美国商业巨子与贫穷的中国人，同在一个美丽的小湖上钓鱼。美国人说：我所以能够坐在这里休息，因为两年内我努力地工作，帮助我的公司赚了一大笔钱。中国人说:某个程度来说,我们是类似的,不过我并不需要劳动或者赚钱,照样可以坐在这里享受钓鱼。这是人生观的区别之一,美国人工作到无法休息,而我们会为了享受生活,而无法工作。目前我担心美国人与伊拉克的战争会失败,不过我更怕美国终于胜利,这样他们会把自己当做是一个理所当然的世界上唯一强者。这里请允许介绍一篇刚完成,准备送给香港《明报月刊》的一稿:《驴碑法则》。美国将来也铁定地会沿着这项“驴碑法则”轨道。美国这只驴子的最后地雷是什么?它可能是中国、俄罗斯、朝鲜、欧盟,以及其他的小国。

Ryszard Zalski:对中国人来说哪一个事情是最重要的?

柏杨:有一点事情很特别,直到二十世纪末期,中国人最重要的工作仍停留在满足肚子的挣扎上。西方人一直追求成就感及进步成果,他们觉得你支配的物质越多越好。中国则另有一个观念:如果你要感到满足,就会珍惜现在所有的。中国人比较愿意不断储蓄再储蓄,宁愿享受他们目前现有的一切,结果使自己太少有“挑战心”,好像这也是西方对东方有兴趣的原因之一。

Ryszard Zalski:按照您的看法,美国在世界的优势是从哪得到的?

柏杨:美国人来自欧洲,他们有和中国同样悠久的漫长文化,我们平常往往用立国的年数来看美国,其实来到美国的移民,有他们自己的古老的崇高的宗教与文化基础。

文学、历史与人生

——与应凤凰教授文学对话

我认为杂文更像鞭子,大家看过马鞭没有?马鞭一扬,“劈啪”一声,这是高度的技术,不是每鞭都打在马身上,一声“劈啪”,马就会更加出力。如果换另外一种说法,就更明白:写小说要写到牢房里,是不容易的,写杂文一写就进去了。

应凤凰(以下简称“应”):欢迎各位来到台湾文学馆,共度一个文学的周末。尤其有幸能邀请到柏杨先生,他走过那段白色的文学岁月,今天让我们一起回顾他的文学历程,以及他熟悉的五六十年代台湾文坛。柏老一生著作丰富,其中与文学最相关的,是他早期的小说及方块杂文。大家不要看柏老外表满头白发,其实他心灵年龄可能比我们都年轻,谈起话来比任何人都活泼风趣。

柏杨(以下简称“柏”):应教授、各位小朋友,今天星期六,各位没去大玩特玩,反而来听一位老头子和一位女教授谈文学,是很少见的一种聚会。我在台南住了差不多两年,在成功大学教过书,不过我在教书的时候,你们都还没有出生。所以今天虽然是“来到”台南,但对我就像是“回到”台南一样。只是很多景致已经不一样。

应:柏老《幸运的石头》投给《自由中国》,1954年4月1日刊出。大家知道《自由中国》半月刊主持人是雷震,艺文栏的主编是小说家聂华苓,她与柏老以后成为很好的朋友。她在文章里提到,刊登这篇稿子的时候你们还不认识?

柏:那个时候还不认识。

应:聂华苓写道:“五十年代初期,正是我在台湾主编《自由中国》文艺版的时候,一位署名郭衣洞的作者,投来一篇小说《幸运的石头》。我们立刻就关注起来了……我们着重的,是主题、语言、形式的创造性——纵令是不成熟的艺术创造,也比‘名家’陈腔滥调的八股好。”看样子她是因登您的文章而认识您的。

柏:是的。那时候写作的人不多,我们大概有七八个人,一个月聚会一次。

应:叫“春台小集”。

柏:对,名为“春台小集”,事实上还更伟大,我们自称“十大天才”。可是,后来没有人承认,只好自己撤消。

应:据说那个时候你们有文章登在《自由中国》杂志,比登在副刊上还高兴？

柏：不错。那时候没有什么报纸嘛！大人物各有地盘。《自由中国》在当时是一个非常受人尊敬的刊物，能够在上面发表，觉得身价十倍。

应：1960年雷震案发生，《自由中国》被迫停刊，震惊文化界，那时候柏老的处境或工作情况怎样？

柏：那时候我已经离开救国团，在《自立晚报》上写杂文——所谓“专栏”，警备司令部传话给《自立晚报》总编辑李子弋，转告我说：“你给柏杨讲，现在乖了吧！”

应：结果好像还是没有“乖”嘛。

柏：没错，乖了还会坐牢？不过我并不是不害怕！晚报都是中午十二时截稿，下午一点半两点出报。出报后我们就在报馆等着，大概等一个小时，还没有接到警备司令部的电话，才松一口气，表示今天没有事情。可是，到了第二天上午，只要一提笔写专栏，头脑就又不清楚了。举个例子吧：有个下女（当时是这么称呼），她主人丢了一个皮包，认定是这个下女偷的，主人把她送到警察局，警察就这样把她双手摊开，铐在墙上，过来一个人顺着胸部摸一把，再过来一个人，再顺着胸部摸一把。我把这件事写在专栏里，写了之后又怕得不得了，发誓再也不要写这一类了，第二天遇到情况，又忘了害怕。这就是苏东坡讲的，遇到不公平的事，如苍蝇入喉，不吐不快，这和性格有关系。我是一个北方人，北方人是看《水浒传》长大的；南方人是看《三国演义》长大的。《三国演义》是文明世界，讲谋略、讲礼义、讲君臣父子。看《水浒传》长大的是路见不平，拔刀相助。就这样，反而一天一天被读者认为是个强者。最后，大人物一怒而天下惧，再怒而作家死。我幸而不死，仍被捕下狱。

应：很多人知道柏老的一生可以分成几个阶段，每一段正好十年。最早是“十年小说”，再来“十年杂文”，然后“十年坐牢”、“十年通鉴”（翻译《资治通鉴》），最后是“十年人权”（倡议建立“绿岛垂泪碑”等各项人权运动），每一阶段都有它的传奇性。例如柏老最早来到台湾,是从台湾南部上岸的,柏老看到的,当时的台湾南部是什么样的情形?

柏:台湾是个非常美的地方,我在大陆去过很多省,觉得大陆省与省之间的差异,简直像国与国的差异,唯一相同的就是文字。讲话不一样,风俗习惯也不一样,所以我一辈子都在当“外省人”。十八岁离开家乡,在四川时,四川人很傲慢(对不起,有没有四川朋友在座?),那时他们把外省人统称为“下江人”,街上一旦有人叫:“打下江人唷!”四川朋友就会一拥而上。后来到了东北,外省人成了“关里人”——“山海关以南的人”,东北朋友一点都不客气,他们说:“我把你打死,扔到雪地里喂狼。”我是北方人,北方人代表没有教养、没有礼貌、心直口快、没有文化。然后再到湖北,再到上海。一直到1949年漂泊到台湾。

应:您还有没有刚来时对台湾的印象?

柏:台湾是我住过的最好的地方之一。台湾朋友非常亲切,我还没有到过一个外省人受到这么多礼遇的省份,虽然语言不通,但是这么样有礼貌、有温情,真是受宠若惊。尤其台湾是亚热带地区,很多水果都是我们家乡所没有的,好比说香蕉,我们那里的香蕉是一根一根挂起来卖的,小孩子仰着头看啊看啊,根本吃不起!所以我第一次看到香蕉就买了二十多根,一直吃到吐酸水,再也吃不下去为止。还有菠萝,菠萝我们那里也没有。我还看到大蜗牛,哇!我们那里的蜗牛只有一个拇指大。还有,螃蟹也那么大,都是我们那个地方所没有的。

应:柏老到台湾就先住在台南的对不对?小说好像就是在台南写的?

柏:台南住了大概半年吧。那时候成功大学叫工学院,在工学院附属工业职业学校教书,接着就到台北去了。

应:柏老住南部的时候,好像因为偷听收音机,收听大陆新闻什么的(柏:噢,那是在屏东),被警总请去坐了第一次牢。

柏:那个时候,听大陆广播是重罪。糊里糊涂,只坐了短短几个月，不算坐牢，只算暖身。

应：不算哦？太短了所以不算？

柏：往往，一个政治犯从法庭判决回来，一进押房院门，急着向同伴难友先报喜讯，高声喊："没事，没事，只判无期，无期。"出庭的时候是戴脚镣的——判死刑才不戴脚镣——如果回来时候还是戴脚镣，那表示仍判死刑；去了脚镣表示改判无期。如果只判十二年，简直小意思，那时候无期、十二年以上，才叫坐牢，三年五年有什么好意思谈。

应：柏老第一次因为"窃听"大陆新闻，被判刑七个月。出来后到北部工作，才进救国团。这是柏老一生一个大转变。那时候救国团最高领导人是蒋经国先生，底下有一个中国青年写作协会，柏老是协会的总干事，每年都要办青年文艺活动，譬如带队到金门访问，对于当时的文坛情况一定很熟悉的。柏老记得当时文坛的情况吗？

柏：当时有一位本省朋友吕诉上先生，一块儿在救国团工作，他从事话剧。另一位叫廖……（应：廖清秀？）对，廖清秀，他在……（应：在文奖会，他写过一本《恩仇血泪记》）。我虽在文艺奖金委员会出书，但我从没有得过奖。

应：但是他们办青年文艺活动、文艺营什么的，以此来笼络青年也鼓励青年，您觉得这方面成果怎么样？

柏：两者当然都有。救国团是一个纯政治性的、蒋经国的私人团体，固然笼络青年，但也帮助了青年。那时代出国很难，和到月球一样难，能够全省走一遍，到阿里山、澎湖就不得了。再能够到金门、马祖，也只有参加救国团的活动，诸如夏令营、冬令营。我认为对文艺浪潮有推动的力量，至少它给你一个玩的机会。事实上，也有很多男女青年，因为这个原因恋爱结婚。爱情一多，写作自然也会跟着多。

应：刚刚柏老提过，一般人根本不可能到金门、马祖，可是通过柏老用"单位名义"安排，例如你是救国团的总干事，就有可能了，是不是这样？

柏：不是通过"总干事"，而是通过"救国团"，每个学校的名额分配,也很公平,否则岂不内部先打起来。可是,借着这个机会,我也到了很多地方。

应:柏老第一次出国曾写过一篇散文登在《自由谈》,写的是自己像土包子一样,在韩国日本出尽各种洋相的经验。柏老进了救国团之后,结了婚,也当了父亲,开始写童话故事。很少作家像柏老,形式与内容如此多样化。柏老记不记得自己写过这些童话?

柏:还记得,不过真是抱歉,我写的种类真是太多,各式各样都写。也有童话,也有神话。

应:当时大半登在《幼狮文艺》,柏老既是总干事,也身兼《幼狮文艺》主编。一系列童话发表后,1957年结集出版取名《周彼得的故事》(七十年代再版时改为《天涯故事》)。看题目就知道,作者采用希腊神话里面的人物,但场景却搬到台湾。柏老为再版写的序,有几句话特别动人:"每一篇美丽的童话,都是人性最善良和宽厚的祝福,值得永久怀念。"柏老自己都忘记写过这些句子吧?

柏:真叫人惊讶,你记得的比我记得的还多,当一位文学评论家真不容易。不过,虽然有点忘记,但也觉得写得蛮好。(听众笑)

应:虽是童话,其实柏老也想写给成人看。有意思的是,里面有些故事主角是从中国来的,场景却在古希腊,可见故事中投射有作者丰富的想象力,以及认定中国文明是凌驾于西方文明之上的。童话之后,柏老开始创作文艺爱情小说。记不记得您有一部长篇小说《莎罗冷》,曾经被作成广播剧在电台连续播出?在当时很轰动。如果留下来的话,现在都可以出版有声书了。请柏老谈谈,您当时自己办了一家平原出版社,经营得非常成功。包括《莎罗冷》和《旷野》以及下面要谈的《异域》,都是平原出版社自己出的。您为什么自己想办出版社。

柏:再说一遍《伊索寓言》青蛙的故事。青蛙掉到车辙里,同伴齐去援救,怎么拉也拉不出来,只好挥泪告别。第二天他们来收尸的时候,发现青蛙在草地上唱歌。他们问:"你怎么出来的?"青蛙说:"不出来不行,那边马车来了。"平原出版社就是这样跳出来的。我最初出版小说和杂文,找到一个发行商,姓唐,他们有三兄弟,全省发行都掌握在这三兄弟手中。他拒绝发行我的作品,理由是:“你在《自立晚报》上刊登,虽说有人反映写得不错,但只是报纸的一部分,不过顺便一瞥;现在印刷成书,不见得能买。”我哀求他,最后他说:“你先给我三百本,我来卖卖看。”过了三四个月,再去找他,那三百本还原封不动地堆在墙角。我说:“你怎么没有发呢?”他说:“不能帮你发,这种书呀,不可能有销路,市场的情形我清楚得很。不发,还是三百本嘛,如果一发,丢了一本,我还得赔你一本。”我只好自己办个出版社了,董事长、董事、社长、编辑、总编辑、工友,都是我一个人兼。想不到发行后竟然畅销!以后因写作越来越忙,才交给星光出版。上天保佑,使我把挫折变为营养,否则,就只有屈辱,只好降服。

应:《异域》就是在平原出版社出版的吧?

柏:记不得这么清楚了。

应:《异域》在报纸上刊登就很轰动,还是出书后愈来愈好卖?

柏:报上连载时就很惹人注意。《异域》连载到一半时发生一件事。宪兵司令部政战部主任萧政之,我们是老同学,忽然到报馆来,亲自查问是谁写的。一看是我,就叫我跟他到宪兵司令部政战部。他怪我说:“你写的一些将领逃跑、不负责任,当初发誓要与城共存亡,到时候城亡,人却不见了。你都仔细写出来。”我说:“是啊!”他说:“你知道这些人现在在哪里吗?”我当然不知道。“现在都在国防部!”“喔!”我吓了一跳。他说:“你在报馆能有几个钱?我在宪兵司令部帮你找份工作。”以后我就像个小鬼不见面,他找我,我就开溜。我肯定我写的是报导文学,每个军官的姓名、阶级,以及他守的城,以及怎么逃亡,句句是实。反正不管怎么样,《异域》非常好销,十年以前还拍成电影。

应:《异域》上映时,台湾电影正逢低潮,但《异域》票房非常好。《异域》描写的是一群大陆军人,国共内战期间逃到滇缅边区,组织游击队。边区是瘴疠之地,生活非常困难。他们在那里辛苦建立“反攻基地”,希望迟早能反攻回去。而国民党好些“败将”,包括柏老提到有名有姓的国民党将领，他们也从大陆一路逃亡到此，却把这群“孤军”丢在当地自生自灭。这本书三四十年来，销路一直非常好，根据评论家的分析，这群流落到蛮荒的孤军“孤臣孽子”情节与血泪，成为“弃儿”的图像和表征，让很多来到台湾，同样离乡背井的读者感同身受。这是《异域》的销量打破战后出版纪录的原因之一。据说达到两百万本，柏老极畅销的《丑陋的中国人》也比不上！柏老的好几种书都非常畅销，不知道有什么秘诀？

柏：没有，不坐牢就不错了。

应：柏老是怎么得到这“孤军”的角色，以及类似的战争经验？

柏：经验很简单，我当过兵，行过军。当时《自立晚报》有位记者马俊良先生，有次采访边区一位退伍军人的新闻，写了一篇报导，写得不错。总编辑就要他采访一位从边区回来的营长，采访回来就讲故事，由我记录。本来只准备写三五篇就结束，后来他越采访越多，因之改为每天连载，偶尔他没有来，或采访不到什么东西——报纸的版面都是预先留下来的，不把它塞满，就不能出报——于是那个排字房领班来了：“你说，这怎么办？”我怎么办？跳河吧！然后我就打电话找马俊良，我说你一定要讲点东西让我写。有时候他在电话中讲，讲一点，写一点。你知道晚报的稿子多紧迫啊！截稿的时间距出报的时间只有两个小时，于是他在电话中，或气喘如牛地跑回报社，站在我背后，讲一段我就写几行。那个时候我们写稿是用中央社稿纸背面。写了三行五行，就把三行五行撕下来交给排字房领班，领班在旁不断催：“快点，快点啊！”急得鸡飞狗跳，真是灾难。这样，写了很久之后，“孤军”的一位团长李国辉找到我，我就变得非常轻松了。他每天一早就到我家，我在家里写好带到报社去。有一天，该来时他不来，我只有顺势发展，记得一段，写一个女英雄骑在马上，这是看美国西部武打片，看太多的缘故，一提缰绳，马就扬起前蹄，举头嘶鸣。李国辉大笑说：“边区只有驴子。”所以我写的虽不算小说，也不能完全说是拓印本的报导。人生本来就是这样。写回忆录、写自传，假使字字都要真实，恐怕十辈子也写不出。

应:《异域》虽然那么畅销,它对学院的研究人员来说,却遇到一个很头痛的问题,不知道该将它归到哪个类别比较适合。它到底是报导文学、战争小说,还是别的什么文学?特别是书中有真名真姓的人物,像在写一个历史事件或新闻报导。柏老用的又是第一人称,指名道姓提到这些将领,他们甚至跑出来喊冤,像李国辉将军等人,就曾经对外声称《异域》描写的不是真的。

柏:李国辉后来认为,我把他写得不够英雄。电影上映的时候,他的儿子还写信来要票。我说:“我都弄不到票了,怎么给你?”他说要为国军献演一场,我说:“这是商业,我们做不了主。”他还登报警告我。我很厌恶这些事情。一旦有了点成绩,各种事情都来了。他以为我得到多少好处?后来我说:“你想告就告,你想示威就示威,你想做什么就做什么,你不要管我的下场,牢反正也坐过了,再多坐几年,也不在乎。”

应:《异域》第一次出版,包括报纸刊登的时候,柏老还没有坐牢吧?

柏:小说没有使我坐牢。

应:“十年小说”时期,到了《异域》时,就要跳到“十年杂文”。柏老的十年杂文从1960年到1968年,1968年是柏老入狱的一年。柏老的杂文,总是以一种嬉笑泼辣的口吻,直接批评社会各种不合理现象。那个时候杂文随报纸的传播,影响力很大,立竿见影。柏老是有意改变一种写作形式?

柏:小说难写,杂文易写。小说你要先构想一个故事,现在新的派流我不晓得,听说不必有故事,只要有张白纸写黑字就可以了。而在我们那个时代(十九世纪六十年代),必须有个故事,必须有个纲要,有情节,要表达的东西蛮复杂的。我觉得写小说好难,而且二十世纪时,我还年轻,但已听说过一句话:“小说要没落了。”因为人类所有的故事、感情、行为,都写尽了,再写不出来新的东西了。爱情就是爱情、厌恶就是厌恶、恐惧就是恐惧,千年不变。小说本身有它的局限,杂文比较容易。就像鲁迅讲的,杂文像匕首。我认为杂文更像鞭子,大家看过马鞭没有?马鞭一扬,“劈啪”一声,这是高度的技术,不是每鞭都打在马身上,一声“劈啪”,马就会更加出力。如果换另外一种说法,就更明白:写小说要写到牢房里,是不容易的,写杂文一写就进去了。

应:柏老的体会很深。杂文时期持续将近十年,对台湾社会的影响力可不小。

柏:我承认是这样,影响力确实很大,如果不大的话,就不会坐牢了。“警备司令部”早已经肯定我,你想说我没有影响力都不行。

应:他们并不会说你是“因为写了杂文”被逮捕吧?

柏:他们当然不会说,他们又不是呆子。这是我自己的检讨,我如果不写杂文,恐怕就坐不了牢了。

应:从你第一天的专栏算起,起码八年,政府至少忍受了八年才来逮人。这期间还是让你说了许多话的。数十年来,杂文不只柏老一个人写,报纸上也还有很多别的专栏才对。

柏:别人写得比较谨慎,好比何凡先生,杂文写得很好,但他有一个原则,省级以上的事他不谈。他主要谈体育、艺术。(应:谈民生问题。)还有一位寒爵先生,文艺界以外的事,他不谈。其实致命的还是路见不平拔刀相助,不仅写,有时还不自量力要动拳头。有次,在通化街看到一个父亲在人行道上打他的孩子,把孩子绑在板凳上打,我挺身而出。他说:“我打我的儿子。”我说:“你也不能这样的打法。”他就拿着菜刀来,我只好走开。

应:柏老还批评警察,称他们是“三作牌”,这名词还记得吗?

柏:各位非常有福气,没有看到警察局、派出所门墙上写的标语:“作之君、作之师、作之亲。”现在只有一个地方还可以看到:绿岛监狱。我特别请管理机关把它保留下来。作之师,警察要当我们的老师;作之君,要当我们的皇帝;作之亲,更要当我们的父亲。我就给它取了个绰号叫:“三作牌”。风行一时,甚至记者写通讯稿也用,诸如:“摆地摊的最怕‘三作牌’,‘三作牌’一来他们就跑掉了。”所以警务处恨我入骨。

应:1960年代前后的言论尺度怎么样?是只可以批评到警察的层级吗?

柏:这个要自己琢磨,觉得不该批评的不要批评,可以批评的不妨批评,可以重批评的就重批评,不可以碰的千万不要碰。不过,这话说了等于白说,没有人自动前去找死!而我自己坐牢因素很多,结怨警察不过是其中之一,没有“三作牌”,我还是要坐牢。

应:柏老入狱的罪名,有人说是因为“匪谍”,有人说是“大力水手”的漫画侮辱元首。

柏:特务是用“大力水手污辱元首”、“打击最高领导中心”、“挑拨政府与人民之间的感情”逮捕我的。但它太明显是文字狱,必须把它搞成不是文字狱,于是我才成了“匪谍”,隶属于某个组织。因为我是“匪谍”,我才写很多杂文,污辱元首,打击最高领导中心,挑拨人民与政府之间的感情。办案人员向我保证,他说:“我们以后永远不会再提大力水手,在判决书上,在档案夹里,在对外发表、对内谈话,绝不讲大力水手。”结果,一件事情露了底。就是我回忆录发表了之后,当初那个逮捕我、询问我、告诉我永远不会用大力水手的人,在《中国时报》上投书,说我是因为大力水手被逮捕,因为在侦询中“攻破心防”,坦承不讳我是“匪谍”,才确定我是“匪谍”的。历史,你可以用各种方式解读,但是你不可以、也没有能力磨灭。

应:对别人来说,坐牢会是一个很大的人生挫折、生命的低潮。对柏老而言,却在坐牢期间完成了很多本历史的著作如《中国人史纲》、《中国历史年表》、《中国帝王皇后亲王公主世系录》。写这些书,是为了抵御挫折的心理吗?

柏:我想传授一点坐牢心得。一个人,要专业,要了解自己在做什么。就在上个月,中央大学举办了一项“柏杨文学史学思想国际学术研讨会”,来自塞尔维亚的普舍奇教授讲了一个故事,他说:“人生好像是在和死神下棋,你明知非输不可,但是你还是用心的下。偶尔一个精彩的棋步,自己就很高兴。”我认为坐牢也是一样,既然坐牢,就要安安心心地坐牢,你的专业就是坐牢,不要去想窗外的事,而应该想你可以面对的事,用另外一种东西填满脑袋。我平常除了写稿之外,就把中国地图贴到墙上,我坐在地板上,上体轻微地晃来晃去,在墙上设计修筑了好多铁路!台湾海峡我也修了跨海铁路,其他时间,我就专心写稿。

还有一种现象,当你遇到灾难,想用自己的方法把它变成营养的时候,你所得到的不一定是鼓励,可能是打击。我永远记得,每天写的时候,旁边总有一两位同样是坐牢的难友咬牙切齿说:"哼,写这些有什么用?一个字带不出去,一把火就烧掉。"讲的是真实的,但打击了我,政治犯离开监狱的时候,所有的写作、所有的信,统统要烧掉,不允许带出一字。于是我请难友们分别抄写了三份,这是件艰难、伟大、危险的工程,希望总会有一份带出去。同时,还有一句大家常讲的:"不怕没有机会,只怕没有准备。"想不到到了最后,我不是出狱,而是软禁,从监狱把我直接押解到兵营——警备司令部的绿岛指挥部。这样一个新的灾难,对我反而有利,因为同类相通,我所有的写作都不必经过检查。一年半之后,我从绿岛指挥部被释放,当时警总政战部主任韩守湜是我的同学,部属们看长官脸色,没对我做什么检查,都发还给我。真是曲折。

应:柏老在狱中完成一本诗集,叫《柏杨诗抄》,听说是把诗偷偷写在辞典里面,结果夹带过关了。

柏:我把它写在《辞海》《辞源》和各式各样的古书字里行间的夹缝里。万一稿子烧掉的话,诗还可以带出来。想不到,我的诗反而丢了好几首。出狱后,我想自己出版一本诗集,找到三重埔一家打字行,我太大意,没有复印,结果打字行老板报告警察局,警察局安全室主任把我叫去,将诗稿没收,后来交涉发还的时候,有若干篇不见了,十分懊恼。

应:这是柏老唯一一本诗作,又是采用传统诗的形式。虽然夫人张香华女士是写新诗的诗人,但柏老好像对新诗蛮反感的。柏老早期写过一篇"杂文小说"专门讽刺新诗,题目是"打翻铅字架",主角是一个知名诗人,在印刷厂情急之中,不小心打翻铅字架,又急急忙忙将铅字拣上去，再将那些莫名其妙的诗句排印出来，结果诗集居然也造成轰动，用如此怪现象来讽刺现代诗。柏老现在对新诗是否已有了不同看法？

柏：现代诗，不能批评，尤其香华现在在座。不过，现代诗今天有很大进步，跟我写那篇小说时有很大的不一样，但古典诗似乎更能表达深情。有人认为我是一个很难归类的作家，我倒盼望成为诗人。不过后来也不太坚持，尤其是诗集出版后，两三年下来，卖了零本，只好自己买去送人，诗人也当不成。像香华，她在警察电台主持一个节目："诗的小语"。我对她说，你也应该访问访问我啊！她觉得作品要够水准才可以，她竟看不上眼我的诗，证明她的程度太低。

应：柏老其实是少数写传统诗的人，柏老对现代诗或传统诗有何批评？

柏：古典诗已经到了巅峰，不可能有发展空间，但我喜爱韵律。不过，我也逐渐感觉到现代诗之美，它本质上似是为朗诵而写的，需要声音，诉诸听觉，而不是诉诸视觉。有时我听香华在电台朗诵其他诗人的诗，觉得很美，找到原著一看，往往平淡无奇。而古典诗诉诸视觉、文字、意境，要用小的声音吟咏出来。如果将古典诗大声朗诵，恐怕，没人听得懂，就算听得懂，感受也会很淡。

应：从柏老的小说、杂文，一路谈到诗，一直觉得中间有个贯穿的东西。好比柏老常常批评中国传统文化，将之比喻成"酱缸"，又有一本脍炙人口的作品《丑陋的中国人》，而您自己也创作传统诗，对传统文化的理论与实践似乎互相矛盾。您现在对中国传统文化的看法，与过去有没有不同？

柏：文化有凝固性，不是"说改变就可改变"。以最近电视的一个例子来讲，至少炒热了一位女性——宋美龄，她十岁到美国，自认并被认为除了一张中国脸外，其余的都是美国文化，她完全接受美国教育、思维、感觉。实际上不然。她十岁离家，可见接受中国文化时间不久，范围不广。但是，在电视报导中，她住在白宫，当时美国正在大罢工，罗斯福总统夫人问："如果大罢工发生在中国，你们会怎么办?”她用抹脖子的动作做出响应。这是用西方文化的表达方式,表达她思想的封建和内心的暴力:“格杀勿论。”没有一点西方文明,完全是东方皇家官僚的惯性行为。宋美龄的教育是西方的,面孔是中国的,而文化也是中国传统的。文化浸润,不是三年五年就可以彻底改变,很多人接受了西方文化、民主文化、自由文化,可是骨子里的中国传统文化对他的影响,一有机会,立刻爆发,让他现出原形。

应:柏老“帝王世系”一类的书,写得很多,您对蒋宋美龄的去世,以历史学家的观点,有没有什么特别的看法?

柏:宋美龄生长在一个买办家庭,她有的是钱。以孔宋的家庭为核心,以宋美龄这个令牌为杠杆和政府结合,所以他们就更加有钱、有权、有名、有荣耀。他们家族团结得十分坚强,不惜任何牺牲来维持家族的利益。五十年来,大部分的人都不知道,孔宋家族对中国造成了多么大的伤害。国民党撤到台湾,最大的功臣是孔宋家族,他们不仅将中国的经济搞垮,而且把中国人的生命和希望断送,只有一个人曾经起而阻止,而且有能力阻止,但他失败了,他就是蒋经国。蒋经国看到家国的危机,所以在上海打虎,最后逮捕到孔家的人。蒋中正在外面作战,听到这个消息,仗也不打了,亲自打电话下令释放。孔宋家族的力量奇大无比,撤退到台湾的前一个月,政府还任命宋子文当广东省主席。他的第一条命令,就是要求各县市修飞机场,方便他随时前往视察。当时共产党已经到了长江北岸,只要一渡江,广州就没有了,但是他还不放松,下手作最后一次搜刮。当时美国的援助,为什么不给了?共产党为蒋中正取了一个绰号:“运输大队长”,专门把美援武器转送给人民解放军,这还不够腐败吗?现在因为选举炒热了,涉及到政治。世上凡是与政治牵连上关系,就很难有公正的解读。但史料俱在,没有人有能力更改。

血浓于水，情浓于血

——杭州《钱江晚报》记者张瑾华女士访问

台湾文化的源头应该来自于中原的黄河及洛水流域，那就是古代所称的中原。河洛流域在大分裂时代，人民大量向南方逃亡。身负着千万悲苦，逃到了现在的福建省的漳州和泉州，以及广东省潮州。

一问：当初为什么想写《中国人史纲》和《柏杨版资治通鉴》，是不是也有提醒新一代的台湾人不要忘记自己是中国人，不要忘记中国历史的动因？

一答：看了题目，好像你要封我当"新一代的台湾人"的导师，使我大为兴奋。不过，我大概不适任。说来话长，我从小对故事、历史有所偏爱，喜欢看《七侠五义》《水浒传》《红楼梦》《啼笑姻缘》之类。今天，仍觉得它们是我灵魂成长的重要养分，无形中给我许多行事典范和行事标准。1968 年，文字狱起，被囚九年又二十六天。那时的处境和心境，都适合读史和写史。

我写《中国人史纲》，主要是反映历史真相，提出我个人对历史的观察和评价。那时我在狱中，长夜漫漫，自由无期。未来能否把这本书稿携出监狱，都是疑问。根本没有"藏之名山，传诸其人"的宏愿，更遑论要教导"新一代的台湾人"。

至于《资治通鉴》翻译为现代语文，只是盼望节省现代读书人的时间与精力，不必人人都消耗在诘屈聱牙已经僵死了的文言文里，让这部历史的宝藏，能够流传得更久更远。这只是一个知识分子的一项盼望，如此而已。

二问：在台湾这么多年，您觉得台湾文化到底是什么？能不能概括性地说一下？

二答：台湾文化的源头应该来自于中原的黄河及洛水流域，那就是古代所称的中原。河洛流域在大分裂时代，人民大量向南方逃亡。身负着千万悲苦，逃到了现在的福建省的漳州和泉州，以及广东省潮州。他们的部分后裔再转辗来到了台湾——来自于漳泉的，称为闽南人或河洛人；来自于潮州的，称为客家人；加上台湾岛上原住民——具有马来血统的真正的台湾人；再加上二十世纪，众所皆知的原因，迁移到台湾的外省人。所以概括地说，台湾文化的源流是中原文化。另外也有荷兰文化、日本文化，以及马来文化。我来自广大的华北平原，麦浪似海，族群单纯。所以台湾这么复杂的多元环境，包括多种言语、多种神祇、多种服装，使我充满了惊奇。

三问：在您看来台湾文化的走向，五十年来有没有什么变化？

三答：史学家唐德刚教授曾经说过："中国传统文化，过去是千年不变；到了二十世纪，是十年一变。"现在又进入二十一世纪了，台湾的中原文化，可能一年一变，而且已有显著的突破和提升。第一是民主制度，第二是全民保健。这都是五千年中华文化所没有的，台湾都有先进一步的成绩。

四问：在二十一世纪乃至未来，台湾文化可不可以脱离中国文化，成为一种独立的"台湾文化"？

四答：在《封神榜》上，我最感兴趣的是哪吒的故事。他割骨还父，割肉还母，很具震撼。可是，人类除了骨和肉以外，还有一种东西，是改变不了的，是还不回去的，那就是父母赐给的生命。哪吒再凶悍，他也没有本领把他的生命——魂魄，也还给父母。台湾也是一样，我们会走向本土化，但没有办法脱离中华文化，因为本土文化就是中华文化。

五问：您是否认同海峡两岸文化的"同根"性，即同一血脉？

五答：关于海峡两岸的同根性，不是认同问题，而是事实问题；不是基因问题，而是情绪问题。不过，血浓于水是一种充满了感性的诉求。实际上，"血浓于水"不能保证一定产生"情浓于血"的感情。请注意一点，在窝里斗中，杀中国同胞最多的，不是外国人，而是中国人自己。而侮辱、糟蹋中国人最残酷的，不是外国人，而是中国人自己。写到这里，羞愤交集，真想大放悲声！

六问：我们在很多的文学、影视作品中，看到了台湾文化人有一种挥之不去的乡愁，您的感觉是怎样的呢？

六答：你所说的乡愁，不仅台湾人有，全世界离乡背井的人都有。比我们外省人早来四百年的河洛(闽南)人、客家人，他们祖先移民到台湾，也是如此。当老人逝世，子女就会把他们暂时浅葬，等待有朝一日，还葬家乡。浅葬，闽南人和客家人，都称之为“厝”。所以台湾以“厝”为名的地方，特别的多。像南投县的红瓦厝、花莲县的林家厝、宜兰县的下厝底、高雄市的三块厝。他们岂止是乡愁，而是衔恨地下，幽幽无期。

筹建绿岛垂泪碑

一百年来，这个拥有美丽名字的岛，竟成为一个痛苦的岛，一个哭泣的岛。

晚霞如火烧古城，
群山齐动传笳声；
孤岛有情长夜泣，
蛰龙沉睡海吐腥；
无边风雨萧萧去，
曙色朦胧一线明；
法场鲜血囚房泪，
痴心仍图唤苍生。

原名火烧岛的绿岛，是台湾东南海域最远的两个岛屿之一，南北东三面环绕着一望无际的太平洋,西面隔着一道三十三公里的小海峡,和台湾本岛的台东县,遥遥相对。这个面积只有十六平方公里、拥有美丽名称的小岛,使第一次听到它的人,会立刻浮起一种诗情画意:一片青葱的草原,一脉起伏的山峦,和浓荫夹道的环岛公路,甚至还可能隐约听到,以绿岛命名的小夜曲! 这是一个引人入胜的亚热带的童话世界。岛上朴实纯洁的原住民,靠着打鱼为生,过着悠闲而安适的生活,在山野中唱狩猎之歌。

然而,随着大环境的转变,这个小岛也跟着天翻地覆。一百年前,日本人入侵台湾,把绿岛作为囚禁思想歧异分子和政治立场不同的人的场所;五十年前,台湾回归祖国,国民政府沿用日本人的手段,把这个岛继续用作钳制思想和打击异己的天然囚笼。所以一百年来,这个拥有美丽名字的岛,竟成为一个痛苦的岛,一个哭泣的岛。监狱里受难者的呻吟声,和法场上死囚被处死时的枪声,互相呼应。监狱外几个世代受难者的家属、朋友,和胸怀理想、追求人权尊严以及自由、民主、平等的战士们,绿岛是他们最大的悲痛。它象征暴君和暴政,也象征迫害和挣扎。

然而,任何苦难,都有结束的一天,一百年的痛苦岁月,虽然漫长,终于也成为过去。二十世纪末叶,台湾随着戒严的解除,走出了专制政体的高压统治;在这项伟大的工程中,绿岛扮演了重要的角色。

过去,依中国人的观念,常强调一项教训,要人们忘记过去,尤其是见不得人的过去。暴君暴官们更是害怕人民永远记得他们制造出来的苦难,总是告诫说:"算了! 算了!"以及:"过去了就过去了,再提它有什么用?"长期生活在专制政权下的人们,也往往会习惯地立刻驯服,用家奴心态把过去的苦难,一笔勾销,特别是这项苦难与切身已不太关联的时候。事实上,这种表面看来既往不咎的"温柔敦厚",乃是因为不敢面对过去的错误,所作的自我屈辱。我们遂永远不能分辨是非对错,也终于丧失了检讨反省的能力,使我们这个民族一直在翻覆过无数次的历史旧轨道上,踯躅徘徊,走不进新的格局,苦难一而再，再而三，不断地重复演出。

台湾人民已经在经济上创造奇迹，并企图在文化上也创造奇迹，那就是：希望人们对于过去的苦难，永不忘记，只有这样，才能保护我们不再走回头路。所以，我们决定在新面貌的绿岛上，建立一座垂泪碑，上面刻着白色恐怖期间每一个政治犯的姓名，不分党派、不分籍贯、不分老少、不分男女。这样做不是复仇，更不是记恨，而只是一项忠于历史的记录，用来纪念、缅怀，更用来提醒，使我们铭记台湾走过的这一段痛苦岁月，把每一位被剥夺尊严的人，恢复他本来面目，并从中得到启示：一个人如果不忘记手指伸进火炉被烧伤的往事，才不至于再把手指伸进火炉。百余年来的眼泪，洗涤了罪恶和悲伤，面对今日家国，警惕民主自由得来不易，并感谢他们所做的牺牲。

绿岛，将永远成为一个欢乐的岛，前来绿岛的客人，不再绳捆索绑，不再戴着手铐脚镣，而是一群欢乐的、充满尊严和喜悦的生命。这是我们最大的心愿，坚信它会实现！

口供主义罪疑唯重

台北少数崇拜口供主义的司法官员，正在企图用别人的血，灌溉“罪疑唯重”的野蛮文化，使它成为罪恶的磐石。

我们家乡的一句谚语“屈死不告状”，道尽了中国人宿命的悲哀：一旦兴起诉讼，犹如肥羊投入饿虎之口。民事案件往往家产荡尽，刑事案件更加伏尸刑场。在封建时代法庭是一个保障大人物的地方，哀哀小民是注定被草菅的对象。

五千年来的讼狱，建立在口供主义上。圣明的帝王，怀着大慈大悲的心肠，小民如果自己不承认犯罪，绝不处罚。所以，怎么要小民“坦承不讳”、“自动招认”，遂成为执法官员最大的挑战，迫使他们不得不用苦刑拷打——这是我们小民的语言,暴官酷吏的语言称之为“帮助我们唤回记忆”。

笔录与自白书,是口供主义的两大支柱。二十世纪以来,证据主义取而代之。但是,“酱缸文化”威不可测,证据主义在台湾立刻就被酱成了一项美丽的条文,专做对外宣传之用:“我们是科学办案,证据第一!”但是脑子里发酵的,仍是口供。而今,台湾就有三个微不足道的孩子苏建和、庄林勋、刘秉郎,他们在口供主义下,命在旦夕。

1991 年 3 月,台湾省台北县汐止镇,吴氏夫妇被砍杀身亡,警察不久逮捕凶手王文孝。王文孝在警察多方“帮助”下,承认还有一个同谋,那就是他的弟弟王文忠。之后,王文忠在“帮助”下,供出了连王文孝都不认识的上述的苏、庄、刘三个孩子。这三个孩子又在同样的“帮助”下,全都“自动自发”地写下了自白书和完成了笔录。1992 年 1 月,王文孝被枪决前夕,替这三个跟他素昧平生的孩子呼冤。但是,大狱已成。

自 1995 年起,“最高法院”对这三个孩子三次判处死刑。“检察总长”一连三次提出非常上诉。今年,二十一世纪的第一年,5 月,“最高法院”突然一反立场,裁定再审。同月,“最高法院检察署”检察官,也突然一反立场,对再审提出抗告。问题就在这里,“最高法院”判决的合法性,不但遭到“检察总长”的三次质疑,三次提出非常上诉,十年来,先后四任的“法务部长”,全都拒绝批准死刑的执行。而“监察委员”也在调查报告中,指出“最高法院”判决不当。现在,“最高法院”总算批准了再审的申请,可是曾经提出三次非常上诉的检察体系的检察官,反而反对再审,提出抗告。一种阴气森森的诡异,“宁可错杀一百,不可错放一人”的土石巨流,正在咆哮翻滚。这三个孩子势将死在这种巨流之中。

如果我们小民们倾尽全力,还不能挽回一个明显的疑狱,那就让三个孩子死吧!因为他们是小人物。他们或许是真凶,或许不是,我不敢确定,那是专家的事。但有一点却是敢确定的:专家们的看法完全相反，说明这是一个有争议性的刑事案件。我们的老祖先，远在两千年以前，就为这类事件，提出公平的裁决，《尚书·大禹谟》："罪疑唯轻"，对有争议性的诉讼，应从轻发落。想不到两千年后，就在台北，案件虽然疑点重重，却仍然有人坚持非要索取那三个孩子的性命不可。传统文化中，少有的优美部分，不但没有予以发扬，反而让它淹没。

几年前，美国橄榄球明星辛普森杀妻案，被判无罪。有人向辩护律师提出质疑，律师说："我从没有说辛普森没有犯罪，我只是说，我们没有辛普森犯罪的证据。"我们同样指出："我们从没有说这三个孩子没有犯罪，我们只是说，我们没有这三个孩子犯罪的证据。"

我们面对的是：台北少数崇拜口供主义的司法官员，正在企图用别人的血，灌溉"罪疑唯重"的野蛮文化，使它成为罪恶的磐石。一想至此，便忍不住酸鼻！

病人有权知道吃的是什么药

一场小病，使我对病人人权的没有保障和病人完全没有尊严的医疗文化，感到十分震撼。病人像病羊一样进入白衣屠宰场，任凭医生挥舞职业钢刀。

几个月没有给《明报月刊》写稿了，不是主编下令开除，也不是我妄自尊大，拿拿架势；而是我害了一场虽然不是致命，却硬是致命，且几乎丧命的小病。我因晕眩而在台北某大医院就诊，久久不愈，最后，医生给了我一种我不可以服用的药。

治晕眩，更晕眩

几个月以来，每天酣睡十九二十小时。起床后踉跄走到餐桌前吃早点，然后躺到沙发上再睡。中午被唤醒，勉强咽下三口四口，再睡在沙发上。晚饭后重回卧房，一觉天亮。如此日复一日，循环不息。没有食欲，没有体力，昏沉不起，气息一缕。

邻居一位好心的年轻太太悄悄提醒香华："你要有心理准备，柏杨恐怕不行了！"香华这才惊慌，四处求救，终于，找到一位退休了的老医师。

《药典》救命

把原先的处方拿给他看，他看到"Stilnox 10mg"时，面色沉重，说："这个药有点诡异，我必须查查《药典》！"结果，《药典》上说："它是一种安眠药，六十五岁以上的病人，只可服用五毫克。"而我服用数月，用量竟是十毫克。《药典》说，"服本药者，夜间起床有危险！"医生和药房对此从没有任何提示。《药典》强调它的副作用说："会产生记忆力障碍，容易跌倒。跌倒时，反应迟钝。"医生和药房也没有人告知，病人服药后，只好自生自灭。《药典》还说："服本药会有感觉晕眩。"而我正是为了晕眩求医的。最后，《药典》提出最严厉警告说："在同类安眠药中，通常，服用本药对病人无益。因此，本《药典》对本药，不作推荐。"

我立刻想起张爱玲之死：她自闭在家中相当时日后，在睡梦中安静逝世。当时，就有人指出，那是一种舒适的饿死。我跟这种情形一样，正处于饿死边缘，因为我已进展到不再思饮食，不能行动，只差在昏睡中咽下最后一口气。

在停止服用"Stilnox 10mg"之后，病情慢慢转好，食欲恢复，体力日增。我羡慕张爱玲式的宁静死亡，死得有尊严。但我觉得我还有一二心事未了,如果暂不丧命,更由衷感激。

医生为刀俎,病人为鱼肉

很抱歉,我用宝贵的篇幅报道我一己的小病,但这场噩梦,使我对病人人权的没有保障,和病人完全没有尊严的医疗文化,感到十分震撼!

病人像病羊一样进入白衣屠宰场,任凭医生挥舞职业钢刀。而医生对病人的不尊重,认为病人事实上也确实是一只驯服的病羊,他想怎么处理,就怎么处理。病人自卑自己的无知和软弱,医生自负自己的专业和权威。尤其是现代医生,大多数留学美国,开的处方全用英文,病人根本不知道吃的是什么药,只好目瞪口呆地捧药而回。偶尔有胆大包天的,结结巴巴地发问,医生就认为受了冒犯,怒不可遏。

大型医院还文明一点,在英文之后,加一括弧,像“Stilnox 10mg”之后,加“镇静剂”,但仅此而已,严重得足以致死致残的禁忌和副作用,没有一字提及,病人看了等于没看。而私人小型诊所,简直更是可怕的黑窟,处方上连这些看了等于没看的简单中文注释都没有,使病人的自卑感更重。更奇特的是,在有些诊所,病人根本什么都看不到,医生把处方直接交给诊所附设的简陋药房,使人连查《药典》的机会都被剥夺,病人把那些所谓的药,吞下肚时,真像从十二层高楼闭着眼往下一跳,生死由命,残痊靠天。

而且,再大的诊所药房,存药有限,即令医生高明,他又如何使用小药房没有的药?我真庆幸我在大型医院求诊,还有处方可寻,有《药典》可查,否则等到吃死,还自认和被认为是寿终正寝!

有些年纪大的病人,受尽了医院和诊所的折磨后,开始怀念二十世纪初期的老日子,病人和医生经常面对面讨论病情和处方。至少,他说:“中医开的药方我看得懂!”不过,现在的中医,已非昔日中医,他们除了也自设药房外,还不准病人把药方带回。最糟的是,有一种中医用的是科学中药制成的药锭,颜色大小,都差不多,开的处方,全用密码,如XO├ ┴☆之类,只有他诊所的简陋药房才可配制。有人胆敢发问,答案是可以预期的:“怎么,你不信任我呀!”“怎么,你调查我呀!”只有一句更务实的话没有呐喊出来,那就是:“怎么,你想断我的财路呀!”

我们需要中文处方

一个电脑软件,就可解决前人不能解决的问题,只看我们的心灵愿不愿建立国人的尊严!

病人知道他吃的是什么药,是基本人权。但,即令在英美,大多数病人仍然属于弱势族群,没有几个洋病人敢开口问医生:“你开给我的是什么药?”

英美各国的病历和处方,写的是病人都看得懂的英文,尚有如此现象;台湾的病历表和处方,写的却是英文,病人根本无法开口。日积月累,遂认为看不懂病历处方,是一种天经地义。二十年前,台北一位留德的医生,使用中文写病历和处方,例如:他不写 Aspirin,而写“阿斯匹林”。大家立刻警觉到她的学问浅陋,那些中文开的处方,绝不可能治病,最后“门前冷落鞍马稀”,无人问津,只好倒闭。

几年前,台湾“卫生署”认为应向文明国家看齐,医生不可以自设药房,只可以开处方,不可以兼做药品买卖。病人拿到处方后,应另找药房买药,不但使病人知道他所吃的是什么,也可以预防医生只用他自设药房里有限的药,更可以让病人付出合理的价格,不致发生“三粒维他命,就要三两银子”的勒索。可是,“酱缸文化”深不可测,现在不是民主自由了吗?这种措施虽然是一个文明国家必备的条件,但,文明、野蛮、人权,都是抽象之物,断了俺的财路,才是难以宽恕的伤害。于是拿出杀手锏——民意,病人前仆后继地对媒体发话:

他们习惯于就地解决，并倒打一耙，说“卫生署”有图利药商的企图。直到现在，病人只好继续陷在吃简单有限的药、吃不知道是什么药的泥沼。我们是一个颟顸的族群，无论什么东西，只要有人敢拿给我吃，我就敢吃，并且有充分的理由敢吃！

更早前，曾有些呆瓜人士建议医生开处方必须用中文，这当然办不到。第一个最大的难关，前已言之，就是病人根本不相信用中文写的处方能治病。第二，医生本人其实对他所开的药，并不都十分了解，他对药品的认识，不过靠药商片面的简报，用英文可以唬人，用中文就露出破绽。还有最后一点，译名难以统一。

现在，电脑出现，只要装一个软件，就可以解决所有难题。医生照旧在键盘上打出 Aspirin，它呈现的却是中文“阿斯匹林”，并提出它的功能和副作用，特别强调它会伤胃，并且建议病人可查《药典》。西药最大的特征是头痛医头，脚痛治脚，当然如此，岂有头痛求医，却只给你治脚痛的药。而且每种药都有副作用，严重的，或伤肝伤胃，或伤肾脏。头痛虽然治愈，肝胃肾却都败坏！为什么不让病人也有机会参与酌量自己的身体状况，共同研究。总而言之，我们需要中文处方，只看我们的心灵能不能建立华人的尊严！

世界上最使人敬畏的有两种专业，一是法官，一是医生，因为他们掌握别人的生死。一个人可能一辈子不必面对法官，却不能一辈子不面对医生。何况法官判错，还有一审再审，或上诉，非常上诉；医生仓促间用有限药品处方，有谁(包括医生自己)敢保证没错。与其吃药冤死，为什么不事前防范？病人有权知道他吃的是什么药，这应是文明人最基本的权利。假设华人做不到，那么大家只好心甘情愿继续当洋大人的文化家奴，而且当得洋洋得意。

我赞成安乐死

当人面对绝望的痛苦和死亡的选择时,应有自己决定的基本人权。反对安乐死的正人君子,从来不敢也不肯面对真实的问题——痛苦。

安乐死这种想法,建立在神圣的情操上,不是我发明的,我只是虔诚地赞成。记得八十年代,赴马来西亚访问,在一次讨论"痛苦"的意义的时候,我就认为,当人面对绝望的痛苦和死亡的选择时,有自己决定的基本人权。身旁一位女士说:"生孩子是何等痛苦,都要坚决忍受,生命怎么可以抛弃!"当时我突然疯狂,握住她的手臂,举起烟头说:"女人生产时的痛苦,只是二级痛苦,是可以忘记的。灼伤可是一级痛苦,我现在烧你两秒钟,你再告诉大家,你愿意忍受继续烧,或宁愿死。"她看我如此粗暴,在大家还来不及阻止我以前,就跳了起来。

多少年来,我深为自己的无礼内疚,但一直深思这个问题。反对安乐死的一些正人君子,从来不敢也不肯面对真实的问题——痛苦。不久前听到一件事,一个患癌症的妈妈,在所有的镇痛剂都失效之后,有一天,她悄悄地撬开窗户,正要往下跳的时候,被惟恐她跳楼而埋伏在隔壁的女儿发现,抱住她的腿大叫:"妈妈!"妈妈向闻声而来的儿女们下跪,哭着叫:"孩子们,放妈妈一条生路,念在我生养你们的分上,放妈妈一条生路!"

我只希望那些正人君子能看到这一幕,是谴责妈妈软弱,还是赞扬儿女们眼睁睁看着妈妈哀号,暗喜胜利?

耶稣在《圣经》中质问法利赛人:"你们这瞎眼领路的有祸了!你们说:'凡指着殿起誓的,算不得什么;只是凡指着殿中黄金起誓的，他就该谨守。’什么是大的？是黄金呢，还是叫黄金成圣的殿呢？你们又说：‘凡指着坛起誓的，这算不得什么；只是凡指着坛上礼物起誓的，他就该谨守。’”

近代的法利赛人，却仍然认为圣殿不重要，黄金才重要；坛不重要，礼物才重要！尊严不重要，即令贫贱、痛苦、羞辱、被人当田鼠一样拖来拖去，也要活命。继续让法利赛人展示他们的虔诚吧，别人的痛苦和尊严算什么？只有这样他们才能获得荣耀！应该有学术团体做长期调查，最初赞成或反对安乐死的人，十年、二十年或五十年之后，自己得了绝症，有没有改变？也应该像环保学者一样，有个团体，锁定坚决反对安乐死的正人君子，在发现求生不得、求死不能的惨剧时，邀请他们前去参观，再记录他们的反应。

就在前几天，一位接受访问的医生仍然认为，他反对安乐死，只是为了阻止犯罪。我认为这个问题，已超过了讨论的阶段，一个更容易引起杀机的保险业都可以存在，安乐死要比保险业更安全、更人道。至于说到预防，一个小故事可以帮助了解。历史上禁酒最严厉的国家是蜀汉帝国，家里有任何可以酿酒的器具，都会招来大祸——搜查、逮捕、斩首，全国沸腾，民不聊生。有一天，皇帝在城楼上，一位大臣忽然惊慌地指着路上一个人，向皇帝大叫：“他是一个强奸犯，快把他拿下！”皇帝惊讶地说：“你怎么知道？”大臣说：“他身带强奸工具。”皇帝斥责他胡扯！大臣说：“为什么家里有一个酒瓢，就可以说他酿酒？”皇帝立刻醒悟，下令解禁。

我们盼望，现代的法利赛人，集合起来，回到古代去吧！古代的刘备，请你提起脚步，莅临现代，再次施恩苍生！

与父母同归于尽

有病的社会，才会频频发生弑亲悲剧。可能是天下有太多不配当人父母的人，当了人的父母！

中国传统文化中，弑亲——杀父母、杀祖父母，是“唯一绞刑”，所在县的城墙，还要削去一角，以昭告世界：这是一个罪恶之城！

由前人对于弑亲案的深恶痛绝，说明所受的惊恐，是如何的骇人。

然而，这些年来，就在台湾，弑亲血案却层出不穷，密集的程度和凶手的年龄都愈来愈小。我写这篇短文的昨天，所发生的弑亲案，凶手才十三岁。

三年前(1999年)，台北林口刚成年的林清岳，亲自砍父母一百零九刀，又注射氯化钾。去年，高雄青年陈善富向父亲要钱，父亲拒绝，他从住处沿路追打，打成重伤。父亲在医院治愈后回家休养，陈善富再把老爹拖到床下打死。

高雄另一个弑亲案，洪清峰用瑞士刀刺死父亲。同年冬天，国立政治大学学生陈芝华，用童子军绳把熟睡中的父亲勒死。几个月后(2001年8月30日)，前面提及的那位十三岁的吴姓孩子，抓住祖母头发往墙上撞，撞昏后，活活勒死。

每一件弑杀案都是一桩完整的人伦悲剧，看到柔情万种的父母怀抱中酣睡的婴儿，想到他将来长大成人后，竟对父母如此残忍，那景象简直不能接受。然而，杀人，不是杀蚂蚁，如果没有相当大的疯狂能量，不要说对自己的父母，纵是对一个陌生的游客，也下不了毒手；可是上面所举的这些案例，却下得了毒手，原因何在？我们是不是可在千万条线索中，试探地找出其一。

有一种现象显示:愈来愈多的父母,指控儿女“不孝”、“弃养”。例如,一些年轻的歌星小姐,忽然之间,被媒体发掘出来某个穷老头或穷老太婆,哭哭啼啼隔空喊话,说多么爱自己的女儿。接着被采访的女儿数落老爹老娘当年对幼小的她虐待情形,声泪俱下;女儿要的不多,只盼望这位当年憎恨她、抽打她、侮辱她的“亲爹”“亲娘”,不要介入她好不容易建立起来的新的小小世界。我几乎可以察觉到,这个女孩子如果是茁壮的小伙,她出口的一字一句,都会化为报复钢刀!

这是一个巨变时代,变到儿女已有胆量直接反抗暴虐,社会也可以包容子女的反抗。“天下无不是的父母”为中心的“孝文化”受到质疑与挑战。从前面所举的案例中,几乎每个孩子都有使人落泪的幼年,长期被亲生父母凌虐。中国传统文化中,有三不值钱:孩子不值钱,女人不值钱,小官小民不值钱。“不值钱”就是“没有尊严”、“不受尊重”。父母拥有“亲生”的人伦优势和体型上的力量优势,于是,“下雨天打孩子,闲着也是闲着!”孩子可卖、可杀、可肆意施暴、可强迫跳河投井——美化的说法是:“我不忍心留下孩子受罪!”不过,事实上是:“天下有太多不配当父母的人,当了人的父母!”儿女从“不孝”、“弃养”,最后发飙到刀刀见血,我们可从当时凶手双眼中,读出他压抑内心深处的委屈、羞辱、愤怒和冤酷爆炸出的凶光。他击碎了“慈母严父”的面目,发出同归于尽的孤注一掷,即令幸而不直接指向父母,也会把这种戾气转嫁给社会上其他无辜的人身上。写到这里,停笔生悲!

妈妈,请牵我的小手!

妈妈老了,小女孩也长大成了女强人。每逢过马路时,她总是叫一声:“妈妈,请牵我的小手!”妈妈最初有点惊慌,但慢慢地成了习惯。

《与父母同归于尽》一文发表后,有位朋友质问说:“你是不是想重建已被淘汰了的‘非孝文化’,煽动孩子向父母报复?这不是一项提升人类素质的好规范!”

我对这项批评,既接受,也不接受,因为我的初衷,只是想提醒那些“不配做人父母,而做了人父母的人”,必须有反省能力:“孝文化”不再是钢铁铸成的单行道,而应是合作沟通的伙伴,不能独赢,必须双赢。

最近几年,台湾接连发生“父母”被警察送上法庭的新闻,有个娘亲喂她的孩子大量安眠药,使他成为痴呆儿;有个娘亲因后夫不能忍受孩子夜哭,而把孩子闷死;有个娘亲用一种化学药物灌孩子,抱到医院已毒发身亡;还有一个娘亲每天毒打孩子,哀号声闻于户外,最后打断了孩子的腿,在警察怀抱中,已哭不出声音。凶手面对电视观众还说:“我一见她就讨厌,只好说她跟我无缘!”一句“无缘”,就企图轻轻地洗净残暴罪恶。

就在上月,台湾彰化商人洪若潭,在他的豪华住宅中,毫无预警地谋杀了后妻,以及他与前妻所生的两个大学毕业的儿子,和一个刚刚大学肄业的女儿,然后,跟后妻的尸体一起自焚,而子女的尸体,却消失无踪,警察迄今查不出下落。这项奇特的“骨肉恐怖”,也可称之为“天伦恐怖”,所以得逞,因为凶手“居于不疑之地”。这种现象一旦扩散,人间将变成地狱。当父母子女悄悄贴在身旁,你正期待一个吻时,背后却中了尖刀。

而就在前些时,远在西安的一位初级中学的小女孩,用刀砍死娘亲。在更遥远的纽约,一个华人家庭的独生女,联合她的黑人男友,成功地谋杀父母。因为华人以孝道文化闻名于世,所以这桩弑亲案也闻名于世。

有一种现象使人惊骇,就是无论发生在台北、西安、纽约,这些青少年凶手的表情,几乎完全一样:没有一点畏惧,没有一点悔意。难道这就是中华传统文化的一致性和深远性?怎么会这样?

除了对当事的父母孩子检讨外,是不是应该更深入和扩大地搜索?我没有能力解决这种复杂问题,但有一个身临其境的故事,使我向往。

我有一位对社会颇有贡献的女性朋友,她有个悲苦的童年,她母亲对她,每一天都是"往死处打",邻居因为逞凶的人是亲生之母,所以也从不干预。每当过马路时,小女孩就在心里喊:"妈妈,请牵我的小手!"可是当她畏畏缩缩伸出小手时,总是被大手不耐烦地打开。终于,后来,妈妈老了,小女孩也长大成了女强人。每逢过马路时,她总是叫一声:"妈妈,请牵我的小手!"妈妈最初有点惊慌,但慢慢地成了习惯。现在,每当这对母女相依相偎地出现在斑马线上,都有人停下来注视这幕天伦之乐的场景。

我曾充满自信地问这位女强人:"我没有根据,但我敢确定你母亲也有一个同样可怕,甚至更可怕的童年。"她说:"不错。"我不再引述她母亲的故事,那是另一桩人伦悲剧。但有一点要告诉朋友的,如果这位女强人对娘亲"弃养"我绝对支持。不过我也更支持她现在的决定。为这件事,我一直想写一首诗,题目是:"妈妈,请牵我的小手!"

眼前欢

上帝不允许孩子永远记住父母入骨的爱，那将使他们无法成长；也不允许父母永远记住自己对儿女所做的牺牲，那将使老人陷于期待回报的自怜陷阱……孩子，只是哀乐中年的眼前欢。

我写了几篇文章，请几位年轻朋友看，他们只瞟了一眼，就下断语说："这是写给老年人看的，等我老了再看！"使我沮丧。因为，我恰恰是写给年轻朋友看的。如果你有幸或不幸，活到我这么老，你已没有时间再看了，你只有时间去懊恼。

在苏联瓦解前，流行一个故事，国会为了改善监狱或是改善学校，发生激烈争辩。学校的重要，天下皆知；监狱是囚禁罪人的地方，粗陋一点，也没关系。可是，就在表决的前一刻，一位有前瞻性的议员说了一句话，竟扭转全局，全体通过改善监狱。

那句话是"你们这辈子还可能进学校吗？"——看不懂这则幽默的读者先生有福了，你们已远离巫蛊恐怖。在这则幽默中，这位有前瞻性的议员提醒大家：

"你将来不可能再进学校，但你却有可能再进监狱！"

这正是我写这几篇文章的原因。年轻朋友一定要弄清楚，我不是为已老的人呼吁，而是希望现在年纪还轻的朋友了解，如果你没有英年早逝，那么，恐怕你一定非老不可。

开宗明义，我建议初为人父母的青年，最好把传统文化中"养儿防老"的预期心理，连根拔除，仅只口头潇洒没有用，必须有深刻的自然心态。并不是说接受儿女的礼物或回馈是罪恶的，而是要了解，那是不容易办到的，儿女有自己的儿女要抚养，有自己的世界要面对，无法照顾周全。而且，爱是下倾的，除了儒家圣人系统逆天行事，用“郭巨埋儿”惨剧煽动人伦。正常情形,人,爱子女多于爱父母。

然而当父母的也不必庄严得像雕像一样,宣传说:“养儿育女是一种责任!”把互助的温暖,弄得冷如钢板。如果有一天。孩子忽然瞪大眼睛警告老头儿:“你有责任供我大学毕业!”世界一定化成冰川。如果也有一天,父母把成年的子女赶出大门,拍拍巴掌说:“我的责任已了,你永远不要回来!”或是有一天,成年儿女扬长而去,以后见面若不相识,那时候我们恐怕已没有老人问题了,而只剩下豺狼问题。

人类有一种特殊感情,那是大自然特别赐给的—种基因,使亲子之间产生长久关怀。责任有时而尽,关怀绵延无穷。

把亲情放在适当的位置上,双方都不致失落。人到中年,亲情的互动,是阶段性的幸福,不要赋予它太严肃的意义,也不要把它看得无足轻重。上帝不允许孩子永远记住父母入骨的爱,那将使他们无法成长;也不允许父母永远记住自己对儿女所做的牺牲,那将使老人陷于期待回报的自怜陷阱。而且,事实上,孩子早已经用儿语、用拥抱、用一声“妈妈,我好爱你啊!”,一声“爸爸,我要嫁一个像爸爸这样的好丈夫!”完全回报了!是的,完全回报了。孩子,只是哀乐中年的眼前欢。

曾经拥有眼前欢,并珍惜眼前欢的人,老境要快乐得多。

人性的骤变

“妈妈,如果你真的爱我,能不能早点安乐死!”

十八世纪中叶,中国人把“台湾海峡”称为“黑水沟”。经常有满载着偷渡客的渔船,从大陆某个荒凉岸边出发,目的地是台湾。它乘着黑水沟的潮流,好不容易驶近台湾海岸线。天色朦胧,唯恐被当时清政府的巡逻队发现,于是在随时都会消失的沙洲(沙汕)旁,打开舱门。人蛇头目命偷渡客跳上沙洲,说:“放你们一条生路!”沙洲离真正的岸边还有一段距离。那些偷渡客涉水前进,越走越深,以致全身陷于淤泥而死,人蛇集团术语称为“种芋头”;或者潮水突涨,偷渡客被波涛卷去,术语称之为“喂鱼”。现在台湾的华人移民,很多都是那时候攀爬上岸的幸存偷渡客的后裔。

2003年8月,两艘偷渡船在台中县通宵镇外海,载着二十几位对台湾充满了美好憧憬的大陆女子,驶向海岸。海峡上的景色依旧,可是人性已变。人蛇集团为了逃避巡逻艇的缉捕,所采取手段已不再是放她们一条生路,而是杀人灭口。他们把这些年轻女子赶到甲板,告诉她们说:“已到了台湾,快跳下船!”有些女子稍有迟疑,蛇头立刻将她们推下,或抓住那些不肯跳的女子的头发,拳打脚踢——这种行为,人蛇集团称之为“丢包袱”或“下饺子”。在巡逻艇营救下,侥幸的“只”有六名女子淹死。

这是令人鼻酸的悲剧!感受最深的,则是人性的堕落。十八世纪,人蛇集团还有一线天良,还找一个沙洲放生;到了二十一世纪,这一线天良,也被湮灭,竟把那些弱小的女性偷渡客,直接丢入大海,一条生路也不肯给。

人生价值水准,正在急遽沉沦。在过去盗亦有道,现在则是连盗也没有道。中华文化中一向认为大丈夫有所为有所不为,但现代的标准却恰恰相反,大丈夫不但有所为,更无所不为。这不仅是社会表象,而且是教育的趋向。

一个偶然的机会,我听到一家电台讲座的来宾正叙述如何重视友情。他说:“有一次,我最要好的朋友向我借钱。虽然他有这项需要,但我仍然拒绝。因为我不愿意丧失我们的友情。”主持人立刻击掌赞叹。事实上,社会固然有一种现象:朋友往往因为借贷纠纷,翻脸成仇。但朋友有通财之义,不一直也是被我们中华民族奉为朋友相交的基本态度?现在正流行一种魔鬼逻辑,割裂人与人之间的情义,这个社会将变成一个猩猩世界。然而,即令猩猩世界,它们也会互相抓痒。

听说现代年轻女子择偶的条件有三:第一,高学历;第二,高薪水;第三,对方父母双亡。第一二项,人之常情,第三项则使人血液都会变冷。我想将来总有一天,会出现男孩子为了爱一个女孩子,竟谋杀双亲的新闻。这还不算悲哀的,同样,总有一天,我们可以听到下列的对话:

母亲:“女儿啊,我好爱你!”

女儿:“妈妈,如果你真的爱我,能不能早点安乐死!”

以眼前的情形推演,这一天总会到来,到那时候,再回头看今天的“丢包袱”“下饺子”的惨剧,简直还是大慈大悲心肠!

突围

有为有守,固然困难,而决定什么应该“为”,什么应该“守”,更是困难,是非成败,定于一刻,且看沈庆京两次突围!

回忆录类型的创作,晚至近代,才引进中国。中国虽曾被全世界誉为史学的国度,史籍的数量,已成为世界上最庞大的文化资产,尤其不乏记传体例。司马迁先生的《史记》,就是最早的记传文学。然而一个奇怪的现象是,中国人很少想到自己写自己的传记,而多半由其他人执笔,最荣耀的是由政府指定官员执笔(如“宣付国史馆”),或家属聘请知识分子代为撰写(如“墓志铭”,“家传”之类),这两种记传的特点:第一,是它的真实度都很低,主角们的言行只符合政府和家族的利益。第二,是它们只能谈所谓大事,不能谈所谓的小事,所以文字都太少。在这种情况下产生的历史记载,量虽丰富,质却贫乏。二十世纪中叶稍后,西方回忆录类型的传记文学,输入中国,然而,普通小民没有能力写回忆录,知识分子由于对政治神经质的恐惧，和自己长期的表示"乏善可陈"，而不敢写回忆录，于是乎这个最能够使人受益的文体，发展得十分缓慢。台湾中央研究院及国史馆也曾一度推动口述历史，但一时难以摆脱传统气习，选择的对象都是宦海浮沉中的人物，写下的又几乎全是冯道"长乐老"式的记载，官名一个连一个，制式言辞一句连一句，索然无味。

成功的回忆录建立在诚实的心灵、开阔的胸襟上，回忆有多少真，才有多少价值。回忆录类型的文史混合体创作，在四十年长期戒严解除之后的九十年代，才开始蓬勃。我认为，无论是皇帝陛下，或是菜市场卖葱的小民，都有权写出他们的回忆录。一个人有他个体的尊严，不因他个体之外披挂的零件，使这尊严增加或减少。一个人能够活下去，有复杂的因素，成功和失败，因素更为复杂。但每个人的脚步都曾留下脚印，每个人的奋斗道上，都洒过眼泪或血汗，每个人的爱情也都尝过辛酸和欢乐，这些对个人都是无限珍贵的记忆，对社会国家来说，更是文化的资产。所以我总是希望朋友们能够描绘下他们一生的足迹，这是无价之宝，表达出一个人对自己和对社会的忠实。

当商场巨子，被称为"小沈"的沈庆京先生告诉我他的回忆录完成时，使我大为兴奋，而且急于想知道他如何记载自己，因为沈庆京幼年的生活，和我有一点相似——当然，他父母双全，比我多了一点幸福。我指跟我相似的，是指逃学、打架、功课一等一级的烂，以及被学校另眼看待，走投无路，等等。但他有一点却比我高明的是：他曾在基隆水产学校真正的毕过业，有一张如假包换的文凭，而我这一生什么文凭都没有，包括小学。所以我对他感到分外熟悉、亲切、羡慕，渴望知道他如何的转变。当我读到他加入黑社会帮派，以致入狱坐牢，点点滴滴，使我忍不住涌出相知相惜的激情：这岂不就是我的来时路！

然而，当我读到这本书约三分之一，他进入报关行当小弟的时候，发现他走进了一个我完全不了解的世界，听到的都是陌生的言语，以及随之而来的各种陌生社会，那对我而言，是另外一种专业，和另外一种运作方式。不过,我和他虽然在专业上殊途,但社会仍有一致的基本航道。我看到他从一个几乎无法自拔的贫困、艰苦环境中,建立起来自己的商业王国,可以听到那片厮杀、呐喊和战鼓齐鸣的声音,证实商场即是战场。最后他得到他应该得到的成就,凭吊当年的战绩时,我发现这本回忆录透露了他一生两个决定性的突围,足以使所有青年朋友,蓦然心惊。第一是他毅然地从黑社会突围而出,出狱后,在万般艰难的情况下,拒绝重返帮派。对一个血气方刚、彷徨街头的青年孩子来说,这是一个严厉的考验(我曾经想过,假如换了我,我可能做不到),这要靠特殊的定力。如果当时他重新滑进了黑社会的泥沼,有一点可以保证的是,他到今天都不可能见到阳光。正因为他成功地抵抗了那么多诱惑,上天才给了他奖赏。第二个成功的突围是他坚守报关行小弟的工作,而放弃可能当船长的高薪、高位。“配额”这个行业里面充满了诈欺——可以说,那个时代的纺织配额,根本就是一个政府特设的诈欺行业,互相诈欺的结果,每个人的财富(甚至精神状态)都不能稳固保持。就在这个危机四伏的诈欺世界中,小伙子沈庆京决定了一个可笑、可怜而又奇特的战略,那就是他坚持忠诚。他成了一个在绝对不可信赖的人群里,唯一可信赖的人,这是他事业的起点。诚实,为他带来财富,他一生的事业,由此一念而起飞。

我们常听说:一个成功男人的背后,定有一个贤惠的女人。事实上,任何一个成功的人(包括男人和女人)的背后,都有一个或一个以上重要的恩人。所谓恩人,就是益友,在你受到怀疑的时候,他信任你;当你迷惑的时候,他指点你;当你犯错的时候,他责备你;当你求救的时候,他伸出援手。在这本回忆录中,“鲍伯伯”对沈庆京的一生,占有绝对影响性的地位。一个人在社会上踉跄前行,绝不能缺少这种恩人或益友。沈庆京的生命中,如果抽出“鲍伯伯”,就等于一艘船没了罗盘;而沈庆京能够一再地声明他对“鲍伯伯”的感激,也正是他的气质,这气质使他建立了可贵的友谊,每一个友谊就是一个翅膀,也只有这种气质的人,才吸收这么多助力。

任何一种成功——只要它是成功,上自国与国之间的殊死战,下至炒一盘菜,都具备了两项不可或缺的因素:一是实力,一是运气。在回忆录中,我们读到沈庆京的实力和自信,不过,人生的道路是如此的崎岖而又变幻莫测,面对成果的时候,如果完全依靠实力和自信,仍是一种危机。圣严大师在电视台主持一个节目,有一次,叫我去谈“如何处贫贱”。坐定之后,我提议可否改一下题目,他惊讶地表示同意。我认为贫贱人人会处,没有钱吃肉的时候,当然要吃素;没有钱吃米的时候,当然吃糠;一个小民,当然不会想去总统府坐坐。这是一种不用学习就会的适应能力!真正的困难是,一个人怎样处理富贵。人们只知道贫贱使人痛苦,却忽略了富贵不但可能吞食人的肉体,更可能吞食人的灵魂。中国有句警语:“富不过三代。”说明富贵不易。从沈庆京的回忆录,我们可以看到他的有为有守。

有为有守,固然困难,而决定什么应该“为”,什么应该“守”,更属一种智能,是非成败,定于一刻,小沈为我们树立了一个尊严的榜样!

总裁狮子心

严长寿说:“识人本身有极高的难度,识人方法也往往有严重的缺失。官场中‘自己人制度’,往往是使自己失败的主因。当一个员工每天都迟到时,EQ教程不是申斥他,而是命他的主管每天早上打电话叫他起床!”

常言“在家千日好,出门一日难”。去年,我的女儿从大陆来台探亲,沿途经过很多困难和挫折。当我为她感到委屈时,女儿反而安慰我说:“出门就是要受苦的!”我脱口而出告诉她:“要记住,出门就是要享受的。”她呆了一下,想是被这个她从没有听过的观念所震惊。她那种错愕的面色,使我回想到前半生流浪时走过的颠簸旅程。出门,所以被中国人视为畏途,主要的原因是:旅途确实可畏。

我们不能想象,外地旅客来台北旅行时,竟会有下列的奇幻遭遇:

好比,你从遥远的成都到台北接洽一项巨厦的建筑工程,桃园机场下机,通关之后,推着行李到大厅,一个和颜悦色的年轻人前来迎接:"您是张三先生吗?我是某某旅馆的接待人员,请随我上车。"仅这一点就足以使你称奇,心想:"他怎么能在一秒钟之内就认出我?"然后在一辆宽敞的轿车上,接待人员一路解说:"欢迎您到台北来,从桃园机场到台北,需要四十分钟。从我们旅馆到您拜会的公司,只有二十分钟。"等车子停在旅馆门口,早已伫立在那里的接待人员,打开车门,准确地唤出你的名字:"张三先生,欢迎光临!"立刻卸下行李 check in,完全是专业化的速度。当接待人员引领你进入大厅,你发现这家旅馆根本没有柜台,更没有等候 check in 手续的旅客长龙,接待你的是一张喝咖啡的桌子,柜台主任请你坐一下,原来所有的登记手续和表格,早已填好,你只要过目一下,签一个名就可以了。大概只有几分钟的时间,柜台主任便亲自带你进入房间。在房间桌上,你会蓦然发现带有你全衔的名片,已整整齐齐地放在那里,和同样有你名字的信纸和信封,也早已分别摆在一起,更使你惊讶的是,一个倾斜带有灯光的绘图桌,已放在屋角。因为你是一个绘图员,几年前在一次住宿这家旅馆时,曾经要服务生找一张这样的绘图桌。然后你又发现,有一份台北市的地图,标出你开会会场的方向。

这样一连串奇妙的遭遇,过去只有在《镜花缘》这类小说里,才会出现。它是一个中国人所盼望,而又永不能实现的美梦。不过,这个美梦,如今,在一个中国人旅馆经营者领导下,已成现实。

七十年代开始,台湾新的现代化观光旅馆纷纷建立,每一家新旅馆,开始的时候,都有崭新的、引人入胜的风格,但是,一两年之后,它就沉寂了,换另外一家新旅馆兴起,建立另外一个更新的、更引人入胜的风格。同样的,不久之后,也再度沉寂。如此,一家家兴起,又一家家沉寂。使人怀疑:我们永远在追求现代化的设备,却不能保持现代化的人文精神。外国有百年以上的旅馆,这不仅仅指百年以上的硬件,更指有百年以上的人文气质的累积。

最简单的例子是:十年前曾经光顾过这家旅馆的旅客,十年后再度光临的时候,他会发现这家旅馆还记得他的名字及特别嗜好,一位十年前给他提箱子的那个服务生(可能已升为领班),仍记得十年前他来时的情景,现在为他再度提起箱子,欢迎他的归来,使他感觉到这就是他的家,使他享受到回家的温暖。而我们缺少的,正是这种人文累积。

使人震撼的是:这不是一个单纯的旅游业问题,而是整体文化问题。中华民族是一个非常聪明的民族,像上述所说的成真美梦,中国人可以在一两个月之内,学习得精通非凡,但文化的停滞性,却使我们无法使美梦永续。中国人更有一个致命的观念,以为钱可以买到一切。问题是,像这种温馨、周到、体贴、关怀如家人的服务,绝不是钱可以购买到的。它是一种长期文化熏陶的艺术境界,中国人如果只注重创造奇迹,却没有文化熏陶,难怪再轰动的奇迹,也不过一时。正因为这个原因,使我有一种强烈的欲望,推荐严长寿先生的一本书——《总裁狮子心》。

严长寿曾经当过美国运通公司台湾分公司经理,现在则是亚都饭店总裁,他就是本文开始时所描绘的,使美梦成真的创造者和维护者。

在这部《总裁狮子心》中,他毫无隐藏地——甚至因此可能被抨击为自夸地把管理理念及管理实务,贡献给社会。这项理念和实务,不单限于旅馆业,而且更可以作为所有行业的规范,上至总统对国家的领导,统帅对军事行为的运作,下到一个三人公司的小店,或一人唱独角戏的单帮客。主要的理由是:他有能力突破和创造,还得有一颗追求完美的心来使它保持下来。中国社会出了太多奇迹创造,只独少维持奇迹的能力,只因为没有这一颗永远追求完美的心。

其次,严长寿对工作伙伴的要求,也有一系列逆行的见解。像他对副手的选择，常人都希望找到跟自己性格相投、前瞻性一致的人，只有严长寿，他认为同构型太高的伙伴，埋伏着重大的危险，因为如果发生错误，便没有人从旁提醒。严长寿需要的是一个彼此能够互补的人，而不是一个听话的人。这不仅是有容人的雅量就可以办到，而更需要有卓越的胆识。因而，“识人之明”，是全书的中心点，也是每一个企业领导人成败的关键。

对领导者而言，“求才若渴”这个形容词似乎太简略，有些人为了寻找得力的助手，求助于星座，有些人求助于卜卦，有些人求助于神灵，有些人求助于堆积如山的小报告。历史上，从现实生活中所看到的求才、识人结果，往往落得相反的下场，使人浩叹！主要原因是因为，识人本身具有极高的难度！识人的方法也往往有严重的缺失。

中国官场文化中，最盛行的“自家人制度”，是最容易使自己事业败坏的主因，因为自家人会使自己丧失立场，更导致缺乏公平性。在一个没有公平的竞争基础上，不可能对人有正确的辨识。严长寿对考核制度的看法是：“考核不是洪水猛兽！”他认为，考核是主动地发现部下的缺点和优点，他更主张逆向考核，由部下考核主管。这不是群众斗争，而正是主管关怀和了解员工想法的最好方式，也是一个最重要的沟通桥梁。例如，当他发现一个员工每天都迟到的时候，他的办法不是对他申斥，而是要他的主管，每天打电话到员工家叫他起床。当他发现旅客部的经理，英文不能应付自如的时候，就把他调到中餐部当经理，他的英文在中餐部反而是最好的，使他的缺点变成优点。

严长寿这本书不是经典，但它是经典的雏形，所以，本书可以称之为《领袖人才的EQ教程》，活到老，学到老。我高兴我能有机会透过这本书，领悟到很多东西，而大多数都是我不知道的，或是我所缺少的。

在本文开始所叙述使梦成真的人，正是身为亚都饭店总裁的严长寿，我认为他的经营管理不仅是效率惊人、服务精细而已，最可贵的是已达到了艺术的境界。

我认为中华文化的提升，要靠千万个像严长寿这样的人才努力！

公务员DNA

西方的伊索，写了一本智能的书:《伊索寓言》;两千年后，东方的王寿来，写了一本智能的书:《公务员DNA(基因)》，他是另类伊索。

“待晴日，奇书看罢，卧小窗，午睡听黄莺!”这是仙境，人生最大的享受!

然而，犹如奇人难求，奇书同样也难求!古时出版品不多，从开天辟地的盘古，到二十世纪，奇人不少，奇书却只不过寥寥几部。二十世纪开始，全世界书籍每天以十万册的速度成长，事实上已到了“书满为患”的程度，连二十岁的嫩草，都出书指导人生，要想得到奇书，困难度可以想象，而就在这茫茫书海中，我纵身一跳，抓住了《公务员DNA》。

流行文化有耸动性，最近流行的:“只要我喜欢，有什么不可以?”一时成为奇句。叛逆性强烈的年轻人，立刻找到理论根据，称心快意，“爽”了又“爽”之余，才发现这奇句原是一个诡异的陷阱。奇书不属于流行品，它充满了营养，却不板着面孔说教，而是娓娓道来，几句或几段简单的话，就像棒喝一样，引起震撼:“即令你喜欢，也不是什么都可以。”

俗语说:“天无绝人之路!”因为绝路往往是人自己造成，假如你是一个官，则不管官大官小，绝路就更是自己造成。我向来怕和官打交道，有一种“灭门知县”的恐慌，也有一种“三大难看之一”的反感——一个差役辞职，官老爷问他原因，他说:“我受不了‘三大难看’，一是犯人的屁股实在难看;二是女尸的下体，实在难看;三是每天上班，您大老爷的嘴脸，实在难看!”

想不到时至二十一世纪，台湾官场如故、官性如故，官老爷难看的嘴脸也如故，升斗小民是不是走上绝路，大都由官老爷做主，而官老爷自己的前程，事实上也仍是他们自己做主，上帝不会做主。王寿来严肃地告诉充满帮助弱势小民意愿的年轻同僚说："你的路会走得长！"这是一句赞赏，也是一句真理。其实，任何一位官员，"只要你迈步，你的路就永远在你面前展开，而且是向上的路、平坦的路！"问题是多少人一旦当官，便倾全副心力做一名巧官，绝不肯为人真正解决问题——事实上，为民纾困，正是为政府纾困，更是为自己纾困。这个颠扑不破的道理，只能有非常之才的朋友，才能洞悉和执行。

成功所以灿烂，因为成功可以累积，任何人都不能凭空创造出伟大的成功。"白手起家"之难能可贵，就在于起家过程中，一路艰辛。王寿来先生介绍《大河之歌》，使人深思。这是美国报业巨子赫斯特写的一首诗，他把人生看成山上积雪，融化为静静的小溪，或喧哗的飞泉，汇成滚滚大河，奔腾入海。海水被烈日蒸发，再化为浮云，重返山岭，降下积雪，周而复始，生生不息！五十年来，每逢赫斯特的忌日，全美千百家赫斯特系报纸，都会刊出这首诗，使人看到无数尊严的心灵。

美国是站在时代尖端的国家，不断在变，一般人都注意到它有所变，未注意到它有所不变。我们的社会却认为无一不变，把国家的进步成果，或个人的一点点米粒成就，完全认为是自己一手主导的奇迹，一概否定前人或别人，一切都从自己开始，造成以自我为中心的陀螺旋转的性格，经验无法累积，永远只是一个旋转中的陀螺，一旦能源耗尽，就倒地不起，深陷在惊惶四顾的短小格局之中。

建立饮水思源和感恩图报系列的情操，是人之所以为人，而异于其他动物的高贵品质。《大河之歌》响起之处，正是感恩号角之声响起之处。只有聪明得冒泡的人，才认为自己可以断裂历史，创造过去。"吃果子拜树头"一文，正是这种呼应。

另一个千年以来"得""失"迷思，王寿来给了我们全新的思维。传统文化中，对"得"与"失"的认知，十分混乱。以致产生"吃亏就是占便宜”(吃了亏还硬说是占了便宜)的酱缸价值,和“有失才有得”(出一根红番薯,定能套进一头笨猪)的酱缸逻辑,使人在受尽欺凌之后,不但不敢愤怒,反而仍念念不忘要占对方的便宜。实际上,只不过永远只记得他的“失”,用来自怜或乞怜,却不会想和不敢说他的“得”! 所以我们最多听到的是人如何抱怨他的工作,而很少听到人说喜欢他的工作! 如果我说我喜欢我的工作,我便没有身价。

写到这里,应该结束了,否则,我会露出我浅陋的弱点,就全盘输给王寿来! 西方的伊索先生,写了一本智能的书:《伊索寓言》;两千年后,东方的王寿来先生,写了一本智能的书:《公务员 DNA》,他是另类伊索。

十字架上的校长

当我们看到张夫人带着六个稚龄的子女,站在海边,打算母子同时一跃而下时,我们所能做的,也只有捶胸叹息。

二十世纪的中国人,至迟从二十年代起,便进入巫蛊时代。四十年代时,国民党退守台湾,把“白色”巫蛊带入本岛,等待英明领袖,随意生杀凌辱。此处所说“随意”,并不周延,有一则美国的幽默故事可以帮助我们了解。一间公司的大老板,把人事部主任叫来,吩咐说:“我要你立刻把杰克逊开除。”

人事部主任问:“他犯了什么错吗?”

大老板说:“我怎么知道,那是你的事!”所以,对人事部主任而言,绝不是“随意”,他必须刻意地进行他的罗织专业。

这项小幽默,不过是商场有钱大爷的干法,敲碎一个人的饭碗而已。如果是革命家的干法,人事部主任就是特务头子,动作就大了。在台湾,就是警备司令部或调查局。不论大小政治案件,都要经过人事部一系列有秩序的流程,而且铸成了一定的模式。那个被套牢的杰克逊,当然不知道他所犯的罪,特务就必须帮助他制造记忆,每一鞭至少会制造一个记忆,鞭鞭见血,血痕编成"自动招认"、"坦承不讳"的"自白书",自白书遂成为巫蛊时代中,最重要的致命武器,甚至是唯一的致命武器。

1949年,澎湖山东烟台联合中学总校长张敏之先生,和邹校长以及很多同事,就是在这种情况之下,被绑赴刑场,执行枪决。而特务更进一步地迫害他们的家属。

当我们看到张夫人带着六个稚龄的子女,站在海边,打算母子同时一跃而下时,我们所能做的,也只有捶胸叹息。那些特务们,并没有要杀她,但是却用无情的手段,逼她们自辱自尽。

最具有戏剧的一幕,是当时的蒋中正总统,听到这场冤狱时的表演:他是那么样地惊讶,要求给他一份详细报告。"英明"的领袖,再一次显现出他的"英明",并为他给人一分希望而沾沾自喜。这是大老板倾耳静听杰克逊申诉时,所端出来的嘴脸。蒋中正在给了张夫人一线希望之后,结局在意料之中,他仍批准枪决,因为他不能惩罚遵命行事的人事部主任。

山东烟台联中的学生、张敏之先生和邹校长被杀,揭开白色巫蛊恐怖登陆后第一场演出,以后,继之而起的被杀、被囚冤狱,和更多的家属,在蒋家政权下,永远不能昭雪。

看了张夫人的回忆录《十字架上的校长》后,我崇拜张夫人,她用五十年之久的时间,和邪恶奋斗,所付出的痛苦,使人不忍细思,而这正提供了我们一个尊严的榜样,一个战胜巨大邪恶势力的尊严的榜样,她表面上低头折腰,内心永不屈服!

五十年之后,张敏之夫人、公子、女公子,重回宝岛,使我们深信,天下没有终结不了的暴政。比较起来,我自己所受的那点苦难,拷打和监狱囚禁,又算什么?写到这里,我忽然回到1949年12月12日,报纸报道说:"台湾岂容奸党潜匿,七匪谍昨伏法,你们逃不掉的,昨续枪决匪谍七名……";"对叛徒绝不宽容!"这正是山东烟台联中的那次师生集体处决！当时，我竟然全部接受，认为主角张敏之既然亲口承认罪行，一定真实。想到这里，不禁自己尖叫起来，汗流浃背。

千斤冤案出海底，一片丹心争日光！祝福所有为争尊严、争人权，而奋斗不懈的人！

曼德拉

政治冤狱之荒谬性和无耻程度，各国皆然。希望二十一世纪是一个没有政治犯的世纪，直到永远。

狄更斯在他的《双城记》一开始就说："这是最好的时代，这是最坏的时代，这是才智的时代，这是愚昧的时代，这是充满了希望的春季，也是失望的冬季。"

狄更斯所指的是十八世纪大革命的法国，而今，我们发现二十世纪的世界，更适合这项描绘。如果拿来对比，二十世纪的动荡，更惊心动魄，使很多人哀伤："不幸生在这个时代！"也使很多人鼓舞："有幸生在这个时代。"

二十世纪创造出来的奇迹，达到人类进化史的高峰，而且是全方位的，不仅限于政治。但政治奇迹的感受，却是如此的普遍和直接，其威力无与伦比，不管高兴和不高兴，在二十世纪中，世界百分之九十以上的专制独裁政府，都被摧毁。问题在于，每一个专制独裁政府，毫无例外的，在被摧毁之前，总有一阵垂死挣扎，所以，二十世纪的政治犯，数目百倍于往昔。然而，随着人民的觉醒，和国际公理的伸张，二十世纪也是一个最多政治犯突破网罗，登上国家领导人高位的时代。狄更斯所指的双城领域，只有拿破仑一人升起，而他是一个军官，与政治无关。二十世纪不然，迄目前为止，就有波兰总统瓦文萨、捷克总统哈维尔、南非总统曼德拉，他们都是旧政府欲杀之而后快的叛徒。而曼德拉尤其传奇，他被囚禁监狱的时间，超过四分之一世纪，却几乎一出牢门，就直接走上总统宝座。

各国政府囚禁政治犯的地方，似乎都会选择一个岛屿，台湾人对台东外海火烧岛的印象，一向深刻，而南非则有罗本岛，为的是容易防范囚犯逃亡，以及狱外人士救援。但执政者对付政治犯的方法，则各有千秋。南非是英国系统的殖民地，政府对人民的迫害，都透过法制程序：他们用法律禁止黑人跟白人混合、用法律禁止黑人离开他的居所或村落，法律纯粹成为压迫的工具，而不是伸张正义的工具。可是也因之养成朝野官民一种对法律的敬畏情操，当罗本岛监狱一位军官挥拳向曼德拉扑上来时，曼德拉冷静地警告他说："如果你手指敢动我一下，我将把你带到最高法庭，而当我与你在法庭上一决高低之日，你将会一贫如洗。"那军官惊异地呆在那里。这使我回忆火烧岛上一位香港商人，他向调查局调查员要求律师在旁时，特务们对他竟敢懂得法律，并竟敢使用法律，大怒若狂，立刻施以暴打。曼德拉当选总统后，南非国家机构能像过去一样，正常运转，正是法制已深入人们骨髓。

然而，政治冤狱之荒谬性和无耻程度，各国皆然。曼德拉叙述政府的主要证人——开普敦大学政治系主任安德鲁·默里，指控"非洲民族议会"所有文章，包括著名的《自由宪章》在内，都是共产主义性质的。曼德拉对此有精彩的叙述：

"伯兰格（曼德拉的辩护律师）说，他要对默里读几段来自不同地方的谈话，请默里鉴别一下这些话是不是含有共产主义思想，伯兰格随即指出上述讲话是南非前总理马兰博士说的。接下来伯兰格又续读了两段话，默里都断言是共产主义式的语言。事实上这两段话，分别出自美国总统亚伯拉罕·林肯和伍德罗·威尔逊口中。下面出现了高潮，伯兰格又读了一段话，默里毫不犹豫地把它归为'彻头彻尾的共产主义'。伯兰格宣布，这段话是默里教授本人三十年代的杰作。"

台湾政治犯朋友和广大的家属群，对这种荒谬证词和无耻判决，一定不会陌生。曾有人被控“为匪宣传”,在谈话中谈到中共兴建了长江大桥,但消息来自国民党《中央日报》,军法官判决说:“报纸是让你看的,不是让你说的。”又有人被控于1937年对日抗战时,高唱国民党政府颁布的正式军歌《义勇军进行曲》,军法官判决说:“经过调查,《义勇军进行曲》是‘共匪’国歌。”而《义勇军进行曲》之成为中华人民共和国国歌,乃1949年,被告唱歌十二年之后的事。

曼德拉对任何一种决定,即令在狱中,也坚持和高层干部讨论,如果有异议,他就说服,不能说服,他就放弃。我常听到一些政治犯发飙时说的一句话:“我在牢房里时,你在哪里?”这是酱缸特有的“婆媳文化”产物,一定会发展成为另类专横。曼德拉伟大的地方,不在于他反抗成功,而在于他始终掌稳了舵,和反抗过程中恪遵民主规则,这才是成功以后不致自我膨胀的原因。

在曼德拉这个巨人面前,我这个政治犯微不足道,他坐了二十七年四个月的牢,我只不过坐了九年二十六天,他只是没有受到酷刑,我则右膝残伤。虽然他当了总统,我依然如故,继续当一个作家,但他追求的黑白平等,和我追求的创作自由,都获得实现,我们同样充满喜悦,对上苍的赐福和全民的努力,心怀感激。环顾四周,有许多政治犯血染法场,壮志未遂;有许多政治犯被吓破了胆,正在崩溃边缘;有许多政治犯仍陷于原来的恐怖之中,朝不保夕,使我们更觉得自己好运,能目睹改革的实现。

缔造民主,比缔造专制独裁困难得多。希望二十一世纪是一个开始没有政治犯的世纪,直到永远。

为几块钱请命

——求求您,给作者一条生路!

中国传统的知识分子,被称为“士”。古圣先贤曾赋给他们太多的期许盼望，如“士可杀，不可辱”之类，实际上他们是世界上很可怜的一种动物。因为，“士”，如果不努力走上“仕”途，在“士”之旁加上“人”字，而蜕变成为“仕”——直接地说，如果不蜕变成为“官”，那就注定贫寒卑贱，连人的起码尊严都没有。

除此之外，传统知识分子，还有一项危机，就是中国文化独家发明的“文字狱”，华文竟然发展到字字是血、笔笔是泪，真是令人惊恐。

然而，时代终于走向文明，“士”也走向多元化，出现“作家”这门专业。不幸的是，因为“文字”本身是主要创造工具的缘故，作家本身即带有古老的原罪。我自己就是一个例证。出得狱来，垂垂已老。但我坚信读者先生会给我再生机会，于是继续写作，戋戋稿费，全家得以温饱，比起杜甫“入门闻号啕，幼子饥已卒”，要幸运万倍，感谢时代，感谢读者。肚子吃饱之余，使我得意忘形，升起一丝幻想，幻想总有一天，我会积蓄一点钱，不再恐惧饿毙街头。

万万想不到，就在前天，接到大陆朋友的电话，告诉我，沈阳春风文艺出版社八月份出版的《柏杨回忆录》，市面上已经发现了盗版。我不相信这消息，朋友说他也不相信，但他买了两本，一本保存作纪念，一本寄给我。

挂了电话，倒在椅子上，悲喜交集。喜者，大陆有这么多读者，使我感动；悲者，当初版版税（稿费）用完之后，我不敢想象会不会沿街乞讨。

这不是夸张，这是现实。依照合约，读者先生每买一本书的时候，我都有两元人民币的版税（稿费）收入，来养家糊口。而现在，即令它销售八千万本，我也得不到一粒米。

英国有则故事，一天，萧伯纳先生和上演他戏剧的戏院老板发生争吵，朋友劝解说：“事情总会解决的，两位为什么不再作一次沟通？”萧伯纳说：“没有办法沟通，因为戏院老板只爱艺术，而我只爱钱。”感谢读者先生明鉴，包容我伧俗地只谈钱，而且只不过一元、两元的钱，但我多么希望得到您的援助，赐给作者一条生路，能不能从现在开始，不买盗版书！

报复与宽恕

报复会引起再一个报复，宽恕的力量，往往超过报复！

公元前九世纪，纪国国君姜靖公向周天子诬陷齐国第五任国君姜不辰。姜不辰遭斩首。二百年后，齐国第十任国君姜诸儿出动大军，把纪国消灭。《公羊传》中有人质疑事情已隔了九代，还要复仇，是不是应该？公羊高回答说："即令隔了一百代也应该。"

公元前六世纪，楚王国十二任国王芈弃疾屠杀大臣伍子胥全家。十六年后，伍子胥率领复仇大军攻陷楚国首都。这时芈弃疾已死，伍子胥把他的尸体掘出，吊起来打三百鞭。这项行为受到历史的肯定，并受到骚人墨客的赞扬。

这里可以看出，复仇和雪恨是我们传统文化的一种特色，也是亲情的自然延伸。不仅中国如此，西方也不例外。《旧约圣经》中，上帝是一位严厉的和复仇的神，动不动就摧毁一座城，或击杀一群不听话的人。所罗门王最被称道的，莫过于灭人之国、擒人之王，让他们在所罗门王的饭桌前爬来爬去，拣他所吃剩下的骨头。

这些故事说明：人们至少有一段很长的时间，认为"以眼还眼，以牙还牙"是一个普世价值。

然而，《新约圣经》中，自称和被称为救世主的耶稣，向仇恨和报复挑战，提出爱和宽恕。一个最动人的故事说，一个无赖汉出卖了他的基督徒朋友（那时信基督是一种罪），使那朋友被钉十字架。无赖汉向鲜血淋淋、奄奄一息的朋友要求："请宽恕我！"朋友呻吟回答说："我宽恕你！"无赖汉刹那间良心发现，大声喊叫："我是基督徒，我应该钉在十字架上！"宽恕第一次发挥它的威力。

《基度山恩仇记》中，当基度山发现当法官的仇人精神崩溃时，他复仇之手戛然停止,并且更延伸到另一个仇人(基度山本来设计要那人财产耗尽,活活饿死)。基度山虽然是虚构的人物,可是他为复仇文化建立另一个指针:复仇不可以超过仇人应该得到的。

有一件大事最近发生在我们眼前,大陆"文革"终结时,政府严厉禁止报复。这是一项智能的决定,否则大陆势将演出另一场恐怖的复仇战,复仇再复仇,循环反复,永无尽期。

回首台湾,白色恐怖的政治犯朋友,愈来愈多人希望追查及清理白色恐怖时代中的迫害者。这使我陡增忧虑,觉得我们需要再作高层面的沉思。复仇清算已不是唯一的普世价值,我们是否可以选择另一个普世价值——尊重与包容。试想,当年一个少尉、中尉的小小军法官,怎么有胆量和能力单独挑战强大的政府机器?我们也发现,迫害者中也有心怀正义的人,因同情政治犯而被捕,和我们囚禁在同一牢房。一个人不应该要求别人做我们都做不到的事,更不应该要求别人去对抗一窝残暴的鳄鱼群。"成者为王,败者为寇"的思想使我们没有能力承受失败,只会缠斗、硬拗,手握权力,死也不放。

感谢上苍,我们已经到达选票出政权时代,应该有新的思维、新的规则。失败的人除了不能得到政权外,不会有其他任何损失,仍是堂堂正正的国家公民,具有与"王"同样的尊严。

比一比,美国大选

在民主政治中,人民结党的目的有二,一是用选票夺取政权,一是用选票保卫政权。

美国大选的历史已有两百年之久,我们还是第一次对这样的大选有严肃的关心,甚至是细腻的关心。多少年来,我们一直盼望效法美国式的民主政治制度和生活模式。在我们看来,美国之所以被人们这样羡慕,被认为是混乱世界的天堂,我们甚至认为没有资格拿台湾现有的政治制度跟它作比较。

然而,2000 年台湾发生了巨变,这巨变比辛亥革命还厉害。在台湾,开始有了我们羡慕已久的美式民主政治——人民直接选举总统,我们内心有一种难以掩饰的喜悦。因为辛亥革命仅限于制度的改变,2000 年实行的民主政治,开始了文化上的改变。所以,从当时至今,年仅四岁的我们,对美国大选的关心,不仅是要学习效法它,而且还想跟它比一比。看看在四岁比二百岁之下,我们的成熟度有多少,幼稚度又有多少。

我肯定:一个没有坚固的司法制度和雄厚的、深入内心的法人观念的社会,根本没有资格实行民主政治。强行实行的民主不是民主制度,而是强人制度。美国最近两次大选,双方票数相差甚微。第一次由大法官判决小布什当选,美国人虽然嘲讽他这个总统不是人民选出来的,而是判决出来的,但没有丧失他的尊严。第二次竞选,差距同样微小。克里了解法庭上会怎么判决,所以他漂亮地放弃。我们不能想象这件事情如果发生在东南亚,情形会是怎样。其实不必我们想象,事实摆在那里。菲律宾、印尼等,免不了会有游行示威、接二连三的兵变,直到民主政治变成强人政治。表面上是民主,实际上是强人。至于四岁的台湾,我们不过是争争吵吵、骂街撒野,虽然显露出我们的幼稚,但幼稚仍是生命,只要我们存在,我们会成长到二百岁。

其次,民主政治制度实际上就是商业行为的一种旁支和延伸,其中包括了政治利益、生意买卖的讨价还价,以及贿赂的合法化。美国的民主文化也在转变,林肯以后,美国再也没有出身清寒的总统。累积到现在,小布什财富之惊人,连英女王都有点羞愧。自从克林顿以后,美国已经不再要求总统人格毫无瑕疵。自从小布什以后,美国恐怕也不再要求总统的人文素养和文明厚度,这跟中国的儒家思想完全背离。在"拉法叶案"中,一位涉嫌受贿的法国跨国公司领袖对记者咆哮说:"你凭什么认为一个跨国公司的总裁一定会守法、不会贪污?”儒家认为凡君必圣、凡相必贤,看看美国这个民主模范国家,好像不是这样。西方的选民从不认为君必然圣、相必然贤,而是认为权力一定会使他们腐败。一开始就不期盼他们有圣贤的性格修养,所以一旦发现他们的滥权或者为非作歹,仍然会继续选他。然而若发生在第三世界,人民会感到失落,反应会非常激烈。

总而言之一句话:民主政治不是一种最好的制度,但在还没有发现更好的制度之前,也只好将就使用,期待有人发明更好的制度。

对民主,我们永不放弃!

大雨下的一群黑猩猩

——我们为什么不能跟着理性走

我们现在用的跑道,是传统的酱缸跑道,无论什么马,都会不断跌倒,而且跌倒的时候多,站起来的时候少;站着的时候多,奔驰的时候少。

希望马儿好,必须给它一个好的跑道

抗战胜利后,那已是二十世纪四十年代了,我回家乡,一次餐会中,一个人忽然对他的邻座大声呵责说:“我跟你无冤无仇,你为什么害我?教我送儿子上学念书,我儿子正学开车,你可知道司机赚多少钱?一个月只带黄鱼(私载乘客)的钱,就够你这个穷酸教员吃十年的!”四十年后,大陆改革开放!我又回到故地,听见流行的顺口溜说:“当医生的不如当剃头的,手术刀不如剃头刀!”台湾经济起飞时,我曾看到一些大学生和老师,摆地摊卖东西,深夜还大声喊:“要钱不要命!要钱不要命!”这样自我戏谑式的叫卖声,其实也暴露了我们民族对自我生命尊严的践踏。

而今,常有朋友问我:"你看电视了吗?失业男子杀了妻子和孩子后再自杀。我们全家失业,我们饥饿,你却在象牙塔里讲尊严、尊重、诚信……贫贱的人,有什么尊严?有什么尊重?我只需要一碗饭,你懂吗?你才吃饱几天,就忘了过去。"

我无言以对,感到无限哀伤!

国家太庞大,社会太复杂,我们就是想负责,也没有能力负责,犹如我们想拿起孙悟空的金箍棒却拿不动一样,充满了无奈。文化的建构应以人类自律、自制为基础,发展出来先进科学,昌明道德,尖端艺术,和一个大我社会。国家就好像一个赛马场,政治马、经济马,以及一群绘画、音乐、舞蹈、戏剧等艺术的马。科技的专业,素养的制约,等于一个驯马师,在他的法则之下,万马奔腾、神采飞扬,构成了一个有规则又各显其长的美妙竞赛,一同向未来奔驰。有时政治马领先,有时经济马领先,有时文化艺术马领先,分别创造主流价值。五千年来,政治价值一直主宰国家,直到二十世纪初叶,遥遥落后的经济马,才跑到政治马前面,那是一场巨大的蜕变,无论经济起飞,或者经济衰退,都使小我呈现出新的丑陋嘴脸。富,有富的嘴脸。暴发户骄傲得忘了自己是谁,坚决地认为钱可以买通上帝,已成为世界各国嘲笑的话题。穷,有穷的嘴脸。人生就像混乱码头上的小瘪三一样,愣的怕横的,横的怕硬的,硬的怕不要命的,不要命的怕不要脸的。人,一旦修炼到"不要脸"境界,则天下无敌。

造成这样后果,固然应该检查我们的马,但更主要的,我们如果先检查跑道,就会发现,我们的跑道是如此的弯曲,如此的坎坷,有坑洞、有落石、有横木、有铁钉、有没膝的泥浆,甚至还有拴住马腿的铁链,和无数大小地雷。

跑道,就是文化

我们现在用的跑道,是传统的酱缸跑道,无论什么马,都会不断跌倒,而且跌倒的时候多,站起来的时候少;站着的时候多,奔驰的时候少。再健壮的马，都会生病，都会残废，都会摔断腿或摔断脖子。尤其是当全国人都从别的马跳下来，奔向政治马、经济马的时候，政治马、经济马被压成什么样子，使人担心！我赞成全民都从事选举和商业活动，它是主干，但是，如果认为其他的马都是废物，都是臭老九，他们的工作应该唾弃，这就再犯从前犯过的那种“一元化”的错误，使人扼腕！

我们希望国家民主法治，希望群马都跑得好，但我们必须给它一个好的跑道，也就是必须重新创造一个跟旧跑道迥然不同的另一种跑道，或者把旧跑道重建为新跑道，填平路上的洞穴，把弯曲的地方尽量改直，解除铁链，挖掉路上的地雷，排除路上的横木和落石，铺上柏油或水泥，这就是：重建新中华文化——理性文化。在这新的文化跑道上，才能万马齐驱。每人骑他所喜欢的马，大家不必一定都往主流马背上跳。而且，将来，每匹马都有可能创造主流价值。

从街头到街尾，只看见猩猩的擂胸号叫！

有一次，我搭香华（柏杨夫人——编者注）的便车去台北，在一个转弯的地方，另外一辆车从巷子里冲过来，几乎发生擦撞，虽只紧张了一下，但是从对方驾驶的怒目而视，可看出他很生气。前面恰逢红灯，两车并肩而停，我降下前窗玻璃，向他说：“对不起，很抱歉！”我认为他会摇摇手说：“没有关系！”甚至对我说：“谢谢！”想不到，他忽然凶神恶煞，向我大喝：“你道歉就算完了？”我说：“道歉既不能算完，怎么才能算完？”他呆在那里，这时候，绿灯亮了，各奔前程。

这件日常生活中的小事，我认为是一件很大的课题。不单纯是礼貌，而是理性的萎缩，中华人似乎在一个庞大的原始丛林里成长。

几千年来，中华人受尽了暴君暴官的凌虐，既屈辱，又愤怒，我们不知道怎么样才能活得尊严，怎么样才能尊重别人、包容别人。中华人就像丛林中的黑猩猩族群，一遇到倾盆大雨，就跳出来，双拳擂胸，向天号叫。这种发飙场面，几乎完全控制着我们生命。事后回忆，不禁汗流浃背。如果当时没有绿灯的话,那位驾驶好手,可能把我拉下来臭揍一顿,也可能一拳打死,因为,非如此不足以平息他激动起来的情绪。这种街头小市民的冲突,从没有人感到意外,就是在堂堂的台湾最高贵、最严肃的"国会",也不时地有这种猩猩症候群发作。一位男"国会议员"当场诟骂另一位女性"国会议员""贱女人",双拳擂胸,拒绝道歉。另一位男"国会议员"的表演,更可列入吉尼斯纪录,在电视机镜头下,肆无忌惮地追打另一位女"国会议员",事后也双拳擂胸,拒绝道歉。

我们不是自称为"礼仪之邦"吗?为什么现在如此堕落?中华文化先天的缺少民主、人权、法治思想,令人焦虑。如果再检验出来缺乏理性,那就实在使人加倍焦虑。一个缺少理性的人,他就不可能有尊严,更不会尊重别人的尊严,他不过只是一个赤裸裸的黑猩猩。这可用第二位殴打女国会议员的那位英雄作为例证。一年之后,当他发现就要入狱的时候,他终于道歉。

二十年前(1987年——编者注),海峡两岸关系"解冻"之初,我重返大陆,在北京雇了一辆出租车,言明到下午七点。等到五点钟的时候,司机先生坚持要先走,他发誓说:"你们明明包到五点。"然后说,他赶时间去学校接他的小女儿,他跳高号叫:"人心都是肉做的,我不能放下我的小女儿不管。"幸亏同行的一位当地朋友说:"我是记者,我要把你讹诈台湾同胞的事写到报纸上。"(那时大陆刚刚开放,正在礼遇台湾同胞。)司机先生脸上闪电似的堆下笑容,弯腰说:"大人不把小人怪。您高抬贵手,我就过得去;您不高抬贵手,我就过不去!"我们崇高的"国会议员"跟二十年前北京的司机,简直是一个模子铸出来的。黑猩猩绝不会向理性屈服,他只畏惧巨棒!

文化的停滞已够可怕,如果再往下沉沦,势将真正回归到原始丛林。我们应该早一点思考:是不是必须缔造另一种新的文化——理性文化,再不要看到擂胸号叫、死不认错的场面。

十八字真言

最后,我愿上苍成全我们:做一个有尊严、也尊重别人尊严,做一个可以信赖、又有能力包容别人的人!让我们一起学习,一起举步,努力跟着理性走。不要认为这是什么哲理、教条!也许可以先试着从回家吃晚饭,跟家人一起聊天,彼此发表不同的意见。不妨试一试:无论在会议,或在大庭广众,在和人辩论,如果发觉自己就要发飙时,不妨心头默念十八字真言:"那家伙想教我学黑猩猩表演呀!连门都没有!"莞尔一笑!

邓小平的四论

"猫论"、"摸石头论"、"先富论"、"两制论",都建立在同一个智能上。

套用狄更斯先生《双城记》几句话,我们形容二十世纪的中国:是一个最美好的时代,也是一个最恶劣的时代。是一个充满了聪明与智能的时代,也是一个充满了愚蠢与颟顸的时代。是一个百花齐放的时代,也是一个只有一张嘴巴的时代。是一个我们拥有所有东西的时代,也是一个我们丧失所有东西的时代。是一个使人犯罪的时代,也是一个使人成圣的时代。

就在十九世纪,一位手无寸铁的思想家马克思先生,从他的书房崛起,用他的一支笔,指挥全世界最勇敢的野战兵团,开始摧毁资本主义。他对资本家的罪恶,做无情揭发,把社会主义理论,化为可以实行的方案。他给人类新的希望,二十世纪中叶前后,世界至少有二十三个以上的国家,照着马克思的蓝图,建立马克思模式的社会主义国家,分布各洲。

马克思曾经承诺,在社会主义国家中,人民除了一副脚镣外,再也没有其他损失了,这是马克思主义光彩的巅峰。

"猫论",深具普世价值的思维

事情发生在二十七年前的1970年代,具体地说,那是1977年。在一个烟屑迷漫的凌晨,中国这艘古老庞大、伤痕累累,爆炸的残火刚刚熄灭,而且还正在漏水的航空母舰,满载着惊恐、贫穷、愚昧和愁苦的人民,慢慢地驶离礁石密布的港口。全世界眼睛都注视着它,为它捏把冷汗。然而,它终于平安地穿过大小礁石。然后又遇到一个十三级以上的狂风,和一百层楼高的巨浪。全世界人们都慌张失措,因为这么一艘巨大的母舰,如果沉没,它将在海上造成一个强而有力的巨大漩涡,把附近其他较小的船舶吸入海底!幸而,渐渐地,烟雾消失,黎明来临。人们都看到了航空母舰上掌舵的那位舵手,仍在驾驶舱里,脸色沉重地紧握舵盘。船上的人向那舵手欢呼,世上的人向他致敬。如今,那艘得救了的航空母舰正在太平洋上继续航行。感谢这位舵手,他是中国历史上最伟大的一位英雄。他为拥有五千年历史的人民,指出一个崭新的方向,使古老而又封建的中国,走出权力恶斗的泥沼,把全民从酱缸中挖掘出来。

这位舵手,就是邓小平先生。他虽已过世多年,但我们对他的了解,却跟着愈多,也愈深入;他的丰功伟业,固然使我们敬重,没有他,就没有现代中国。但我们更崇拜的是他的丰富思维,他把学院派用三百万字所表达不了的复杂思想,提炼为连小孩子都听得懂的语言。这是一种能力,使中华传统文化,忽然活泼起来。

首先我们肯定他深具普世价值的思维,就是他的"猫论"。这项理论,于1960年代即已形成,只有一句话:"不管白猫黑猫,能抓到老鼠就是好猫。"只有患有严重智障的江青女士,磨刀霍霍,批判他说:"邓小平在国内外阶级敌人向我猖狂进攻的时候,里应外合,竟然提出'包产到户'和'分田到户'的主张,带头刮起了'单干风',说什么'不管白猫、黑猫,能逮到耗子就是好猫'。这是邓小平明目张胆地为农村发展资本主义鸣锣开道,是他和刘少奇妄图实现资本主义复辟的一个大阴谋。"

"摸着石头过河",让人民先富了再说

邓小平第二个具有普世价值的思维,是他的"摸石头过河论"。事实上,这是一句最乡土的谚语。我们家乡有一句俗话:"在家怕鬼,出门怕水。"从前河川渡口,往往没有渡船,即令有渡船,一旦山洪暴发,渡船不敢轻试。有时候两岸隔绝时间,能长到八九天之久。旅人干粮盘缠双缺,只好冒险趟水。他必须用他的脚趾和脚掌,慢慢地触摸着河底的石头,一寸一寸前进。有时候,一脚踩空,立刻就被急流冲走,从此不见。到了后来,渡口往往都有职业领渡人,他们熟悉河道变化现状,牵着旅人的手,他在前面走,旅人在后跟。我们所以推崇这项思维,因为这项思维蕴含着开放性和包容性。天下真理不是一个绝对值,而是可以讨论和应该沟通的。每个人都是渡客,确定目标(对岸)后,渡河的方法则应由他自己决定,雇不雇领渡人,以及雇谁当领渡人,也由他自己决定。在渡河中途,他顺着石头,脚踏实地,有时候回头走,有时候向东走,有时候向西走,看他好像在滚滚洪流中,不停转折。别人走一个小时的路,他甚至于走了一天,虽然有倒退,有弯曲,但是他靠着脚掌对石头的感觉,万变不离其宗,他不会离开最终的目标,不会让自己一脚踏空被淹死,也不会让他怀抱中的婴儿跟着他一块淹死。这项思维,诞生了两项奇异的果实,第一是让人民"先富了再说";第二就是他在政治上有名的"一国两制"。

发明"一国两制"论

最后一个比较具争议性的是"一国两制论"。就在二十世纪八

十年代，我在香港接受访问——那时香港距回归还有十年左右，发表了一些个人看法，于是祸从口出，从此香港政府不准我入境，一直到1999 年，香港大学举办"柏杨的思想与文学国际学术研讨会"，也只勉强给我一次出入的签证。

虽然"一国两制"使我受到困扰，很显然的，大陆不可能放弃她祖先因战败而丧失的土地。容忍这些土地脱离中国，任何人或任何党，恐怕连想一想都不敢。

1870 年代，普法战争后，法国战败，割让阿尔萨斯、洛林二州给德国。我小时候读《最后一课》，对亡国奴的痛苦和悲壮，曾掩卷流泪。1940 年代，二次世界大战后，法国战胜，阿、洛二州自然而然回归法国。然而，时间已过了七十五年，1970 年代之后在两州出生的人，他们都成了德国国民，而当初的法国遗民，活着的已经不多了，所以马上发现当初"最后一课"时预料不到的问题，竟然发生。更想不到，1970 年代，中国对澳门、香港、台湾，都遇到同样的问题。"一国两制"看起来是一个强势政治架构，但从另外一种思维分析，这是一个智能的言语，也是一个理性的言语。

为中国建立新的信仰

邓小平已逝，巨星已落。柏拉图曾经说过："最好的君王，应该是一个哲学家。"邓小平不是君王，但他是国家最高领导人，而且不折不扣的正是一位哲学家。像摩西一样，把埃及的奴隶，带到流淌奶与蜜之地。也像马丁·路德一样，为中国建立新的信仰。也像美国的林肯一样，全心全力，解放黑奴。

我对邓小平先生极为尊敬，尤其是"两猫论"流行之后，我们家一只名叫熊熊的泰国猫，每位小朋友都喜欢它。有一次，一个朋友打电话来，说："我家孩子，忽然大声叫我们：'快来看，熊熊的爸爸在电视上'。"我之所以能够"声名大噪"，都是因为当了熊熊的爸爸缘故，怎不同意邓小平的高见！

封建暴力，遇机则发

——宋美龄抹脖子是一个见证，使人战憟！

对着电视上的这个镜头，我不但吃惊，而且战栗。我不能接受现在正被炒热，正被称为第一夫人的宋美龄，竟有如此表现。不禁想起瑞德的感慨，酱缸文化威力是如此的深不可测。

波兰年轻学子瑞德（Ryszard Zalski），为了要写一篇有关东方的论文，走访了东方很多地区。这篇论文的主题，是要了解东方各地知识分子，对美国的认知。我是被访问对象之一。最初我觉得这只不过是一项民意调查，我说我的，他记他的，然后融入到百分比，公布、归档。

可是我一直不满意我当时的答复。瑞德首先问的是："当我还没来到台湾之前，以为台湾非常美国化。年轻人拥往美国念书，千方百计加入美国国籍。但我来台湾之后，发现所谓的美国化，其实是表面的。"他强调说："是不是因为中国传统文化太强了，所以美国对中国的改变不是那么容易。我读过你的书，你倒是希望应该改变才好，是吗？"

我想，二十世纪以来，欧美朋友对台湾的印象，最初都会认为已完全美国化。因为他们看到的表象：高楼大厦，西装革履，车如春水船如龙，跟西方一样，没有惊奇之感。所以瑞德先生到了台北，第一眼所看到的，跟他到了华沙所看到的，几乎没有分别。但停留的时间稍长，他就会看出我们拥有一个根深蒂固的文化，和美国差距很大。

有一个人可以为我们作见证：台湾 2004 年的总统大选，炒热了一位几乎被人民遗忘的名字——宋美龄，她是统治国民党政府长达五十年之久的蒋中正的夫人。十岁那年，跟随姐姐到美国留学，曾就读卫斯理女子学院。被认为（并且也自己认为）除了一副中国人面孔外,思想精神层面已经彻底美国化,包括笃信基督教。当中日战争进入胶着状态,她代表中国前往美国访问,在国会中发表演说。用美国人所最熟悉的语言,为苦难的祖国寻求援助,获得激烈掌声,并且住进白宫,作为罗斯福总统的上宾。那是她生命荣耀的最高点,一切都显露出她的博学和高贵气质,使她和她的国家同时赢到尊重。可是,一件事情发生了,当时美国正在大罢工,罗斯福夫人问她:“这样的大罢工,如果发生在中国,你们会怎么办?”宋美龄立刻用她的纤纤玉手,在自己的咽喉上划了一下,使罗斯福夫人大吃一惊。

对着电视上的这个镜头,我不但吃惊,而且战栗。我不能接受现在正被炒热,正被称为第一夫人的宋美龄,竟有如此表现。不禁想起瑞德的感慨,酱缸文化威力是如此的深不可测。宋美龄出生于富有的买办家庭,和穷苦小民们从没有平等的接触。她受的完全是美式教育,只懂得西方人的生活。用手自抹脖子,就是美式教育的表达方式,中国人从没有用这种方式来表示“格杀勿论”“死路一条”的。所以在肢体语言上,虽然不太配合她的教养,但表演的功能,却完全合格,使西方人毫无错误地了解她的内涵。问题在于她的内涵:“格杀勿论”“死路一条”,反映出来的,却是东方皇家贵族的封建暴力。换句话说,她是用美国人教出的手势,来表达中国封建暴力文化的思维。所以宋美龄除了有一个中国人的面孔和西方教育习惯的生活外,在她的内心深处,埋藏着的,却是中国传统当权派的封建暴力。

我举出这个例子,只是想向瑞德解释:改变中国传统文化非常艰难。教育固然是改变文化的动力,但那需要长时间永续性的累积。您会发现:在台湾,像宋美龄这样的人,触目皆是,一拣就是一箩筐。用美国的一套对付美国人,用现代民主人权的言语掩盖封建暴力。这种封建暴力,一直埋伏在灵魂深处,遇机则发。

连向日葵都迷失方向

上帝因为创造了太多瑕疵品，遭到大量退货，就要倒店了！

华德·迪斯尼有一部纪录片，两个猎人驾着直升机，追杀三只野狼。从体型大小可以看出，那是一只雄狼和一只母狼，带着它们的孩子，在荒野中绝命逃奔。最后，三只狼逃入一个丛林，丛林不大，直升机在上面一面盘旋，一面扫射，要把它们逼出来。这办法果然奏效。突然间，最雄健的爸爸狼，从右边蹿出，像闪电一样地狂奔，直升机立刻追赶。就在直升机掉头追赶之际，妈妈狼带着娃娃狼从丛林左边蹿出。等到直升机击毙了爸爸狼之后，再回转机身追赶时，妈妈狼和娃娃狼已经跑得无影无踪。那个爸爸狼显然是个诱饵，它为了保护它的妻子和孩子，宁愿牺牲自己生命，使它的妻儿能够逃走。这就是爱。我们往往斥责某人狼心狗肺，我认为这对狼对狗，都是一种侮辱。爱是一种朴实纯真的感情，人类自以为只有人类才有。事实上，人类的爱，一旦发生质变，有时候人还不如狼狗。你可见过娃娃狼、娃娃狗吞噬它的妈妈狼、妈妈狗吗？你可见过夫妻狼、夫妻狗互相谋杀吗？

有一段民间故事："水漫金山寺"，一条白蛇吸取日月精华，修炼成一位美女，和一位名叫许仙的书生相恋，夫妻恩爱。稍后，被一位名叫法海的和尚发现，就在端午节那天，送来一瓶雄黄酒，白娘娘误喝了一杯，现出原形。许仙因为惊吓过度，昏厥不醒。白娘娘冒着生命危险，深入南天门，盗取仙草，终于把许仙救活。然而法海却把许仙藏在金山寺，切断他们夫妻关系。白娘娘救夫心切，得到海龙王的帮助，发动大水，要淹没那个寺院。白娘娘坐在船上，施展法术。法海指控她不过是一个妖魔，认为她会害人。白娘娘有一句伤心的唱词："人人都说妖魔险，人比妖魔险万分。"我们看到的不是一条白蛇，也不是一个妖魔，我们看到的是一位热爱被软禁的丈夫而奋战的妻子。然而她的结局是什么？“邪不胜正”，她被压在雷峰塔下。

激发和肯定爱心的人，恐怕是十二使徒之一的保罗。他在《哥林多前书》上说：“爱是恒久忍耐，又有恩慈；爱是不嫉妒；爱是不自夸，不张狂，不做害羞的事，不求自己的益处，不轻易发怒，不计算人的恶，不喜欢不义，只喜欢真理；凡事包容，凡事相信，凡事盼望，凡事忍耐；爱是永不止息。”

我想这是人类最早提出的“爱”的具体内涵。那位狼爸爸、那位白娘娘，都没有读过《圣经》，也都没有这样的理论基础，他们只是在那里行动。是的，他们只是本能的行动，被这行动主宰。而人类的爱心，似乎出了差错。最近社会上流传两个冷笑话，第一个是：现代女孩子所中意的男人，必须具备三个条件：一是高学历；二是高收入；三是父母双亡。第二则冷笑话则是，老迈的妈妈抱着女儿说：“女儿呀！我爱你。”女儿也抱住妈妈，回答说：“妈妈，你如果真的爱我，能不能为我早一点安乐死？”这两个冷笑话，使人血液凝结。当然不一定真有其事，但社会沉沦的速度，使人担忧可能会沉沦到这个临界点。至少在电视上，我们常会看到有一种邪门的组织。当主角在向他的信徒开枪的时候，信徒惊恐地问：“怎么会这样子？”答案是：“因为我爱你，所以我必须要拯救你离开这个世界，早日回到天国，洗涤灵魂！”现实社会上，竟然有些父母，带着他那还不懂事的孩子，一起自杀：“因为我爱孩子，所以我不愿意他留在世上受罪。”

人类可能是上帝创造出来唯一的一种有瑕疵的动物，他们讲了太多的爱，却做了更多使自己害羞的事，更多愚蠢的事，更多愤怒的事；专门计算别人的罪恶；不喜欢真理，只喜欢不义；凡事不包容，凡事不相信，凡事不盼望，凡事不忍耐。

然而另一方面，人类太深的爱，无微不至的爱，会产生奴隶；没有节制的爱，没有公平的爱，会产生叛逆。无论奴隶或叛逆，对人对己，都是灾难！反正，总而言之，言而总之，一言以蔽之，人类是上帝制造出来的瑕疵品，不像其他动物那样简单。人，无论你怎么摆，都摆不平。

朋友们都知道我有一项神通,不同于平凡之辈,我可以随时跟上帝直接通话。我每次去绿岛前,都拨电话给上帝,拜托他那天不要下雨。到那一天,果然没有下雨。可是最近再给上帝拨电话时,怎么拨都不通。好不容易拨通,接电话的不是上帝本尊,而是一位天使。我向她抱怨,她说:"这些时电话来得太多,线路都塞住了。不过你以后也用不着再来电话了,因为上帝要倒店了,我正在找别的工作!"我大惊说:"什么!上帝要倒店?怎么可能?"天使说:"因为上帝制造的瑕疵品太多,纷纷退货。最近又从伊拉克送来一大批,仓库装纳不下,挤在外面山谷里,吵吵闹闹,连警察也管不住。啊呀!对不起,又有一批被送来了……"接着又说:"我们真想建议上帝应该主动收回,不要总是被退货,面子实在难看!"接着我听见她叹息一声:"狼与狼可以和平相处,狗与狗可以和平相处,为什么你们人类不能?"我还要再问的时候,她已把电话挂断。

就在挂断这一刻,隐约的似乎听到媒体报导,下令向伊拉克发动灭国战争、屠杀千万人的美国总统布什,和英国首相布莱尔,双双得到诺贝尔和平奖。霎时间,我呆在那里,眼前一片迷茫,分不出是傍晚或是黎明。大雾弥漫,从远处不断传来隆隆的声音。我恍恍惚惚,承受不住内心的惊恐,不断发抖,不知道应该怎么办,也不知道应该怎么想。我发现我陷在一个连向日葵都迷失方向的时代,我只听见我自己孤独的呐喊!

驴碑法则

恶性循环,帝国的发展和运转,总是这样!

1940年代,滇缅边区发现一座坟墓,碑文写着:"这里安葬的是一位伟大的驴子，它曾踢过一个上尉、一个上校、一个上将，和一个不起眼的地雷。"这故事在我记忆中，十分清晰。因为，横看成岭、纵看成峰，它教我学会从另一个角度，解读历史。

公元前三世纪七十年代，当时的秦帝国，以雷霆万钧之力，一口气消灭了中华大地上残存的六个国家。到了九十年代，秦帝国的野战军攻击武装不全的变民领袖陈涉、吴广，认为对方不堪一击，对方也承认自己不堪一击，结果这位世界上最强大的驴子，踢到了地雷。野战军瓦解，帝国崩溃。

十六世纪时，西班牙国王菲力普二世，建立无敌舰队，独霸世界，战无不胜、攻无不取。最后，当无敌舰队离开西班牙港口，向英国扬帆进发的时候，英国上下恐惧，认为灾难不能避免，没有一个人想到英国竟会是最后那个不起眼的地雷。无敌舰队被击沉，西班牙没落，英国代之而起。

十九世纪，拿破仑用武力席卷全欧，当攻击奥国时，他向全军宣誓："你们的总司令，向你们保证，他将站在最后面、最安全的地方！"表现他的自大和自信。最后，他攻击冰雪封锁的莫斯科，全军覆没。

最近，第二次世界大战，头脑清醒时的希特勒声明："有人认为德国会向美国开战，那好像是说德国会向月球开战一样，绝对不可能。"但是，德国一连串征服欧洲大陆各国以后，遵循驴碑法则，最后向"月球"开战，而"月球"正是那个不起眼的地雷。

而今，二十一世纪初，美国攻击伊拉克。开战之初，对胜败的预测，各有各的看法，有些人相信美国败、有些人相信美国胜。我是一个热爱美国的外国人，我敬佩美国的政治、经济、文化，不但羡慕，而且崇拜。她是一个自由的国家，无论我们在美国旅游、定居，都会感觉到在其他国家所没有的自由自在。假定说需要保卫的话，我愿意参加保卫美国的行列，她是上天赐给落后国家的一个礼物。我爱美国，仅次于爱我的祖国！

所以，我害怕美国败，她失败所带来的后果，不是世人所能承受的。然而，我更害怕的，却是美国胜。如果由于伊拉克之战，使美国成为世界上独一无二的强国,已没有同量级的对手。“无敌国外患者,国恒亡。”驴子的膨胀,已达到临界点,权力傲慢,将变成权力痴呆,她将不再可爱,过去所有的优点将逐渐消失,人们将不再感觉到被美国人尊重,也不再感觉到美国人的温暖;感觉到的,只有美国的不可一世,和盛气凌人。美国人将逐渐丧失理性,将把“五月花号”带来的立国精神和理想,完全忘记。他们已经不耐烦谈判,不耐烦和解,他们将用“美国化”代替“国际化”,将用一刀两断,代替尊重包容。美国国民的道德水准,将急遽沉沦,失去自我克制、自我纠正的能力,他们最后将拥护另一个拿破仑或希特勒,服从他的领导,英勇地踏上驴碑历程。

美国击败伊拉克后,她将抱着快爆炸了似的满满信心,身不由己地继续踢下去。下一个踢到谁?是一个上将?或是最后一个不起眼的地雷?也许下一个可能踢到朝鲜,再下一个可能踢到伊朗,再下一个可能踢到俄国,再下一个可能踢到中国,再下一个可能踢到欧盟。这些,都将接二连三,逼面而来,不会拖得太久!

我不是摆卦摊的算命先生,不能预言哪个国家是美国最后一个看不上眼的地雷,但是根据驴碑法则,独霸,是一个中毒的信号。恶性循环,帝国的发展和运转,总是这样,怎不令人悲痛!

论述不可以用嘴脸代替

情绪化为理性,要靠论述,不能靠嘴脸。

最近,在《农友》杂志上看到一则幽默故事。联合国给全世界的小朋友出了一道题:“对于其他国家粮食短缺的问题,请你谈谈自己的看法。”非洲小朋友看完题目后,不知道什么叫“粮食”;欧洲小朋友不知道什么叫“短缺”;亚洲小朋友不知道什么叫“自己的看法”;

拉丁美洲小朋友不知道什么叫"请";美国小朋友不知道什么叫"其他国家"。

这篇幽默小品的重点在于最后一句答案。美国人自我调侃说,他们的国家已经被纳粹分子改变成为帝国主义侵略者,开始患"权力痴呆症",竟然不知道世界上还有其他国家。

但是使我更感兴趣的是,其他国家小朋友的答案。例如亚洲小朋友,竟然不知道什么叫做"自己的看法"。亚洲小朋友应该不包括日本,而主要是指中华文化培养出来的华人小朋友。我认识一位外国籍教授,他说最害怕指导华人学生写博士论文,他们的论文好像一箩筐各式各样的青菜,没有经过论述的"烹饪",结果不能够成为"菜肴"。虽然学生的论述和文章非常丰富,引用了张三、李四、王二麻子等中国学者的理论,也引用了约翰、大卫、斯蒂文森等西洋学者的理论,资料满坑满谷,但就是没有自己的意见。老子《道德经》一再告诫知识分子"不为天下先",使我们勇于解读自己的文化,而怯于创造。勇于解读者,大家想什么,我也想什么;怯于创造者,我即令有真知灼见,也不敢提出来。所以,永远都是别人的想法,而没有自己的想法。

今年四月,华裔的美国刑事鉴定专家李昌钰博士到台湾,讲到在美国经常被邀去作演讲,收入很高。他无意中透露,美国人很少请华裔专家演讲,因为我们所接受的中华文化教育,使我们不擅长论述。这句话把我从混沌中惊醒。长久以来,我一直全力促进理性文化,现在我领悟过来的是,中华人如果不建立起论述的文化,就不可能有一天静下来进行理性的讨论。

在一本古老的书《笑林广记》上有一则故事:一个最低阶层的衙役,一天向官老爷提出辞呈,官老爷问:"好好的,为什么走呢?"衙役说:"这个工作一向顺利,可是有三大难看,简直不能忍受。"官老爷问他:"哪三大难看?"他说:"官老爷打犯人屁股时,屁股实在难看。"官老爷问:"第二大难看呢?"衙役说:"当检验女尸的时候,她们的下体实在难看。"官老爷说:"第三大难看呢?"衙役说:"官老爷每天坐大堂,你露出来的那副嘴脸,实在难看。”

台湾大选期间,电视台、广播电台十分热闹,一到有论述节目,我总会听听。有些人言之有物,有些人荒腔走板。然而这没有关系,有关系的是:假使一方反对、一方赞成的情形发生,一方正在论述的时候,对方的出席人立刻摇头晃脑,露齿而笑,满脸不屑,做出一副唯恐观众不作呕的嘴脸。这种嘴脸,应该属于第四大难看。

论述是不可以用嘴脸代替的,这是我们中华文化提升到某种程度之后,一定会遇到的一项挑战。我们还有一段艰辛的路要走。

民主麻疹

台湾2004年出现具有爆炸性的动荡不安,不过是民主提升和扬弃成长中的一场麻疹,它会自愈,以后还会免疫!

我们夫妇都有赖床的毛病,我早起的时候,就向老妻大声唱歌:

“起来吧!起来吧!祖国的孩子们!”

这是一首我年轻时唱的军歌,如今,半个世纪过去,歌声使我进入记忆隧道:当时是1937年,抗日战争爆发,我在武昌左旗军营当兵。那年我十八岁,为了抗战,为了革命,为了这个被欺负的祖国。我们热血沸腾,愿意为革命死,愿意为领袖死。当扬声高歌的时候,十八岁的我流下了热泪,我盼望我的血肉涂抹祖国大地。

历史轨迹的发展是这样的:抗日“惨胜”,接着是国共内战。不过三四年间,红色政权完全控制大陆,后来我来到台湾。从热血沸腾的热情拥抱,到失望幻灭的无情鞭笞,灵魂随着更上层楼而自我解放,我不愿再为革命和领袖而死,改道追求自由与民主。面对白色恐怖,我怀着当年同样的热情,对抗不义。事实上,对现实的威权政治而言,一个文化人的批判,不过像一滴水而已,是改变不了威权政治大海的，但足可以改变自己的一生。后来我被逮捕，囚禁在监狱及军营中。

九年之后，我被释放，感觉到大海已经改变。不是因为我那一滴水，而是因为有足够使大海改变的千千万万滴水。台湾开始脱胎换骨，暴政崩溃，白色恐怖终结。一个长达四千余年的“专制政权”的承传，蜕变成为“选票出政权”。

2000年台湾大选，政党轮替，我们不仅仅恢复了个人的尊严，也重建了对别人的尊重。也就是说，我们已起步缔造一个有公民意识的文明社会。

接着，2004年的台湾又大选，但同时也传出呐喊。人民割为两个同等高度的山峰，族群意识被蓄意挑拨，仇恨之火在蔓延、燃烧，刚刚建立起来的公民意识，逐渐摧毁。忽然之间，我们又回到了从前，互相猜忌、扣帽，谁也不相信谁。我们虽已进步到“选票出政权”时代，但我们用的却是“专制政权”的文化。由于我们还来不及凝聚理性，酱缸的腐蚀力再度发威。大家恐慌沮丧，焦躁成一团。

我只能用短短几句话，说出我的感受。如果我们爬上再高一层楼，或许会发现：文化是个有机体，有它的生命程序。在迈向提升和扬弃的成长过程中，我们所遇到的，也是其他任何一个民主国家都会遇到的“民主政治麻疹症候群”。我认为我们虽没有能力预防麻疹，但却有能力治愈麻疹。上天只要赐给台湾足够的和平，以我们多少年来民主素养、人权认知的成熟度，我可以预测，这场麻疹应可以平安度过，并且可产生免疫抗体，使以后不再发生这样具有爆炸性的事件。

今天，民主是世界主流价值，也是政治趋势的最终目标。我们这一代，前仆后继地为此奋斗，歌声已经成真，梦境已经实现，不禁问一声年轻朋友：“当你们将来把国家交给你们下一代时，你们交出的是个什么样的国家？到你们年老呼唤老伴起床时，会唱什么歌？”

枪声三响撼金山

——江南先生逝世二十周年

可以想象他在进入车库、准备用遥控器打开车库门时,愕然发现枪口正对着他。虽然我不在场,但仿佛能够听到他的呐喊……

1984年,距现在2004年整整二十年。就漫长的历史脚步而言,二十年不过眨眼之间,时间本是无情物,过滤了千千万万的大事、小事;就短暂的人生而言,二十年却是一段漫长的岁月。人生有几个二十年?回首往事,历历在目。江南爽朗的性格、比思想还要快的语言,以及他那高分贝的震天大笑,点点斑斑,还在目前。可是万种友情,不敌三声枪响——“枪声三响撼金山,我来湾北哭江南。陡觉浑身如泼水,顿惊亡友已入坛!”而今,枪声已杳,而哭声仍在。可以想象他在进入车库准备用遥控器打开车库门时,愕然发现枪口正对着他。虽然我不在场,但仿佛能够听到他的呐喊:

“这是怎么回事?你们是不是找错了人?”

“砰!”随扳机扣下,枪声响起——这就是回答。

就在这一刹那,江南奉献了他的性命,跟他的鲜血,化作压死暴政的最后一根稻草,证明了蒋家政权已经堕落为赤裸裸的权力——一种多行不义的权力。

凶手确实没有杀错人,而是江南为他的错误判断付出代价。江南非常聪明,他认为蒋家政权跟他一样聪明,不会愚笨到竟然派黑社会杀手越洋刺杀一个异己的文化人。显然,江南到临死都没有发现他的对手不是一个所谓的执政党,而只是黑帮社会的特务统治系统。特务统治手段的特征,使他们永远无法了解杀死区区一个江南,在国际民主社会中的形象,会受到如何的伤害。“阴天关门打孩子”时代已过,现在,万万没有想到杀死一个华裔美国公民,反映出蒋家政权末期的特务情绪，完全失去控制；一个江南之死，竟引起整个政权溃散的骨牌效应。

蒋家政权的基础是特务系统。对内，特务系统和军法系统结合，在名噪一时的白色恐怖时代，利用死刑和监狱来铲除有独立思考、追求民主的知识分子；对外，特务系统利用黑社会造成华人世界的惊恐和慑服。

江南是不是第一个这种杀人灭口的被害者，我们不知道，但我们知道他却是最后一个被害者，以后蒋家政权就再也不敢，也再没有机会重犯了。美国强大的侦察能力，几乎立刻就查出凶手是竹联帮的帮主陈启礼。而当时我听到的传言，美国西岸所有自由派的华人知识分子人人自危："谁是下一个？""我是不是下一个？"美国国务院立刻谴责："台湾就是学不会。"这些都是二十年前的往事，江南之死对国民党的瓦解显然有催化作用，那就是他使每一个文化人都处于："进一步则死，退一步则亡，往旁边让一步，则砍掉双脚"的局面，把手无寸铁的文化人逼叛、逼反——这是蒋家政权特务系统最大的贡献。江南地下无知，我们的千言万语对他没有影响；如果他地下有知，他会为老友们仍记得他而有所感动。我们不过一只萤火虫，而江南做了压死暴政的最后一根稻草，应该十分满意了。

人，需要别人帮助

人生的目的不在洞察别人肺腑，而在帮助别人完成愿望！

四年前，联合国曾派一位女性环保专家到台北访问。她曾说："无论理论上或现实上，环保都是世界上最重要的工作。如果环保失败，所有生物包括人类全体，都会覆灭，地球会成为一片荒凉。那样，其他工作又有什么意义？"这位使我由衷敬仰的专家接着强调：

“毫无疑问,环保是非常重要的,但不是唯一重要的。环保的特征是它的包容性,不是排他性,环保工作者都会有这种认知。”

我和朋友们刚开始投入人权工作时,曾制造了一些瓷盘,上题:“人性尊严的觉醒,是美的诞生!”在漫长、崭新、陌生甚至危险四伏的人权道上,我们结识了很多可爱的伙伴,大家的意见有时并不完全一致,但仍然可以互相谅解。在跌跌撞撞中,学习了很多民主行为的规范,也开始培养少数服从多数、多数尊重少数的心理基础,为自己带来无限喜悦。我们推动的虽然不是革命,可是感觉到一种革命的火热情感。当我们尊重和包容别人的时候,同时也感到自己的尊严。

最近,听到不少年老和青年朋友的抱怨:某些人变得架子奇大、身段奇高,连电话都不肯接;某些人把他的申请书当做皇帝圣旨,官僚十足地放在桌子上;某些人一点责任都不肯负,功劳却都是他的,处分都是别人的;某些单位什么事都用投票表决,连每周休假的人选都要投票,可是办公室里大多数都是主管引进的亲戚、晚辈,他们进来的目的好像不是为了办公,而是为了投票,有人每周都可以休息,但有人一年休息不到几次。

这些都是比较轻微的事例,还有很多比较严重,简直可以引起刑事诉讼。我不是要控告谁,只是想借以说明:民主是一个很烂的政体,仅比独裁专制稍好半公分。人权也不是唯一的绝对价值,法国大革命那段日子使人毛骨悚然,几乎全是革命党杀革命党、同志杀同志。今天你还是正义的化身,砍别人的头,明天却被另一个正义的化身砍你的头。罗兰夫人一句名言说:“自由,自由,天下多少人都假借你的名字去做罪恶的事。”我忽然警觉到,是否有一天,我和我的朋友也会讲出:“人权,人权,天下多少人假借你的名字去做罪恶的事。”

我想,我和我的朋友绝对不会有这种下场,因为法国大革命的改朝换代是枪杆出政权,而我们的改朝换代是选票出政权,这是不一样的基因,有不一样的婴儿,所以也有不一样的麻疹。“婴儿”有时固然可厌,“摇篮”有时也会翻个斤斗,但那只是他们呈现的一种负面病态,不能认为不可救药而一脚踢开。因为在新的文化体系中,无论是人权、环保,甚至民主,都不是唯一的最高价值。人生唯一的最高价值,不是为了要洞察别人的肺腑,而是为了要帮助别人完成愿望。而就是现在,正是我们有能力帮助别人的时候,也正是我们脆弱、丑陋得需要别人帮助的时候。

请不要抛弃我们!

盛装返台

这是一个最普通的人海一角,既没有高潮,更没有骇人的事件。但这位次老太太制造出一个特别榜样——呈现给孩子们的一个榜样。却深入每个人脑海,使中国的酱缸文化更浓。

二十世纪初期军阀横行中国的时候,东北军有一句话说:"三句好话不如一马棒!"挂着阶级招牌的大人物,金光闪闪,痛恨小民的愚蠢。这个"棒"不是好坏的"棒",而是功能的"棒",而且代表各式各样的武器。当东北军向你借十块钱,你当然没得借。结果一棒抽下去,就跟苦刑拷打一样。可怜的小民无不屈服,说不定还可能自动献上一二百元。

现在是二十一世纪初,事隔一百年,往事如烟,我们看到的却不仅是大人物抽出来的马棒,而且是大人物抽出整个"形式"——"形式"比人强。且看以下的事件。

地点:美国洛杉矶机场中华航空公司飞返台湾飞机上。

时间:2005年1月11日。

这是一个飞机上特有的豪华商务舱,专门供大人物的"点数"够的普通客人升等之用。当然,如果"点数"不够的话,你还是得坐你的普通舱。我朋友登机较迟,豪华商务舱里已坐了一半以上的客人。

朋友的位子是靠窗的,当她要入座时,发现她的位置已坐了一位老太太,而老太太旁边则坐了一位圆肚胖腰的次老太太。这时候空姐来了,看见朋友犹豫的情形,就把她带到后两排的位子上,气氛诡异。朋友吓了一跳,这在国际飞机上是不常见的事。如果有,也是一方当事人向对方当事人亲自提出,才能换座位。次老太太是一个大人物——她和《权力的滋味》一书里的大人物一样,满身散发着巧克力的香甜味。于是朋友悄悄地问空姐,空姐伸伸舌头笑一笑,低声说:"她说她要孝敬婆母。""哎呀!"朋友暗中叫了一声,她发现这事就这样子结束了。

就在这时候,从其他椅子站起来四五个健壮的年轻人,向我的朋友走过来,慢慢地把她包围,他们穿的衣服样式都差不多。然后,一个年轻人替他的母亲(猜想大概是娘吧!)坐下,次老太太就站起来直去厕所,并没有照顾她婆母或亲母。朋友和空姐互相一笑。

朋友知道这种人惹不得。台北曾经有两个医生殴打一个病人的事,那病人没有地方可以申诉。不!并不是没有地方可以申诉,而是没有地方可以处理他的申诉。

飞机终于起飞。就在以后短短的十几个小时里,我的朋友一直注视这位次老太太的态度。次老太太几乎一连去了三次厕所,可能那天上飞机前喝了太多流质的东西吧。她就这样一直到洗手间,而没有管她的婆婆或娘亲。那些年轻人也都相对守着秩序,没有要出花样,也没有大声吵闹。

着陆时间终于到了,飞机开始降落,但我的朋友从头看到尾,也看不出这位次老太太为她婆婆尽了什么孝道。飞机到了台北机场,慢慢停下,朋友顺着楼梯下来,看到次老太太的一团人的人数虽多,行李倒简单。于是在一个小时以内,在飞机上消失。

这是一个最普通的人海一角,既没有高潮,更没有骇人的事件。但这位次老太太制造出一个特别榜样——呈现给孩子们的一个榜样。却深入每个人脑海,使中国的酱缸文化更浓。

我深为感激她们的马棒!

蚤、虱子化成人类

这个神话，会不会使人认为中华人的“脏”，是一种宿命！

上一期《明报月刊》稿，题目是《暴力与说谎》，完稿后 e-mail 给编辑部。隔天接到责任编辑傅文伟先生回函，他质疑：“像盘古立天地，竟然说他死了之后，身上的跳蚤、虱子，变成人的毛发。”他说，“找不到跳蚤、虱子化为人的毛发的资料，所以想证实一下。”这使我大为紧张。多少年伏案生涯，习惯于只要多少有点记忆，就可以据以发挥，不像学者专家的学术论文，引经据典，处处落实。事实上，杂文消耗的经典数量太多，一一批注，不但不可能，还会使语句中断。而且，容易发生满坑满谷的“孔子、孟子、韩非子”，“康德、歌德、柏拉图”，全是中外名家的话，只没有自己的话。

八十年前，厚黑学教主曾经说：“我根本不在乎典故，必要的时候，我就杜撰一个。”我虽不敢明目张胆随便捏造，但也不能对每句话都翻箱倒柜（我如果那样做，准会饿死），大都是靠一点记忆，如果有人认为我胡扯，应该由他去翻箱倒柜。

但这次的质疑来自于编辑先生，难得这样负责，我敬重这样的编辑，觉得应该公开答复，不然就是我故意对盘古先生，或故意对中华民族的曲解和侮辱。

于是，我向社区里被一些朋友封为图书馆馆长的历史学教授刘季伦先生，告诉他这个故事，他说他仿佛也有“诸虫”印象，我就请他寻找出处，结果不到一小时，他就叩门而进，带来徐整先生著作《五运历年纪》，且抄原文：“首生盘古，垂死化身，气成风云，声为雷霆。左眼为日，右眼为月，四肢五体为四极五岳，血液为江河，筋脉为地理，肌肉为田土，发髭为星辰，皮毛为草木，齿骨为珠石，汗流为雨泽；

身之诸虫，因风所感，化为黎甿。”

译成现代语文：“最初，生下了盘古，他死后，尸体化为万物，呼吸化为风云，声音化为雷霆。左眼化为太阳，右眼化为月亮，四肢化为四方极远之地（东至泰远、西至邠国、南至仆铅、北至祝栗），五体化为五岳（东岳泰山、西岳华山、南岳霍山、北岳衡山、中岳嵩山），血液化为江河，筋脉化为丘陵，肌肉化为土壤，头发跟胡子化为星辰，皮肤和汗毛化为草木，牙齿化为珠宝，汗水化为雨水；身上各种寄生虫（跳蚤、虱子），因为受到风的吹动，化为人类——被太阳晒得黑黑的农民。”

于是，发生一段插曲，我不知道“黎甿”是什么？拜托秘书丘丽珠小姐查一下辞海，却发现她根本不知道“黎”字怎么查，她正在大学念书，有点不好意思。于是我查，也不知道在哪一部。只好禀报馆长，他也不知道应该查哪一部。我们早就赞成方块字拼音化，使它自己能够发声。结果，我们只好自己乱猜，“黎”应该当“黑”讲，“甿”应该当“民”讲，“黎甿”就是晒得黑黑的农民，而黑黑的农夫，就是人类。

盘古故事应该是属于苗族神话，中世纪稍早，输入中国后，渴望自己有个神话的中华人，就把苗族的祖先，硬拉过来当自己祖先。我的错误，是多说了毛发两个字，使“黎甿”二字所表现的生命体，太过狭窄。

然而，我要强调的，是盘古身上的“诸虫”是什么虫？我认为是跳蚤、虱子。在那个皇帝身上都会有三个御虱的时代，王猛扪虱而谈，应是当时社会所能接受的。而我的目的，只是说明盘古身上，竟有那么多的寄生虫，而不管“诸虫”化成什么，即令化成水蜜桃，我们也感到遗憾。“脏”，是不是我们的原罪？我们从没有神话，好容易熬到有了神话，又为什么接受这个一点都不美的神话？

谢谢傅文伟先生的认真，勇于质疑。谢谢刘季伦教授，他真是饱学之士！没有他的话，三天三夜也找不到虱子和跳蚤的出处，好像我故意在捏造典故，丑化中华民族。也谢谢丘丽珠小姐，查字典找不到部首,说明自修求知的困难,使我们多一层思考,方块字应不应该早日拼音化?

泪比血都多

无论迫害者和被迫害者,我们同是受害的一群!

2004年1月17日,是一个庄严的日子,来自四面八方、白色恐怖下侥幸残存的五六百位难友,在台北聚集一堂,接受政府颁发给我们的"恢复名誉证书",感慨万千。国际上惯例,一个封建极权政权转化为自由民主政权过程中,对过去所造成的政治受迫害者的补偿,通常有两大项目。一是,公开向政治受迫害者道歉;二是,对受迫害者所受的伤害,给予补偿。这两大项目,现在都做到了。然而遗憾的是,我们身上仍然被贴着标签。报上曾报道一位难友的妻子,向法院提出离婚要求,得到胜诉,原因是政治犯是一种法定的不名誉罪。这正是我们受迫害者的隐痛,也正是今天我们感谢政府还我们清白的原因。政府不仅向我们公开道歉,也不仅给我们物质补偿,现在,还更深层次地来解除我们最后一项所受到的不义待遇。

值得庆幸的是,白色恐怖总算结束,我们已实行民主。使我们产生新的愿景,我们希望把所曾经经历的痛苦,逐渐转化成一种公民意识。因为,偶尔也有人建议,认为应该追究白色恐怖时代迫害者的刑事责任。我们当然不会忘记我们所受的灾难,因为一旦忘记,同样的灾难就会再来。但是我们也会宽恕过去那些白色恐怖的迫害者,我们感觉到,他们跟我们同样的也是恐怖政治下的受害人。

一生下来就有邪恶灵魂的人,少之又少。复杂的社会激流,使有些人被分割到这边,有些人被分割到那边;有些人选择这边,有些人选择那边。恐怖政治下的迫害者,往往是这样产生的。斯德哥尔摩症候群，就是受害者把受害者角色，扭曲成为加害者角色，使他们终于接受效忠独夫就是效忠国家的观念，也接受他们的头目有"未捕先判""未审先判"的权力，良知和辨识的能力，大多数逐渐流失，有的人甚至于完全枯竭，反而肯定邪恶的正当性。如果我们当初被卷到那种漩涡里，或许我们也会如此。所以我们应该让他们也有分享宽恕的机会。我们会用尊重和包容，缔造一个再没有新的受害者的公民社会，和理性社会。

我们今天能够齐集一堂，十分兴奋。同时也使我们十分怀念那些或因贫穷、或因患病，不能前来参加聚会的朋友；我们十分怀念那些还留在疯人院，现在已五六十岁的当年的小朋友，他们将永远受到囚禁；我们也十分怀念那些虽然出了牢狱，却早早过世的朋友；我们更怀念那些已伏尸刑场的朋友。直到今天，每逢天色朦胧的早晨，总是隐约地仿佛听到走廊上的脚镣声，我们又回到往日执行死刑的现场，有人高呼"蒋总统万岁"！枪杀之后，他们的尸首被拖走，他们流的鲜血，被行刑队用土掩盖。你如果去马场町纪念公园参观的话，你就可以看到当年掩盖血迹所堆成的丘陵，我们称它为"血丘"。我们会把他们的"恢复名誉证书"在血丘前火化，假定他们现在能够回到我们行列，相信他们流的眼泪，会比当时流的鲜血更多。

再一次表达我们的感谢！

一个最值得问的问题

我第一次到美国时，看到一队日本观光客，美国友人说："日本是我们的战败国，但我们尊敬这个国家。"我听了很难过。

谈起六十多年前的抗战记忆，真是往事不堪回首，太多令人叹息！

那一年我十八岁。对每一个人而言,十八岁都是很可以留恋的年纪,然而因为抗战,数不清有多少人的十八岁,被糟蹋了。像我这样的贫穷家庭,一遇抗战,肯定破碎。

那时还是高中生的我,在半年间参加了多个军事政治训练团。抗战是一股狂潮,我们满脑子想的都是抗战、抗战……对现实的不满与激愤,使我们充满血性热情,抗战,死了就算!

如今回想,关于战争的发生、为什么要抗战、又怎么战胜的?……其实是一本糊涂账。战争耗费了太多太多资源,制造了太多太多苦难。那时我们国家根本没有投入战争的条件与能力,人们的抗战精神,其实只是一种素朴、原始的对侵略者的反应,缺乏整体战略计划。八年抗战胜利了,中国已疲惫不堪,我记得那时报纸报导日本投降消息,是用我们"惨胜"来形容。

在战争状态中,人是没有尊严的,中国人很久以来都缺少尊严。我第一次到美国时,看到一队日本观光客,美国友人说:"日本是我们的战败国,但我们尊敬这个国家。"我听了很难过。日本是战败国,但人家尊敬他,我们是战胜国,又如何呢?

六十年来,我们民族的素质进步了多少?是否不断在提升?我认为这是一个最值得问、最值得反思的问题。

用选票治天下?

我们希望陈水扁"总统"也谦承他不能用选票治天下!

《不学礼,无以立》一文见刊《明报月刊》之后,朋友打电话来调侃有之,嘉勉有之。前者说我老来终于悔过,不再反孔。后者大有勉我由破而立的激励语气。实在惶恐怖栗。我只是不耐烦一些以"孔家店"奴婢自居的"儒家学派",我并没有过轻蔑孔丘的想法。

在《论语》上同样的场合，孔丘先生还问过他儿子孔鲤："你读过《诗经》了吗？"孔鲤说没有，孔丘说："你如果不读《诗经》的话，恐怕连话都讲不明白！"孔鲤退而学《诗经》。

说过孔丘先生教他的儿子"礼"，现在又提到"诗"，我们可以了解孔丘先生所指的"诗"和"礼"，是一个人分不开的言语与行为规则。人类和其他千万种动物的分别，在于人类有语言，其他动物没有，其他动物包括巨物大象、狮子、老虎及鲸鱼，它们在中刀箭之后，只会呻吟号叫，最后一头栽倒。而人类的言语功能复杂得多，最厉害的是，它有建设性，也有摧毁性。"一言兴邦"，"一言丧邦"不是夸大的说法，言语当然可以成就人，也可以伤害人。如果没有一点自我克制能力的话，满心邪恶的人，会借着言语伪装善良，也会借着语言，使他的伤害性更加恶毒深入，深到可以入骨。那种伤痕一旦潜伏内心，总有一日，会俟机爆发出来。所以一个无礼的行动或无诗的语言的人际关系，是扰乱社会秩序的主要根源。一个社会到了充满诟骂的时候，这个社会是不安定的；一个遍地充满笑容包容，互相扶持安抚的社会，才是一个有希望和善意的社会。

十八世纪时，清王朝第六任皇帝弘历和他的宰相和珅，为了造成十全老人的称谓，把中国社会秩序完全打乱，礼不成礼，诗不成诗。十九世纪，正是中国的大黑暗时代，对一切外来的事物，一概顽强拒绝。末叶，太平天国兴起，又加上国民革命建立中华民国、取消专制，剧变仓促而来，不但天下大乱，民不聊生，全国人民叹息。漫漫长夜，使国人悲哀。二十一世纪，台湾终于进入用投票合法取得政权的时代，是人民用智能练习法治与民主自由的起步。我们理应欢露笑颜。可是，台湾的政治氛围中，理性的思辨，公道的维护，彼此尊重基础下的自由与容忍，却被激愤、诟骂、污蔑、讥讽、粗暴的语言代替了。

俄国在苏联瓦解以后，诺贝尔奖得主索尔仁尼琴滞留美国，有了转变，当初获得诺贝尔奖，追求民主、挣脱专制、争取自由的动力，这时，已经不是他的终极目标。他变成一种新道德规范的道德家，他看到了苏联瓦解以后，人民的痛苦，一个没有规则的社会，正在膨胀。而今，我们虽然还没有面对索尔仁尼琴所面对问题那么严重，然而台湾的民主政治,使我不断地想起索尔仁尼琴。我们什么都有,只是缺少公民意识及普通应该遵守的言行法则。我曾郑重地提出我的建议:当初刘邦大帝革命成功,儒家的学者问他,你可以马上得天下,但能马上治天下吗?刘邦回答说:"不能"。我佩服刘邦是一个有智能的英雄,我不知道他从何知道他的不能,但是他有勇气承认他不能,因为治天下和夺天下,是两码子事,用两套冲突的行事法则和道德规范。我不敢问现在的政务官员:你可以用选票取天下,但你可以用选票治天下吗?因为,我真怕他们轻率地拍案而起,回答说:"能。"

时势转移,刘邦之后两千年,陈水扁以选票取得天下,恐怕他也会承认不能用选票治天下。纸短情长,万思千想:社会和国家,是一个复杂万分的团体,现代的社会,民智已开放,治理它,更百般困难!

脏话的魔咒

我们就是那群土著,面对着全是侮辱女性的脏话,充满羞惧,却束手无策。

我那好旅行的妻子香华,在贝尔格莱德认识一位塞尔维亚的语言学家,他正致力于研究一样东西——各国的脏话。远在东方,我还没听说过有学者做这种研究的,学者研究的是自认为高价值、高标杆的显学。他们会找一家大学教书,快快乐乐地过日子。如果研究左道旁门,那可是自断生路,总不能到大学去教脏话吧?

然而,脏话有它的功能性和代表性,几乎所有的脏话都是"外来语",来自于正常教育管道之外,是一种彻头彻尾的情绪发泄,被称为"骂"或"诟骂",也就是一种语言暴力。语言暴力所造成的伤害,有时候更超过肢体暴力,一句恶毒的脏话骂出去,所造成的深仇大恨,往往如箭入耳,永拔不出,永难忘记。

中世纪时，某葡萄牙公主嫁给英国王子。在新婚之夜，新娘向新郎说的第一个要求，就是："教我说脏话！"这位被皇家小心呵护和天主教严格管教下的可爱女孩，她终于找了一个解放自己，能用脏话宣泄苦闷的世界。

我有一位河南朋友在北京定居，他的两个男孩就读同一学校。平常家里，大家都用乡土语言，可是，等到兄弟二人起了争执，互相开骂攻击的时候，纯正的北京话（台湾称为"国语"）立刻大批出笼，他们父母十分不解。其实很简单，孩子们在家根本听不到脏话，学校是唯一学习的地方，而学校讲的是北京话。如果不用北京话开骂的话，就骂不出话来。这就跟很多在美国的华人家庭一样，孩子们一旦骂脏话，一定使用英文，因为脏话永远属于一种外来的母语。

不过脏话同时也都有它的草根性，在我们河南乡下，我听惯了一些父子们之间的对话。父对子："㑚你娘的！张三怎么把水挑走？"子对父："㑚你娘的！等张三回来，看我揍他。"这一种父子互㑚他娘的场景，只是一种开场白和口头禅，并没有真的乱伦之意，但已够其他省的同学大大地惊讶："你们这么粗野，怎交得上女朋友？"转眼之间，我离开家乡，已六十年，不知道这类的脏话场面还有没有？

二十世纪中叶，听说非洲发生一件事，一个船长带领一群水手，在非洲找到了他们所渴望的宝藏之后，被当地土著俘虏，分别绑在柱子上，准备行刑。船长知道马上就要发生日食，于是向酋长警告说，恶魔将把太阳吞掉，只有他的咒语，才可以救出太阳。而就在这时候，日食开始，天昏地暗。于是船长大声念咒，问题是，他当然不会念咒，而只会骂脏话，这样的，他足足骂了一个小时，最后恶魔终于把太阳吐出。酋长大恐，只好把他们释放。水手们纷纷向船长致敬，不是致敬他的急智救命，而是致敬他骂了一小时的脏话，竟没有一句重复，而且看样子如果再骂一小时，也不会有一句重复。

现在已进入二十一世纪，无论科技、艺术、人文素养，都有一日千里的进步和提升，只有脏话，尤其是中华人的脏话，似乎仍是数千年之久封建社会的老古董，围绕着娘亲、姐妹、女儿的生殖器官，不是

“肏”,就是“奸”,毫不相让。

我们就是那一群土著,生活在船长从不重复的咒语中,羞惧慌张,束手无策。

脏

我进了一家日本人在德国开的咖啡店,清洁得像个冰宫,我大为紧张,身上一百个不舒服,吃了半杯,就踉跄逃走!

那是六十年前的事了,中日战争爆发,我在故乡河南从军,被送到湖北武昌的左旗营房训练,一位安徽同学问我说:“你们河南人是不是从不洗澡?听说河南人一辈子只洗三次:生下来一次,结婚时一次,死后一次!”我那时还不知道这是挖苦话,连忙响应说:“我也这么听说!”预期会挨揍的他,倒愣在那里。后来,我才想通,他是嫌我脏。十年之后,共产党的人民解放军攻陷北京,我来到上海,暂住一位同学家,他娶了一位上海小姐,上海人一向妄自尊大,瞧不起所有的外省人,她问我说:“你们河南人,是不是生下来就有虱子?”我说:“你老公是河南人,怎么不问他?”她说:“这些日子,来我家的河南老乡,人人身上都有虱子。”我说:“什么天生的,穷过了头罢了。”她说:“不见得,有钱的河南人我也见过,好像也都当场抓痒!”我真佩服我当场没哭出来。

但不久,我就不再以生为河南人为憾,发现“脏”,是所有中国人的一项特质。不管你是哪省人,只要你接受的是中华文化,你就会脏。当然,我也曾看到过家里清洁如洗的中国人,不过,我敢赌一块钱,他们准信伊斯兰教,不但家庭如此,寺院也如此,庙宇很少清洁的,至少香烟也把它熏黑了。而所有的清真寺,却无一不整齐清洁。

中华人“吃”的文化,闻名于世,蝎子、粪蛆、脑浆、子宫,除了椅子腿外，什么都吃，可是，却没有发展出吃的文明。日本料理店和中华料理店相邻，最容易使人尖叫。你在日本料理店吃到一半时，如果移驾再到中华料理店，那就好像从寂寞的雪原，跳进驿站的马厩。高声吆喝的猜拳行令虽已不多，但高声呼朋唤友，声震屋瓦的敬酒叙旧，却依然茂盛。跑堂的双手各举一大碗热滚滚的汤，大拇指英勇地插在滚汤里，风驰电掣般踉跄而至，连眉都不皱一下。客人们无不大骇，唯恐恰恰扣到自己头上。

我不知道十世纪以前，中华人住家和现代日本人住家，有没有不同？相信当初是一样的，安史之乱后，日本仍保持中华古文化精华，中国本土却开始堕落，一直堕落到二十世纪，仍没有起色。日本人和中华人杂居的公寓大楼，只要看看门口摆的鞋子，闻闻它们的味道，立刻就可以分别出，那家住的何国人氏。如果鞋子干干净净，整整齐齐，好像商展样品摆在那里，准是日本人。如果是乱七八糟的“臭鞋大阵”，那准是拥有五千年优秀传统文化的中华同胞。即令在远离国土的大都会纽约，也是一样。美国政府对承传“脏”“乱”“吵”“窝里斗”中华文化的“唐人街”，情有独钟。因为，一旦友邦人士来访，美国政府就把他们带到唐人街，教他们开开眼界：连这种不可思议的事物，都被允许在美国国土上生长，说明美国的包容、尊重，和自由。（可惜我们拥有一千年之久的女人缠足文化，竟被自己改革掉。不然，定会更为叫座。）

昨天，我去台北一家很久没有去过的豆浆店，客人虽不多，不多也得挤，不挤，非中华人也。跑堂的小伙计用卫生纸擤鼻涕，卫生纸湿透了，鼻涕流到手上，他在围裙上擦了一下，就伸手包烧饼油条，我惊慌地要阻止他，刚迈一步，踩上稀泥，几乎栽到一个女性同胞的腰窝，她又喊又闹，我已经很多年没有遇到过这种伟大场面了。若干年前，我在慕尼黑，一个人上街吃早点，进了一家日本人开的咖啡店，这两个世界上最讲究清洁的民族，结合在一起，一尘不染的小店，和一尘不染的女店员，简直像一座仙女住的冰宫，我大为紧张，浑身一百个不舒服，只吃了半杯，就踉跄逃走！对中华人，大概这就是一种惩罚！

尊严价更高

我们活要活得尊严，死要死得尊严。没有一个人愿意老年的时候，被人像田鼠一样拖来拖去。

一位被遗弃在养老院的老太太，在院方不断地催促下，老太太要求，让她回家取款。她回家后就在她当初结婚，而且生下并养育一男一女两个孩子的祖传老屋内，悬梁自尽。

另一件事是一位电影导演，以拍“鬼电影”闻名于世。英俊潇洒，成为耀眼明星。卅五年后，前几天，报纸上刊出新闻，他最后因为事业失败，贫病交加，更得了老年痴呆症，被送进养老院，妻子跟他离婚，儿女们从不上门。报上登有这个导演的照片，像龙虾般佝偻成一团，双眼紧闭，面颊深陷，孤独地躺在床上。

这类事件，几乎每天都会发生。读者于酸鼻之余，除了责备儿女不孝和勉励儿女要孝以外，全都束手无策。

廿年前，王晓民事件曾轰动一时，我曾经提议安乐死，王晓民的妈妈也正式要求安乐死，可是正人君子强烈反对，包括内政部长，纷纷前往探望，对记者讲了一堆使人动容的爱心滚滚的话，然后作鸟兽散。廿年后的今天，王晓民的妈妈煎熬中去世，父亲老衰，剩下女儿直挺挺躺在床上。可以预见，他也会先女儿而去。请正人君子告诉我们：那个僵尸，谁来照顾？

人生，永远面对着诡异难测的未来！既不能选择生，也不能选择死；既不能掌握福，也不能掌握祸。唯一可肯定的，大家都在排除万难，去追求“老”，追求不到“老”，是一个悲剧，像早夭或横死。然而即令追求到老，可能也是一个悲剧，像我们前述的老太太、电影导演。

我们希望避免因“老”而可能产生的悲剧，这个责任不应该全部放在儿女的身上,有些儿女弃养,有严肃的原因,像父母先行弃养,或父母过度暴虐。然而,大多数都是因为贫穷,这是一个应该正视的问题。必须由政府承担起养活广大的曾经把他们的青春,奉献给国家的国民,政府不应该因为他们老,而眼睁睁看着他们惨死。

政府应该立即立法,使全国国民从就业那一天开始,就强制扣除薪俸百分之若干,作为老年时的公积金,就业单位也应该拿出相当数目,共同储存,当国民老的时候(不是死的时候),作自己的安养费,这个建议是效法日本:自己养自己。我,柏杨这一代,就让我们自生自灭吧,但像读者先生女士这一代,就跟苏联国会议员修监狱一样,必须要有这种远见,绝不可以希望别人养你。

生命诚可贵,尊严价更高。我们活要活得尊严,死要死得尊严。没有一个人愿意老年的时候,被人像田鼠一样拖来拖去。有些人看到这种凄惨情形,表面上一脸慈悲,心里却在欢呼上天给他表演慈悲的机会。历史上有位皇帝,在一场兵变中浑身枪孔,从床下爬出来,向宫女们叩头哀号,求把自己砍死,宫女不忍看他的痛苦和羞辱,只好从命。不知道正人君子对这些宫女,是反对?还是肯定?

反对安乐死最大的理由是预防谋杀。然而保险业更容易使亲人兴起杀机,为什么不废除保险?我们要求:一个人在神志清醒时,经过法院见证,在将来日子,他就有权拒绝急救、拒绝老年痴呆、拒绝瘫痪;他就有权要求在尊严中逝世。

可喜双奖

感谢上天,在人生艰难的途中,赐给我双桨。

三十年前,二十世纪六十年代,我得了一项大奖,三十年后,二十一世纪初,我又得了一项大奖。

六十年代得的大奖是:被台湾警备总司令部,用唯一的死刑条款,要军事法庭把我处决。我在报纸上写专栏,追求言论自由,早被蒋家父子政府不满,但真到被押上军事法庭,才知道事态严重至此。幸遇孙观汉先生在海外多次营救,稍后虽改判有期徒刑十二年,但仍然是一项大奖,家破人散。十二年是一个够长的时间,足够我安静地阅读和沉思。我曾认为中国文化是一个沉淀、腐化力极强的酱缸,大受爱国专家谴责。现在,再度整理史籍,我更发现中国文化的基因里,一开始就缺少人权思想,从没有人权素养。像儒家大师歌颂的尧舜禹汤,以及文王武王,被尊敬的盛世,根据史料,都恰恰相反。这项发现,使我像在皇帝御床黄绫被下发现一条眼镜蛇一样,惊慌失措。

二十一世纪初得的大奖是:全球中华文化艺术奖中的中华文艺奖。它给我的营养是直接的。不像六十年代那项大奖,有那么多难以消化的曲折。入狱之前二十年中,我出版过二十部散文、两部报告文学、七部小说、两部另类小说、一部童话。

出狱之后,又出版了七部散文和一部诗集。报告这些,不是沾沾自喜,只是说明我确实是一个写作人。

然而,出狱后二十年间,前十年从事历史著作,后十年从事人权教育。唐德刚先生说的“中国从前千年不变,如今一年千变”的时代,泰山压顶般,压到人们头上。飞奔中的社会结构,时间不能累积,人们认为一切都从自己开端。社会跟电影院一样,不断换片,一年岂止千变,昨日之事,今日已成千古。我虽然仍以写作人自居。我的名片也从没有印过职衔,但写作人身份已逐渐模糊,逐渐被其他身份代替。去年,一个文艺社团举办老作家重阳聚会,就忘了我,当主办人提醒补寄一份邀请函时,承办小姐失笑说:“柏杨什么时候和写作扯上关系的?”

后来,主办人告诉我:那位小姐除了知道柏杨坐过牢,还知道柏杨在什么岛上盖了一座碑外,其他,什么都不知道。

感激这项大奖,使我如梦初醒,重翻三十年前的旧作,真是“一字一情一惆然”!

多少年来,我一直是单桨划船。二十一世纪初这项大奖,唤起我重拾闲在一旁的另一只文学的桨。希望在艰难的人生道路上,能走得更远,能帮助更多比我走得更艰难的朋友!

天真是一种动力

我们这个伟大的时代,就建立在每个人都有天真的梦之上。

回忆七十年前"九一八"事变时,我才十一岁。老师向我们说到国家危如累卵,全班小朋友在下面哭成一团。那时候我还不知道什么是国家,但我知道我们就要大祸临头!

这样一路下来,从孩提到青年、壮年、中年,当过兵、拥护过"英明的领袖"、献身过"党国",然后,我认识了民主,再献身给民主。但我的内心一直是十一岁的我,整天为国家担心、为领袖担心,我们把国家爱入骨髓,我们不辜负国家;我们把领袖爱入骨髓,我们愿意为他死,到处为他辩护,渴望他好。我们求的是什么?只不过希望世界太平,不被欺凌,不受饥寒,再多少有点尊严,如此而已。

我们不过是从事文字工作的一小撮天真的文化人,最多不过是一些微不足道的早起的虫儿——被"早起的鸟儿"吃掉的"早起的虫儿",就在追求言论自由、写作自由、揭发社会黑暗面,认为可以帮助我们国家和领袖,维护正义的时候,我们犯了大错:"愚而好自用,贱而好自专。"早起虫儿之一的我,被我最崇敬的英明领袖的政府逮捕,以唯一死刑起诉,要求枪决。感谢上天,在岛内外朋友营救之下,最后终于软禁军营。

在军法处看守所被羁押的日子,监狱外面就是农田,常听到种田的老农们向他的朋友指指点点地介绍说:"里面关的都是老天真,他们梦想什么民主!"是的,老天真;是的,我们在做梦。一个有梦的人，不见得会成真；但一个连梦都没有的人，就更无从成真。天真——天真的理念、天真的盼望、天真的努力、天真的执着，是一种动力。我们这个伟大的时代，就建立在每个人都有天真的梦之上。

肯尼迪在总统就职演说上，曾经呼吁他的国民："你们不要问国家能为你们做什么，而要问自己能为国家做什么？"我们羡慕美国政府确实为人民做了很多事，但在中国的我们这一代，为国家所做的太多了。我们有权要问："国家，你为你的人民做了什么？"

终于，我们所有对国家的贡献，在二十世纪末叶和二十一世纪之初，使台湾发生巨变。民主政治迫使鸟儿从嘴里吐出我们这些被咽下肚子的"早起的虫儿"，然而，有些虫儿已伏尸刑场，有些虫儿已病死牢房。只有最幸运的一些虫儿，仍活在人世，我正是这群残存的幸运者之一，重回到从前的岗位，继续创作。从文学到历史，从历史到人权教育，唯一的遗憾事，我恐怕回馈国家的时间太短。

"行政院文化奖"是台湾最高的荣誉，可望而不可即。最初通知我得到这个最高荣誉时，我根本不相信，因为这是不可能的。噩运从我出生那天就抓住我，播弄翻腾，从不松手。直到今天，从我站在台上接受奖章这个事实看来，这项荣誉的确真实，我充满感动！

我亲眼看到政府为它所属人民所做的事，感谢"行政长官"主持这项授奖典礼，肯定我的努力。感谢全体评议委员，他们不但给我嘉许，而且是高度的嘉许；感谢一同从事奋斗的朋友；感谢人权教育基金会的全体董事；感谢我的妻子张香华二十年来对我的帮助；更感谢我所有的读者，以及这个曙光初现、充满更多天真挑战的时代！

【附　录】

柏杨:历史峡谷中的“渡客”精神

潘耀明

柏杨的经历、思想与著作,体现了一种知识分子的正气与精神,这就是中国处于“历史三峡”中所必须的智勇兼备的“渡客”精神。

香港大学亚洲研究中心上月(1999年6月)举办了“柏杨思想与文学国际学术研讨会”。香港的高等学府为一个外地作家举办一次学术研讨会,是罕见的。柏杨的经历和著作,相当程度上反映了中国社会的悲喜转换,具有深刻的意义。著名史学家唐德刚的主题演讲《三峡舟中的一出悲喜闹剧——对名作家柏杨生平的个案透视》,引起会场内外强烈的反响。

读破柏杨这部大书,谈何容易,而且唐德刚教授还把柏杨这个时人及其著作,放在中国今天的历史和未来的历史、今天的时代和未来的时代的大框架上去考量,俱见学养和胆识。

柏杨确实不是花拳绣腿的明星作家,也不是金光灿烂的院士博士,而是一个在学院之外进行野战的游击战士。但他的思想与著作却在中国产生巨大影响,连专治史学的唐德刚教授也衷心钦佩。毋庸置疑,柏杨的诞生,具有时代的意义。柏杨的经历、思想与著作,体现了一种知识分子的正气与精神,这就是中国处于“历史三峡”(从专制向民主大转型)中所必须的智勇兼备的“渡客”精神;这是一种在风浪中敢于独驾孤舟前行的精神;这是一种敢于对专制权力说真话的精神;这是一种对于阻碍历史舟楫的文化顽强症和文化积习敢于展开批判的精神;这是一种献身学术文化而又不以学术文化明哲保身的勇士精神;这是中国从黑暗走向光明、从历史专制走向民主、从封建王朝走向现代文明的历史转折中最宝贵的精神。

历史峡谷中的道路注定不是平坦的。转折与过渡中随时都有风险。一百多年来,为了实现中国的转型,已有无数仁人志士抛头颅洒热血,更有无数知识分子演出惨烈的悲剧。时代的严酷使许多人害怕,使许多人消沉、麻木、投机、弄虚作假,这群知识人便是大浪淘沙中留下的精英。在布满风险的转型时代中,躲在象牙塔内是比较安全的,但柏杨不当这种聪明人,他选择走向风沙扑面的莽莽原野。这种大无畏的精神,需要自学,需要一个字一个字阅读、领悟、积累的硬功夫,更需要有胆、有识,牢房的铁壁不是那么好受的,但必须有为真理而不怕把牢底坐穿的精神。柏杨这一个别景观提供给我们的启示,是在处于艰难的历史过渡中,中国最需要的知识分子不是卖弄学问的知识分子,而是有学、有胆、有良心、有关怀的知识分子。

香港大学亚洲研究中心此次主办"柏杨思想与文学国际学术研讨会",把学术投向社会,把眼光投向学院之外更广阔的天地,表现出香港知识分子的一种新的文化情怀,这是可喜可贺的。为此,《明报月刊》特辟专题给予助兴,并借此向柏杨先生以及一切关心中国、"舍身求法"(鲁迅语)的知识界朋友致以深深的敬意。

经过长夜痛哭的人

欧银钏

柏杨认为,他比鲁迅还好,因为他是鲁迅之后的人,他站在鲁迅的肩膀上看事情,可以看得更高更远。

有人争议:柏杨比鲁迅尖酸刻薄,作品中缺少爱。事实上,没有经过长夜痛哭的人,无法体会那个年代必须用这种极端的办法来表达。现在是重拾柏杨杂文精神的时候了。香港大学亚洲研究中心在香港召开为期两天的“柏杨思想与文学国际学术研讨会”,中外学者齐聚香港,探讨柏杨的一生。

与会学者讨论尖锐而热烈,柏杨的“酱缸文化”和鲁迅的“阿Q精神”相比,谁对老百姓的爱比较多?柏杨从爱国青年到批蒋介石、蒋经国父子,从称颂华侨,到写作《丑陋的中国人》,思想是否前后不一贯?他的小说在文学史书写中被忽略了?都成为争议焦点。两岸三地学者将柏杨和鲁迅相比,美国匹兹堡大学教授彼得罗夫则将柏杨比喻为苏俄的索尔仁尼琴。

站在鲁迅的肩膀上看事情

年近八十岁的柏杨现任台湾人权教育基金会董事长,他经历过台湾的白色恐怖时期,曾在监狱被关过九年零二十六天。当他应大会邀请发表感言时,缓缓站起来说:“我还活着!”全场为他起立致敬。

柏杨也特别感谢香港大学以开阔的胸襟,向他这位学术界的游击战士,伸出双手,扩展了学院派的范围。

在两天的研讨过程中,柏杨与鲁迅多次被相提并论。香港评论家璧华批评柏杨对老百姓的爱不像鲁迅那么深。香港作家曹捷则表示“有人争议:柏杨比鲁迅尖酸刻薄,作品中缺少爱。事实上,没有经过长夜痛哭的人,无法体会那个年代必须用这种极端的办法来表达。而柏杨正是经过长夜痛哭的人。现在是重拾柏杨杂文精神的时候了。这个年代,中国面临的,不只是历史学家唐德刚所说的三峡的险恶,而是唐三藏西域取经中,所遇到的九九八十一个劫难。”

《明报月刊》总编辑潘耀明表示,早年鲁迅诊出中国国民性格中的阿Q精神,使中国人有所警惕。现在,柏杨诊出中国文化中的“酱缸文化”,正是为了抢救年迈体衰的中国老人文化,希望新一代能从文化的酱缸中跳出来。这正是柏杨外冷内热的心态,而且从中可以感受到柏杨的爱比鲁迅强烈。

对于评论者把柏杨和鲁迅相比,柏杨说,之前,大陆也曾有人把他比喻成鲁迅。他个人认为,他比鲁迅更好,因为他是鲁迅之后的人,他站在鲁迅的肩膀上看事情,因此可以看得更高更远。同样的道理,将来也会有人比柏杨更好,因为将来的人是站在柏杨的肩膀上看事情。每个时代都有那个时代的思维及表现。

寻找"小说家柏杨"

会议中,多位学者呼吁应重视柏杨的小说。目前在美国德州大学奥斯汀分校东亚系博士班的评论家应凤凰发表《柏杨五十年代小说与战后台湾文学史》论文指出:"柏杨小说风格在于其中所蕴藏的批判性。我们认为,五十年代的写实小说,如柏杨的《挣扎》等作品,是明显被忽略的一类。"她呼吁:在更多资料出土的九十年代,例如柏杨五十年代小说的重编与出版,实在值得有心的文学史家重新阅读与评估。柏杨小说大半完成于五十年代,与同期作家相比,质与量都不逊色。引人注意的是,目前文学史的书写,只有"杂文作家柏杨",而没有"小说家柏杨"。

柏杨的思想前后不一?香港公开大学人文社科院副教授杨静刚说:"柏杨在他的杂文中,把中国文化说成是'酱缸文化',什么东西到酱缸里一泡,都会受到污染;又在 1985 年出版的《丑陋的中国人》中,把中国人描写成极度丑陋的民族。没想到在早期的作品中,他却说华侨是可爱的,并且有着中华民族特有的刻苦耐劳精神。在 1982 年出版的《金三角 · 荒城》中,他也关心到中华文化的复兴问题,说明中华文化并不完全是负面的'酱缸文化',其中也有可复兴的地方。到底是什么原因使柏杨先生有这个思想上的改变?"

也有与会人士质疑柏杨从早年誓死拥蒋的热血青年到后来批蒋,思想上是否也前后不一?至于《异域》是小说还是报导文学,也多所争议。被大会评为论文冠军的台湾东吴大学讲师张堂奇表示:"《异域》可以说是一本奇书,随着作品的畅销,发挥了广远的影响。

我们对这本书的定性,也只能说它较接近于'新新闻学'的写作方式,是一种'非虚构小说',而难以径称其为报导文学。"

在激烈的两天讨论之后,柏杨应大会邀请发表感言并且回答问题。以杂文闻名的柏杨亲耳听见多位学者肯定他的小说,十分感动。柏杨对与会学者表示:"谢谢大家对我的研究,尤其是今天有多位学者肯定我的小说,这是让我分外感动的。一直以来,大家都注意我的杂文,我的小说因此显得格外寂寞。连我的妻子张香华也觉得我的小说不好,有一次她在车上和她的朋友批评我的小说,气得我把车停在路边,请她们下车。谢谢大家肯定我的小说。"

至于思想的一贯性,柏杨表示,没有人是一生下来就立刻能建立完整的思想体系,而且始终如一。因为,生命的历程与挣扎,会慢慢地改变人的思考。就像一棵树一样,从种子发芽,到长成大树,开花、结果,每一个时刻,都是一个生命旅程。他在这趟旅程中,以杂文、小说和诗,记述了心里的声音。柏杨谢谢大家的研究,今后,他将消化学者们的智慧,继续努力。柏杨的诚恳感言和释疑,两度让全场感动,起立致敬。

会后有记者问柏杨曾批评中国人丑陋,现在经过好长一段时间,中国人进步了吗?柏杨笑说:"要进步很难,这是文化导致的。"不过,如果倡导诚实文化,以诚实做基础,提倡尊严、尊重、包容、理性,远离传统的"谎言文化",就是一个进步的开始。

三峡舟中的一出悲喜闹剧

——对名作家柏杨生平的个案透视

唐德刚

郭衣洞坐了九年大牢,居然坐出个杰出的历史学家和桂冠诗人来。坐国民党的牢,还可读史书……竟完成三大部可贵的通史参考书……柏杨这三部书……职业史学家可能又有其评头品足之处了,但是你如悟解出三部书皆成于牢中,你就大惊失色了。

作为一个职业史学工作者,从大学时代开始,笔者便一直坚信一部中国近代史便是一部近代中国政治社会文化的“转型史”。

在政治制度上,我们要从三千年未变的帝王专制制度,“转”向今后三千年也不会有本质上变动的民主政治制度。这是个历史上的必然,是任何人都不能逆转的历史上的必然。只是这个转型运动,有两个严重的属性:一、它是一转百转的。这种政治制度一旦转变,其他社会文化制度,也随之转变,随之或前或后作不同速度的转变,以相配合。二、从帝制到民治的转变,需时至少二百年。同时这项转型,不是我国文化中自动发生的,它是在西方强势文化挑战之下,被迫发动的,发动的契机便是鸦片战争。这项转变既经发动,它就强迫了我们千年不变的文明,走上大动荡时代。这民主进程可能要延续至两百年之久。换言之,就从1840年前后,一直延长至下一世纪2040年代,中国才会恢复成为世界上一个超级强权的民主大国!这两百年,笔者姑名之曰“历史三峡”。

历史三峡中渡峡的英雄好汉

这个历史三峡是惊涛骇浪的,通过这个三峡的亿万渡客,在惊涛骇浪之中,浪打船翻,也是死人如麻的。因此今日在座的听众,和不在座的读者,也都是三峡中的渡客。今年六十岁以下的渡客,或可在四十年后,享受点民主中国的盛世;六十以上的人就只有在峡中,度其余生了。

在我们这些亿万的客群中,当然多是名儒硕彦和英雄好汉。但是三峡不是桃花源。通过这一惊涛骇浪,几人欢喜几人愁,纵是天大的英雄,每人也各有一本难念经。本文的主旨,便是想翻翻当代名家柏杨——郭衣洞先生那本难念的经,做点个案研究,见微知著,利用微观史学的法则,看看这位作家在历史舞台上所表演的一场极其精彩的悲喜闹剧。一叶知秋,这一时代的文化转型史的实况,吾人由于对柏杨的探讨,或可略窥其余。

柏杨的生平,在他呱呱坠地之日始,便构成传统中国社会里一宗标准化的形象——他是受“晚娘”虐待的一个小孤儿:“晚娘”是我国传统社会里一桩极可怕,却最标准的一种“建制”。传统中国由于医药落后,产妇死亡率之高是惊人的,产妇既死而留下幸存的孤儿,纵在富厚、富贵之家,这无母孤儿也是人间之至惨也。如果这孤儿又家境贫寒,再加泼辣的晚娘,那这小动物的可悲,就连禽兽也不如了。

最惨的还是他的天真无知和无告,其终生不灭的心灵上所受的创伤,实百十倍于体质上所受的虐待。这种可怜的小动物,在中国传统社会里的数量,应该以“万”为基数吧。三千年来他们在中国社会上一波一波地出现,未稍息也——想不到郭衣洞——柏杨,这位不世出的名作家竟然是这样一个“小动物”的出身。他在晚年竟以最生动的笔墨,把这宗极可悲的社会惨剧描写出来。吾翻阅《柏杨回忆录》(也是一部中文的《块肉余生记》吧)至此,而掩卷不忍卒读,甚至情难自已,而凄然垂涕。吾非为柏杨个人悲,我为中国社会上、历史上,千千万万无知无告的小动物而垂涕也。个人不学,不知《四库总目》中,亦可查出若干类似著作否?如果没有,那么柏杨也就是这类千千万万无知无告的小动物唯一的历史学家和发言人了。柏杨自己可能尚无此自觉也;他的“亲柏”、“反柏”两大读者集团,可能亦未见及此也。但这却是中国传统社会里,任谁也否定不了的一桩社会史实;未经过社会史家详细著录的社会史实,而柏杨著录之也。

柏杨晚年曾有名著:《丑陋的中国人》,这就是一本常人所不为,不敢为,也不愿为,而却有高度说服性的名著。你我在柏杨的眼光里,都是丑陋不堪的“丑陋的中国人”。我们这十数亿华裔同胞里很多英雄好汉,都自觉甚美。其实我们也确是一批柏杨所谓“酱缸文化”泡出来的狗熊、坏汉,其丑无比。

然余细读德国汉学家周裕耕博士(Dr. Jurgen Ritter)的博士论文的汉译本《酱缸》(墨勤译,1989年,台北林白出版社出版),不无感慨。不才亦尝为博士导师,而面对此以柏杨主义为理论基础的博士论文,将如何置评呢?鸡蛋里找骨头,小问题挑剔不尽也。但是涉及它的基本问题,柏杨所提的"酱缸文明"中,丑陋的一面,难道不是事实?

"酱缸"中国人无专利权

我们这些写历史的,尤其是博士生导师们,对柏杨主义和由它引申的博士论文,有没有若干评语、批语呢?这是任何博士论文都免不了的一关。

首先,周裕耕这篇博士论文最大的缺点便是他未能掌握好比较史学的法则。柏杨所揭发的"酱缸文明",是否是中国文明所独有呢?西方固有文明,是否也是个"酱缸"呢?我们这些教授世界史和比较文化史的教师,所能提出的粗浅的答案,是中国史家对这个大"酱缸"无专利权。历史的发展是有其阶段性的。站在"现代阶段"这一高坡之上,回看过去历史,则世界各民族的传统文化,无一而非酱缸也。

先看看所谓"西方"。古希腊罗马那个残酷的"奴隶制",就是个大酱缸。这个大酱缸,在我国社会发展史上,反而没有。我们有少数奴隶(slaves)而无奴隶制(slavery)。两相比较,我们的酱缸还是个"比较好的制度"呢!

再看看中古西方。文艺复兴史家,叫它做"大黑暗时代"。那个万能的上帝在大黑暗时代所制造的酱缸,也远比我们皇帝造的酱缸,污染更甚呢!

重复一句,站在"现代文明"这个立场,回看"古代文明"和"中古文明",则没有哪个"民族文化"不是个大酱缸。今日我们这个亚非拉第三世界之可悲,便是我们把"中古文明"给无限期延长了,我们至今还没有完全进入这个“现代文明”的阶段。柏杨他老人家，今日是站在“现代西方文明”这个高坡上，回看还没有完全摆脱中古文明的中国传统文明，则我们的传统文明就是个大酱缸了。

西方白种人的神气是他们摆脱“中古文明”已将五百年了。而我们今日还在中古文明的边缘打转，怎能不令语重心长，恨铁不成钢的柏杨先生生气呢？周裕耕博士没把柏杨思想搞通，而误以为中国传统文明是次等文明，是酱缸文明，只有基督教文明才是上等文明，才是救人救世的文明。搞历史不知社会发展有其阶段性，搞比较史学，不知分阶段比较，而囫囵吞枣地比较之，那么博士论文就要发还重作了？

国共两党的此起彼伏，近百年来中华民族命运的波翻浪滚，自有其转型的宏观历史在。

像柏杨这种誓死拥蒋的热血青年，撤至台湾之后，思想逐渐成熟，回首大陆上溃败往事，痛定思痛，难得糊涂，窥破了独裁者的真面目，由誓死拥蒋，转而讥刺反蒋，终被捉将里去，判了死刑，几遭不测。

柏杨这桩冤狱，这个个案，是个特殊例子吗？

非也，朋友，它是个“公式”——一个专制政权杀人的公式。

郭衣洞坐了九年大牢，居然坐出个杰出的历史学家和桂冠诗人来。坐国民党的牢，还可读史书，作札记，著书出版，竟完成三大部可贵的通史参考书。

在狱中写成的三大部通史参考书

柏杨这三部书（《中国历史年表》《中国帝王皇后亲王公主世系录》《中国人史纲》），职业史学家可能又有其评头品足之处了。但是你如悟解出三部书皆成于牢中（实在应该列入吉尼斯纪录），你就大惊失色了。我们不妨再去翻翻《四库总目》，看看有几本汉语著述，成于牢中？不学如愚，尚未发现呢！再看西文著述《马可·波罗游记》似乎可以相比，但那是成书于战俘营。战俘营并不是监牢。再者马可·波罗所写的只是一部“口述历史”,一个脑袋一张嘴,半系记忆,半系胡吹,用不着一本参考书,不像柏杨之作,需要大量参考书,而一部廿五史就有八百本之多,胡适之先生说:“只有你自己写下来的知识,才是你自己的知识。”笔者读史数十年,对这句话真有切身的感受,所以也服膺终生。

写工具书的人,每为自大而浅薄的史家所窃笑。但是你要知道,只有你自己写下的知识,才是你自己的知识,你才知道写工具书者之可羡可敬。因这是治史学的“基本功”。由博始能返约。对汉唐宋明清的基本史实,一知半解,而奢谈是某专题某专题的专家,吾,知其不足论也。不信可去和柏杨盘盘道,啥是“七国之争”?啥是“八王之乱”?不是信口开河,便是出口便错。柏杨是我好友同行,但我对“七国之争”、“八王之乱”这类基本史实,在柏杨面前,只敢请益,不敢盘道。原因便是:人家有“写下来的自己的知识”。我有些啥呢?我知道,我们同行中,就有人不服这口气。硬要说,柏杨是啥鸟历史学家呢?心怀这种不平的大师们,其实是头巾气的成见在作祟。学问比我大,胆子比我更大的罢了。道是同样盘不得的。

从作家明星到史学学究

当然为写工具书而写工具书,往往难免作茧自缚,陷入学术技工的框框。但是,柏杨亦自有其反传统的酱缸哲学的一家之言。你说他偏激,朋友,著书牢中,你还要他心平气和呀?在杨朱墨翟之言遍天下的时候,大谈仲尼之说,也是一种偏激之言。

只要言之成理,偏激何伤哉?不同意他的话,驳他个体无完肤嘛,如果不同意他的观点就把他关起来,那就是法西斯了。搞民主要有“我不同意你的话,但我尊重你有说话的自由”的雅量才行。

余初读柏杨狱中书便大感兴趣。盖柏杨明星作家也。惯以巧语惑世,而名满天下。孰知陷入文字狱,被捉将官里去,他竟能摇身一变,变成个历史学究来。吾不禁在三峡舟中的观众席上,大鼓其掌,而连声叫好。何也？盖明星作家者，明星也。天上明星固然千年不变；地上明星，终会人老珠黄。

余于战后观“梅剧”，见梅兰芳先生以六十老翁之身，在舞台上自称“奴家十八”，曾引起哄堂大笑。人老珠黄虽梅郎不能免，况其他明星乎？

明星防老之术，就是不要怕老。要从妖冶明星，摇身一变，变成个老学究；戴上老花眼镜，翻线装书，然后哼哼唧唧，显出道骨仙风，那就愈老愈靓了。

余尝恭维张学良将军赵夫人曰：“没有夫人的善加护持，少帅活不到如此高龄呢。”夫人谦逊曰：“哪里是我的功劳？蒋哩。”换言之，若不是蒋公把他关了五十年，那位吃喝嫖赌成性的张少帅，恐怕早就“蒙主恩召”了。

柏老郭衣洞先生也正是如此。若不是蒋关他个十年，他那派花言巧语，还能说多久？最后如说出个“奴家十八”来，岂不糟糕？柏老毕竟是文曲星下凡。正在那需要摇身一变之时，他就被小蒋先生关了起来。朋友，读破万卷书，做个老学究，可是好变的？三更灯火五更鸡，需要“十载寒窗”呢！小蒋先生是可人，他知道柏杨有此需要，而把他整整地关了十年，就关出个院士级的学究了。

胡三省后第一人

现在我们就可以谈谈“十年通鉴”时代的晚年柏杨了。我尝为《柏杨版资治通鉴》打边鼓说，胡适、梁启超和李敖，都曾为现代大中学生开列国学必读书，洋洋数十种的“书目”。若有人焉，也要我开个类似的“书目”，那我就“一书定天下”：《资治通鉴》。看不懂原文，那就看柏杨版白话通鉴。凭良心，我不是为柏老溜须，我是自初中时代起，已说了数十年。原因是作为一个现代中国知识分子，如想对中国固有文明，知道点大略，实际而可行的工作，便是读一部《资治通鉴》。

为什么呢？原来《资治通鉴》便是一部按年编选的中国古典文学名著的大“文摘”，掌握了这部书，不特千年国史如在掌中，其他一切古典文史名著，皆可触类旁通。足下如也有胡适所说的“读书习惯”，害病也要看书，那就有条理地触类旁通之。真能如此，乖乖，那就不得了也！曾国藩说：“得富贵如登高山，不知身之自高了。”搞党做官如此，为学亦然也。今次圣诞节，笔者收到沙坪老同学、经济学家陈修明兄寄来的一张贺年片，上面写了一句话：“退休后总算做了一件大事，我把柏杨的《通鉴》读完了。”愚得卡大惊，自思以后和修明吹牛，谈到“八王之乱”、“七国之争”，别出岔！我对读者陈修明尚有此钦羡之心；我对译者郭衣洞，敢不毕恭毕敬！

朋友，读书为学，是硬邦邦的死功夫，老而弥健；他与花拳绣腿的明星作家，和金光灿烂的院士博士，不一定是同一类动物呢。所以笔者便不时向柏杨说，古往今来，把《资治通鉴》这部巨著一个字一个字（注意“一个字，一个字”）的细读无数遍，再把它“写下来变成自己的知识”的傻子，足下恐怕是胡三省以后的第一人了——对这种下过“乌龟功”（一个字一个字上爬过去）的人，我辈“跳高栏”（看不懂，不愿看就一跃而过之）的读者，能不脱帽致敬？

柏杨从其极端反传统立论，与司马光的“臣光曰”唱对台戏，而大搞其“柏杨曰”，传统遗老中衣冠之士、卫道门徒，对他可说是深恶痛绝。柏老虽以“匪谍”之罪入狱，激进的左翼权威，对他也如见蛇蝎。极左极右两派都要把他斗垮斗臭！而柏杨至今才名未减，仍是读者如云。何也？君不见距今两千年之柏杨王充乎。王充著《论衡》，由于立论诡异，卫道之士衔之入骨，诸代帝王亦历申严论，列为禁书，而《论衡》如故。清乾隆时修《四库全书》，纪晓岚始为其平反说：“终因好之者众，未能废也。”

人民的眼睛是雪亮的；读者自有公论。

柏杨，柏杨，这就是你在文化转型史上的牌位！

柏杨:非贵族的知识分子

〔德〕周裕耕

我没有西方价值,也没有中国价值,我有的是绿岛价值。

一、导言

若说,柏杨思想和价值观在“酱缸文化”这个概念中充分表现出来,应无异议。这个六十年代里在柏杨的“杂文阶段”发明出来的概念,到了1985年借《丑陋的中国人》重新获得发挥,可以说明,柏杨的主导思想和基本观念在这个时间内是一贯的,没有根本上的变化。

另一方面,让柏杨创造这个概念的六十年代的政治及社会环境,早已过去了,不得不承认,今天的台湾和今天的大陆跟六十年代的台湾和大陆似乎是无法比较的,非同日可语的了。

这样,若以柏杨思想的一贯性与中国近十年来政治上的、社会上的、经济上的发展对比的话,就出现一种矛盾的现象,自然也会引起如下的问题:

柏杨的观念和文化批评是否过时?柏杨是否跟不上中国社会突飞猛进的步骤?他的思想是否无法反映目前中国政治文化的情况?甚至:柏杨是否无的放矢?

本文拟以柏杨思想和六十年代及八十、九十年代台湾和大陆政治环境及思潮为对象,就上述问题略作探讨。

二 五四时期反传统与六十年代柏杨文化批评:老调重弹?

柏杨的文化批评本来出于他对六十年代日常时事的观察,最初好像并没有这么紧密的“理论系统”。零碎的社会弊端引起他一针见血讽刺的反应。所以,早期的杂文虽然已经表现出一种“逆流”的思想,而且也是由于这个缘故受老百姓的欢迎,但真正启蒙作用应该是从其“杂文阶段”晚期开始的。《柏杨随笔》第九辑的书名似乎同时也是一种号召及呼吁:《猛撞酱缸集》。其中收有柏杨从一九六七年五月十九日至同年九月八日所写的杂文。与其他杂文集相比,这本集子中更精要地表露出柏杨的关心之处及其对中国传统文化的“猛撞”。通过他明显的反传统,反儒家思想的观念,柏杨对六十年代台湾日常生活所提出的不满历史化、概念化、理论化。譬如说:

夫酱缸者,侵蚀力极强的混沌而封建的社会也。也就是一种奴才政治、畸形道德、个体人生观和势利眼主义,长期的斫丧,使中国人的灵性僵化,和国民品质堕落的社会。

凡阻碍他眼中现代化的现象或不符合现代生活的“落后思想”,都变成柏杨批评的对象,然后再问其成因,回溯历史,而发展出他对中国文化的看法。《猛撞酱缸集》各篇主题互有关联,有一些文章甚至自成系统,互为根据。“酱缸文化”这个概念,就等于包罗万象的总结及归纳。不管是男女不平等、社会上的尊卑观念、对权势绝对崇拜,还是传统知识分子的“帮凶”作用、“明哲保身”的思想、不独立思考,等等,都形成思想上的负担和社会发展的绊脚石。柏杨那时候虽然对“现代化”没有下确切的定义,而且没有提出民主、人权两个概念,但是从他的批评可以看得出来:现代化不限于物质生活而包括精神发展。其次,他所诉求的改革和变化都构成民主人权思想和实践的具体内容。

当然,他的“反古”、“反儒”观念不能避免引起一种“似曾相识”的感觉。拙著《酱缸:柏杨文化批评》已分析柏杨与“五四”运动时期文化批评结构上的和内容上的相似处。在此不详提。但跟本文所探讨的话题,即柏杨是否过时?还是有一种密切的关联,因为当时自然也出现类似的疑问:为什么要重提旧事?拙著的答案可以归类如下。

六十年代的柏杨跟“五四”运动时期的陈独秀(1879—1942)、鲁迅(周树人,1881—1936)、胡适(1891—1961)、吴虞(吴姬傅,1872—1942)、钱玄同(钱夏,1887—1939)等“打倒孔家店”的知识分子所要面对的问题显然基本上没有改变,即:中国人为什么处处都比不上西方国家或现代化的日本?中国为什么还是老样子?

隔五十年面对同样问题似乎可以说明客观社会条件处于停顿中。但是不能解释这种停顿的由来。其实,若考虑到当时(一十至三十年代)“百花齐放”的气氛和种种可能的发展趋势,说“停顿”似乎用词不当。应该说,是政治、社会、意识形态上斗争的一个结果,也是国民党内演变的结果。像 Mary C. Wright(1917—　)所指出:

国民党立场全面的转变是 1924 年与 1928 年间发生的,而这个转变是由蒋介石带领的。

根据 Mary C. Wright 一文的分析可以推论,一直到 1928 年左右国民党大部分还以反儒和反传统为其政策及思想一个主要支柱,而国民党的回归到传统文化及儒家伦理与蒋介石在党里地位的擢升又密切关联。在他领导下,国民党在意识形态上放弃了扮演“革命矛头”的角色,变成“重建秩序的工具”。一个复兴儒教的积极行动,其中尤其强调儒家思想中的反民主成分,更支持了这个新任务。这个大转变在 1934 年蒋介石(1887—1975)提倡的“新生活运动”中达到高峰。其中打算从上向人民灌输道德价值观念和德行,并号称这些可以用来解决一切国家、社会问题,是注定要失败的尝试。虽然对新生活运动的社会作用不应该评价过高,然而,在某些方面它可以代表一个重要的阶段:儒家的价值标准礼、义、廉、耻重新成为宣传的重心,也成为国家重建和蒋介石统治的意识形态基础。

内战军事失败以后,国民党自身经过的和在社会上推动的“传统化”在台湾得以继续,等到六十年代也受到跟世纪初类似的挑战。

总之,由蒋介石率领国民党的转变使五十年前中国的社会环境,譬如占支配地位的伦理标准和政治秩序原则,在六十年代的台湾重现,接着引发与当时相似的反抗和批评。社会客观情况有所重复的话,就引发批评的重演,而柏杨批评传统文化的同时意味着对蒋介石政权意识形态基础的间接攻击。

这是我十几年前的结论。为了了解柏杨于六十年代所提出的论点为什么让人联想到"五四"时期文化批评和新文化运动,拙著不得不着重指出其相似之处及其可能的由来。其中就忽略了柏杨与那时知识分子之间及二十年代中国大陆与六十年代台湾的重要区别,在此借机补充。

本人认为,一个既明显又影响深刻的差别在于社会结构的不同。二十世纪初的中国大陆在各方面均可以称为农业社会。不但人口比率上农民约占百分之八十,而且由于幅员广大、战乱、贫穷等因素,一般教育水准偏低,文盲率高达百分之八十。这种社会情况和教育环境对当时的知识分子在社会上扮演或可以扮演什么样的角色有必然的和决定性的影响。当时先进思想家、作家、教育家等等虽然大部分均主张教育普及,提高教育水准,甚至像鲁迅为了参加"民族的精神建设"而改行。但同时他们也不得不"发觉"这种伟大任务无法在短期内实现,而他们的长期计划却遭遇政治发展所带来的种种困扰而中断。所以,属于社会"贵族"的知识分子始终无法填补他们自己和占老百姓大多数的农民间的鸿沟。他们有关现代化,观念价值,反儒家思想的问题讨论,始终不能普及老百姓。所以,他们的启蒙作用只限于他们自己知识分子的小圈圈,他们对社会的关怀表现在"为人民着想",但那个"人民"大多数无法参与他们的思考过程,因为他们还在最基本生存问题上挣扎。比如,一二十年代除了高级知识分子以外谁还能了解什么是"德先生",什么叫"赛先生"?换言之,如孙任以都(1921—)所说:

不仅因为他们所作为学者的精英贵族身份(elite status scholars)而他们接受了外来思想,让他们与"乡下中国"(village China)间的关系脱离得更远。

柏杨不然。六十年代的台湾虽然尚未列入今天举世瞩目的“四小龙”,但已踏上了工业化的路,广大的中产阶级崛起,一般的教育水准随着也提高。这种较有利的客观条件,加上日报媒体,提供了柏杨写作与思想传播的园地。通过《自立晚报》的专栏,柏杨天天与民众读者见面,以他独特的文笔和民众语言谈论民众关心的或还没关心,但应该关心的话题。与“五四”时期知识分子不同,柏杨有机会,而且利用这个机会,以民主方式普及民主思想,不是在生活方式、思想、语言上脱离老百姓而是让他们每天参与他的思考过程,产生一种互动作用。从这个角度来看,在世纪初不得不当“贵族”的先进知识分子的价值观念通过“非贵族”的柏杨获得全新的意义,因为思想内容、表达方式及启蒙对象终于得以配合一致。

三　八十、九十年代:民主台湾,开放大陆与柏杨价值观:无的放矢?

上述已明显指出,柏杨于六十年代提出与“五四”时期相似的文化批评有迹可循,而且在他笔下这种对传统文化的挑战得到了“发扬光大”。但是,到了柏杨出狱的时候,及一九七七年,“传统专政”的代表人物蒋介石已去世了,而其接班人蒋经国开创了经济起飞、政治开放及本土化(母语)教育的新阶段,为以后的政治民主化与社会多元化的发展奠基。

相继的中国大陆在邓小平(1903—1997)领导的改革开放政策下经历了惊天动地的变化,似乎经历新纪元。

看来,几年内国民党政治上彻底放弃了传统意识形态,而共产党也开始从观念到实践的一系列改变。这种情况下,“时代精神”趋向背离传统诉求,似乎以反传统为基础的政治批评已无立足点了。各方面的现代化好像是公认的政治、经济目的,而传统文化似乎并不能成为阻碍这个过程的力量。

台湾在政治、社会上明显不再用传统文化观念来否定民主、人权等政治价值。正如一九九七年《中央日报》社论《谁能否定这样一个民主国家》所强调：

台湾的民主经验也显示，所谓人权与民主，是没有疆界与畛域之分的尊重个体的言论、思想、宗教、集会、结社等自由权利，原本就应该是全球普遍的价值观：建立主权在民、全民参与的民主体制，原本就应该有世界一致的标准与尺码，没有所谓基于地域与文化的不同，就应该有不同人权或民主模式的说法。

因此，柏杨最关键的一个要求已得以实现：政治上实施的价值观不要再向古传统学习。一九六七年他是这么写的：

拜托各位老爷，再不要往"古"的垃圾里钻啦，那里是找不到金刚钻的也。春秋战国时代，大家都乱七八糟，孔丘先生和孟轲先生一些反调分子，实在找不出活榜样，只好以鬼立教，把三皇五帝梳妆打扮，弄出来亮相。现在我们走运多啦，有的是活榜样若美利坚焉、若日本焉、若英吉利焉、若德意志焉，为什么现成的冰西瓜不吃却跑到供桌那里对着塑料西瓜直流口水乎哉？

从上述可见，台湾政治、经济上的现代化里，传统文化已不形成起眼的话题，而是以务实立场来讨论的。台湾社会上主要的矛盾不在于传统文化与现代化应该怎么配合，也不在彷徨于"中学为体，西学为用"，即光是物质方面的现代化这类学说里，也不再讨论现代化过程里的传统文化的角色该怎么定位。经济问题是根据经济学原理辩论的，政治问题是根据现代政治价值观念争论的。所谓的"新台湾人"不是用什么"优秀传统文化"来创造"文化认同"，而是用近几十年来政治、经济上的发展成就来确立"国家认同"或某种认同。在台湾，传统文化这个概念并没有绝迹，但它的确丧失了柏杨六十年代所反对和攻击的支配一切的势力。像高希均（1936— ）所说，"新台湾人"不是回顾过去而是往前看的：过去的历史，再也引起不了他们的抗争；未来的愿景，却诱发了他们的激情。他们的生命中充满了创意；他们的表演舞台，早已不限于"福尔摩沙"（台湾宝岛别称）；他们的焦距，对准了二十一世纪。

假如高希均的观察没有错的话,那么,柏杨钻古书证明中国历史没有民主、人权思想还有什么用?还要为谁证明?是不是还有传统文化拥护者需要反驳?

由上可见,当前台湾民主化政治决策已不明显受传统文化观念的“干涉”和控制。到了1996年3月,台湾有史以来第一次产生了民众直选总统,为期十年的民主化过渡时期完成,可称为制度化而巩固的“成熟”民主。另外,李登辉(1972—)总统跟半官方的《中央日报》一样强调,民主、人权思想是全球普遍性的价值观念:

我不认为有什么特别的亚洲价值观,有的就是人类价值。有人说什么亚洲价值观,我则要说亚洲人拥有的权利和美国人所拥有的权利是一样的。

从这个角度看来,各国历史与文化在实行民主人权政治方面不起决定性的作用。对台湾来说,假如这种看法是公认的,柏杨的看法似乎是无的放矢的样子。台湾社会上每个人的态度,对《中央日报》及李登辉所提出的主张是否真的那么一致,容下再叙。

首先,有扩大分析范围的必要:柏杨六十年代的杂文虽然主要出于当时台湾的社会现状,但是他的观点始终是针对整个中国文化,所以同样涉及到全中国,甚至海外华人。不但六十年代杂文如此,他出狱后的历史作品也如此。并且,他的人和他的著作闻名于整个“华人世界”,不是受到热烈欢迎,就是引起严厉的批评。若要分析“柏杨观点是否过时”这个问题,就必须要顾及这种较广范围内错综复杂的思潮。

今天最热衷传统复兴运动不是来自当时以“传统文化堡垒”出名的台湾。七十年代东南亚奇迹似的经济起飞让世界各处许多人怀疑“儒家阻碍资本主义经济发展”的说法。相反的,分析“四小龙”共同之处,那些学者和政治家就发现,台湾、新加坡、香港、韩国社会均基于儒家的政治、社会伦理。一下子,儒家思想由“落后状态的罪魁祸首”变成经济进步、现代化的护身符及救星了。这种“突变”实在是惊人的,值得进一步探讨。

四小龙的经济发展成就似乎可以驳斥以前对儒家思想所提出的批评。对以儒家思想为主的传统文化重新评价也正好是这种经济成就所引发的,因为世纪初期知识分子面对的问题不能不是:"为什么本来既富又强的中华变成眼前这个可怜的样子?"而到了二十世纪末中华文化范围内的四小龙也自然引发的问题是:"它们为什么几年之内发展得那么快,它们是靠什么秘方的?"

在亚洲经济苏醒的印象中,所谓"亚洲价值观"学说兴起,试图用一种与西方不同,特有的政治、社会环境来解释新建立的经济繁荣。当然,这个"在国际政治和西方与非西方媒体中,已成为一个流行术语"非常"含糊"。

广州学者庄礼伟指出:

它从未有一个权威的定义,甚至也没有一个明确的定义。读者或听众只好按自己的理解来解释或不做解释。

"亚洲价值观"这个概念,尽管是如此空泛的时髦话,但通过对这一学说的倡导者,尤其是对新加坡的李光耀(1923—)所发表意见的分析,庄礼伟概括其"核心内容"如下:

1. 国家与社会先于个人,并强调个人对国家和社会的责任,坚持集体主义的人际理论和人权观;

2. 强有力的施行仁政的"好政府",这也是政府和人民安分守己、尊重权威的回报;

3. 维持有秩序的社会,有了秩序才有效率和安定的生活;

4. 家庭是整个社会的基础,也是人们工作的动力和目标;

5. 崇尚和谐与协商,没有非黑即白的强烈对抗意识(民主这一概念就含有强烈的对抗意识,即对抗政府),重视通过协商取得共识。

庄礼伟接着还评论:"当然,'亚洲价值观'还隐含着这样的意味,即不同意西方的人权、民主观,主张不同的民族和文化拥有不同的人权、民主观。因此,'亚洲价值观'或多或少地含有'文化决定论'的意味。"

庄礼伟对"亚洲价值观"既精辟又简练的论述分析,就引用到这里。在此要强调注意的有两点:1.在新加坡所实施的亚洲价值观中儒学成分是很明显的或应该说——它等于儒学里巩固政权的内涵,社会和谐是建立于等级制度上。2.其坚决反对人权全球普遍性的说法及其文化决定论,明显与上述台湾官方立场迥然不同。

国际儒学联合会理事长李光耀不但认为儒家思想是新加坡经济发展不可缺少的基础。而且,通过这种经济成就,儒家学说的某些部分也获得既新又旧的政治作用。旧的作用就是:他把经济繁荣,社会安定归功于行"仁政"的强人政治,儒家伦理就可保证他的政权不受挑战。新的作用就是:新加坡通过其世界经济上的实力推行一种所谓与"西方价值"对立的价值系统来抗衡西方先进国家的约束,反对某种思想上的帝国主义。反对帝国主义是无可厚非的,但为什么偏偏反对民主人权思想,不反对资本主义经济思想?答案很简单:前者不符合国情,后者却符合国情。其实,应该稍微改正一下:后者符合李光耀的意识形态,前者不符合他的意识形态。

若说,李光耀等政治家是"保守传统主义者",因为他们用传统政治观点来使用传统,那么,新儒学派可称为"理想传统主义者"试图通过对儒学的新读法让传统思想中历史上尚未实现的成分获得新意义。虽然这些"新儒"知识分子在不同程度上已注意到儒学对中国历史上专制的责任,但他们坚信,在现代世界情况下,儒家学说可以引起与历史不同的作用,给世界现代化社会与政治提供更理想的道德基础来避免西方式现代化和民主所带来的不良发展。比如,台湾大学历史系教授黄俊杰与美国威斯康星(Wisconsin)大学哲学系教授 Wu Kuang-ming 合著的一篇文章就抱有这种希望:

本文涉及到一个令我们大家都很惊讶的问题,即:长期以来被政治机构滥用的古老经典儒家思想,其实将会给二十一世纪的台湾提供革命性、积极向上的新义,它实质上与西方广为传播的民主思想理论颇有不同。

根据“原来”的经典儒学就可以建立一种“民本主义”来代替弊病多端的民主主义。按他们的看法,《孟子》等儒书提供的许多具体治国方法可以借鉴。

虽然要强调,新儒与上述政治家形态目的上迥然不同,但如 Michael Lackner(1953—)在其文指出,若把他们所主张的文化道德观念,如人际关系先于法律、协商先于对抗意识、个人与社会和谐等理想,运用在政治上,他们被传统政治家的“工具化”就并不偶然。他们的理想与李光耀所提出的“好政府比民主重要”似乎没有矛盾。

就像 Lackner 指出,新儒道德专家由于他们政治上的天真理想似乎无法避免与保守政治家结成不良联盟。与传统知识分子一样,他们为解决时事问题用最传统的方式,即归于两千年前的“原来”经典。他们着重研究道德观念,轻看民主、人权是通过制度化才得以保证,令人担心。不禁也联想到柏杨 1967 年有关传统知识分子与传统文化里所谓的“对僵尸迷恋”现象的评论。

(儒家)求求当权派手下留情,垂怜小民无依无靠,用御脚乱踩的时候,稍微轻一点:其成语曰“行仁政”。

对僵尸迷恋的第一个现象是:“古时候啥都有。”凡是现代的东西,古时候都有,原子弹有,飞机大炮有,汽车有,民主有,共和政治有,砍杀尔有,拉稀屎有,人造卫星有,公鸡下蛋有,脱裤子放屁有,西服革履有,阿哥哥舞有,迷你裙有,等等等等,反正啥“古已有之”,无往而不“有”。

四 结语:非贵族主义知识分子:柏杨与“绿岛价值”

上述各种倾向传统思潮说明:历史与传统文化在目前与华人社会的势力有演变,但并没有减弱。主张传统式集权或专政的政治家,或给传统予以新意义的学术人,都源于历史而建立自己的思想系统或意识形态依据。他们共同之处在于反对他们认为是西方的民主、人权思想。一个可以说是中国政治领导人的自我保护,另一个是学术性的社会关怀。两者离“人”的需求差不多一样远。前者当然是政治权力世界,后者在其学术界内进行有关“人”的讨论而已。

说柏杨是非贵族知识分子,就正好也是这些原因:

他是与政治权力无关联的独立知识分子。

他不但以老百姓的立场来看历史和现在,而且让他们参入历史与现在的讨论。

他不是根据经典空谈价值观与道德观念,而是观察价值关系对老百姓的具体作用。在他的著作和思想里,价值不是抽象的理想,而是天天在政治、社会生活表现和实现的。

总之,虽然台湾政治领导人实行民主和人权政策已经不受历史与传统文化约束,但对整个华人世界来说,包括台湾在内,种种传统思潮依然存在。

柏杨通过翻译《资治通鉴》引发一种历史启蒙与刺激全世界华人读者重新思考中国历史,显然毫无过时之处。面对上述政治上的传统主义的时候,只好敬请柏杨,这位名副其实的非贵族知识分子,继续“猛撞”。

新城对

提　要

书名“新城”系指台北近郊柏杨居家所在的“花园新城”，而“台北”作为柏杨的发声场域，于他而言则无疑是生命中的“新城”。至于“对”，让我们想到宋玉的《对楚王问》以及诸葛亮著名的《隆中对》，指出一种“对话”的情境，而一般在甲和乙之间的问/对，甲何以会向乙提出这样的问题，乙又为什么会这样回答，其中必有现实的针对性，也可能会有解决问题的对策。

柏杨之所“对”，全是针对媒体编辑、记者，或独立撰稿人所提问题的回答。提问者会有充分的准备，不同的媒体，不同的诉求重点，相同的是受访者柏杨这个主体，他这个人，他写的书，他做的事，一切的闻见思感，都在当下立即回应，当然会比较直接，但由于书写者是他人，在传达上可能比较难以掌握。当柏杨把这些篇章结集出版，他必然仔细阅读，准确性应该没什么问题，

总的来看，这些访谈录所涉的话题极多，从自己的生命史到民族的文化史，从两性关系到两岸关系，从历史纠葛到现实冲突，柏杨时而高亢，时而低沉，随记者笔尖所流泻出来的是国族大愿与人间大爱，把读者带回到对话的现场，聆听着一个有知识和智慧的老人，对于恶政的怒吼，对于人性尊严以及人权的呼唤。

序

1983年9月，开始写《柏杨版资治通鉴》，写到1993年3月第七十二册，也是最后一册问世。十年辛苦，催人衰老，根本没有时间和体力，再去从事其他创作。1993年后，我全神投入人权教育，筹建绿岛人权纪念碑，又是十年辛苦，除了九十年代稍后，为香港《明报月刊》每月写一篇千余字的短文外，直到二十一世纪初期，也没有多余的时间和体力，从事创作。然而，悠悠二十载，倒也接受不少媒体的访问，大多数都在报章杂志上刊出，留下记录，如今把它们重新寻出，有些已纸烂字霉，有些已残缺不全。

作家看自己的作品，犹如母亲看自己的儿女，充满了感情，所以，我还是尽量收集成册。这些作品为二十世纪八十年代至二十一世纪初期的访问，思考的、欢喜的、忧虑的以及盼望的，都包括在内。"重读昔日笔下字，一字一情已惘然。"今天看来，都是往事，但也有不少是杂毛老道式的预言！

我国历史上，有几次重要的"对话"，简称为"对"，最有名的当然是诸葛亮的《隆中对》，诸葛亮在隆中自己家中，和刘备纵谈国家大事，预知天下三分。另一次同样重要的《灞上对》，王猛和桓温，也是纵谈国家大事，预知天下要继续大乱，晋帝国无法重回中原。其他还有很多这一类的对话，每一次都发人深省：即令乱世，也有清醒的人！

媒体对我的访问，多数都在台北花园新城社区寒舍，谈论的虽不是国家大事，也没有什么深远的观察，但是如果称这本书为"新城对"，似乎也不算自我膨胀、犯上作乱。不同的是，历史上的"对"，都是小民对大官，而"新城对"，则是写作人对媒体。

人，越老越眷恋过去，希望我们的过去，值得眷恋。

2003年1月12日于台北

历史的镜子

访问者李宁女士

文载 1984 年 3 月 6 日台北《政治家》杂志第四期

问：从推广历史古籍方面看，你译《资治通鉴》，的确功不可没，但你一直很挑剔中国文化的，译《资治通鉴》是否有你独特的理由？

柏 杨：我的目的不是复兴中华文化，而只是把一般人不太了解的古书翻译成现代语文。我认为中华文化中有很多是不值得复兴的，像残酷的刑罚、诛杀九族、口供主义、宦官制度、小老婆制度、君尊臣卑、不把人当人的观念，都是邪恶的东西，不但不值得复兴，而且还应该彻底消灭。

我翻译《资治通鉴》，只是希望现代人能了解古代中华文化是什么，因为在大家高唱复兴中华文化的时候，很多人都误以为中华文化全都优美，无懈可击。当然，中华文化有它的优美之处，但并不是全都优美。我希望现代人在了解传统文化之后，进一步地分辨什么是优美的，什么是不优美的。凡是不优美的，都该抛弃废除。换句话说，我盼望大家对中华文化不要顺着人家的嘴巴说，而应该透过自己的思考，直接认定。

问：在你翻译的《资治通鉴》中，《柏杨曰》是很叫座的单元，但有些历史学者认为，以学术观点来看，评论是违反历史法则的，因为我们不应用今日的尺度评断古人。

柏 杨：所谓历史法则，照那些人的结论，就是说一个人生存在某个时代里，他就突破不了那个时代。换句话说，我们如果活在二十世纪，就无法有二十一世纪的思想。对大多数人来说，这项历史法则是正确的，但我们要了解，如果人的智能不能突破时空的限制，历史怎么会有发展和进步？每个时代都要有圣贤大哲在思想上突破那个时代，历史的脚步才能向前走。所以，时代不是不能突破的，历史法则也不是那么肯定与机械。我们只能说，绝大多数人都被他所生存的时空控制，但英雄人物不在此限。

对于司马光，当然不能以现代人的民主、人权观念，要求当时他也要有这种思想或行为，我个人也从来没有责备他在这方面没有建树。但司马光不是平常人，他是个少见的伟大历史学者，我们有权盼望他对他的时代有所突破。卢梭的《民约论》(《社会契约论》)问世以前，法国也从未有过这种思潮，但卢梭的《民约论》(《社会契约论》)突破了那个时代，为什么中国就没有一个人能如此？

在马克思的《资本论》以前，这世界也没有《资本论》，在美国的总统制诞生以前，这世界也没有总统制，可证明许多新思想都是突破历史法则的。

我觉得司马光不能突破时代是件很遗憾的事。我们不能要求所有的人，但我们多么盼望司马光有这样的一个层面。

问：也有人认为，你对帝王直接称名道姓，而不加上称号，常使人无法立时会意，譬如一讲汉武帝，人尽皆知，但你讲刘彻，很多人不知刘彻是谁。

柏　杨：中国帝王的称号很乱，有些称号甚至有二三十字的，而且时常不一致，有时明明不是帝王，但他却有帝王的称号，像曹操被称为魏武帝；有些明明当过帝王，但没有帝王的称号，像海昏侯、东昏侯。因此，我们无法从称号来判断这个人的身份。

照理，加诸在帝王头上的称号，本身应该含有褒贬的意义在内。但我们发现有很多不是这样，譬如我们常看到一些荒淫无道的昏君,却有一个很神圣的称号,这实在是对中国人智能的一种侮辱。

虽然我们讲到刘彻时,很多人不知道刘彻是谁,但一讲王莽,大家都知道,为什么呢?因为王莽这名字大家常用,刘彻这名字不常用。人类的历史是如此漫长,我们只不过五千年,将来还有一亿个五千年,十亿个五千年,如果我们现在不赶快回头,还要等到何时?尊号象征君尊臣卑,除此之外,别无意义。帝王与我们一样都是人,现代人讲起人权观念都头头是道,为什么还要对帝王的称号这样计较呢?

我们提到刘彻,很多人不知道,但如果各位打开《资治通鉴》,会发现司马光对在位的帝王不但不称其名,也不称其尊号,只称"上",这样满章满篇都是"上",请问几千年下来,谁又知道"上"是谁?

因此,我不愿意用皇帝的称号,只是把他们的继承顺序排列下来,譬如谁是第一任君王,谁是第二任君王,这样大家很快就会清楚他们之间的关系位置。好比说汉元帝和汉武帝,到底谁在前谁在后,你一点也看不出来,但你一说第十一任君王、第十二任君王,大家就一目了然。

写出帝王的任数还有一个好处,那就是使他们的身份不因现实政治市场被抹杀、被扭曲,历史真相才更明显。像汉王朝第三任皇帝刘弘、第四任皇帝刘荣,连《史记》都一笔勾销,第九任皇帝刘贺也从根拔除。任数不允许发生这种卑鄙的怪事。

这类历史毒瘤,要割就应马上割,不要再拖泥带水,只要我们认为这样做是对的,为什么不立刻这么做?刚开始也许不习惯,几年下来就不觉得了。虽然提刘彻很多人不知道,但一提曹丕,很多人知道,提魏文帝,却鲜有人知。

人的生命有限,生活节奏又如此之快,我们能甩掉多少无聊的负担,就应立时甩掉。在转型期间也许有些不便,但渡过转型期之后，一切就好了。

问： 为什么你不考虑在译文中附上原文？这样可以让读者对照着看，比较有真实感。

柏 杨：对原文有兴趣的，他们可以另外购买原文对照，如要对照翻译是否错误，只要几个专家来做就可以，不必每个人都参与。因为我的目的就是希望用译文代替原文，如果认为翻译没有错误，那以后我们根本就不要原文了。这就像我知道怎么开车就行，至于整个汽车的构造和原理，我不必懂，那是汽车专家的事。我想你这个想法，可能受了市面上作为教师补充教材的"原文对照"的影响，我们不是供人参考，而是代替原著。

问： 你似乎也不考虑在译文附上各家批注，为什么？

柏 杨：古文的批注多得不胜其数，张三、李四、王五都有，问题是这只有两种情况，一种是他引用很多批注，但实际上只有一个是对的。另一种情况是他引用很多批注，却没有一个正确。古人在引用错误的批注后，往往自己会去解释为什么某人的批注不对。我觉得这是不必要的，因为这是专家做的事。

我的做法是，选择一个对的批注，不必再去解释那些不对的，因为那是考据，而我们却只要结论。如果所有的批注都不对，那我就自己来做，但我不必把那些我认为不对的又搬出来讲一遍。

古人批注往往该注的不注，譬如古代的罽宾国，曾派遣一个使臣到中国来，汉政府把他放逐到"县度"。从古人的批注中，怎么看也看不出"县度"究竟在什么地方。但从对"县度"这地方的险要描述和关系位置，我认为"县度"应在喀喇昆仑山口，这是根据我自己的地理常识判断的，如果有人质疑，我欢迎讨论。

再如董贤见汉哀帝刘欣，刘欣赐给董贤一样东西，叫"珠濡玉匣"。我研究了很多批注，都没说清楚"珠濡玉匣"

是个什么东西,后来,我认为那就是“金镂衣”。当我确定是金镂衣后,我就不必引用那么累赘的一大堆作废的批注了。

当然,有些批注我不敢确定是不是正确时,我就会注明某某人是什么看法。

问: 有些历史学者认为你受了唯物史观的影响,不知你是否也这么觉得?

柏 杨: 我就像在战场上作战的士兵一样,该开枪时开枪,该肉搏时肉搏,至于是什么战略,我根本不懂。

我认为大家应该问的是我的推理是否严谨,结论是否正确,而不是先拿一个框框来套,因为这对了解一件事情,毫无帮助。

许多人问我走的是什么派?什么主义?把我都搞迷糊了。岳飞曾说过:“用兵之妙,存乎一心。”天下事不全是用框框才能解释的。大家只要问我的推理过程与结论是否合理就够了,不必管我用什么方法,因为我自己也不知道。

问: 在翻译《资治通鉴》时,你最大的领悟是什么?

柏 杨: 古文好难懂。原来我以为翻译是很轻而易举的事,反正都是中国字嘛!对《资治通鉴》,从前我曾经看过很多遍,自信非常容易,结果发现难死人!

每年大年初一,我按例去台北县土城牢房给难友拜年,今年(1984)也不例外,到土城看李荆荪先生时,我问李先生,古人学问怎的那么大?我们现在都看不懂,他们当时是怎么看懂的?

李先生回答我:“你要知道,他们也不懂!文言文的妙处就是你不必懂,读的人不必懂,写的人也不必懂。”这话给我很大的启示,白话文像化合物,文言文却是混合物,它可以白铁和玻璃硬夹缠在一起,写的人自己不懂,看的人当然更不懂,不懂为什么硬那么写呢?那是古人的习惯,习惯把一些文字硬夹在一起,来炫耀学问庞大。

讲到这里,我们可以发现,当古人用这个角度看不懂时,他就用那个角度看。譬如古人对"无"这个字讲不通时,他最后就解释成"有"。

所以,文言不但文路混乱,而且前后颠倒。古人写文言文时,常是前一句后一句跳来跳去,你如果一句一句照次序翻译,那就前言不照后语,完全不通。除了混乱外,文言文的另一个特点是"简练",常常四五个字就包含了七八十个字的意思。

古文的难懂,还有一个原因是,古人好引经据典,东引一句古书上的话,西引一句古书上的话,而他所引的那些话,却往往跟他所叙述的事,完全无关,他这样引来引去,也许是一时的兴致,也许是为了展示他的渊博,也许只是为了整篇文字的气氛。

还有一种情况是举证错误,譬如古人举某个例子来印证自己的叙述,但往往他举的那个例子就错了,这种为了达到政治目的而曲解历史事实的例子很多。所以翻译起来,除了不懂很生气外,又发现明明不是这么回事,他还硬讲是这么回事,那就更恼火。

问: 你以杂文成名,现在却潜心于历史研究,对一个长年从事杂文写作的人来说,这代表什么转变或意义?

柏 杨: 我一直很喜欢历史,因为历史本身就是最好的故事,而中国历史更是世界所有历史书籍中最丰富的,没有一个国家的历史可以像中国追溯到四千年之前,甚至连那一年、那一月、那一天,包括早上还是晚上发生的事,都可以留下详细的记载。

印度根本就没有历史,罗马帝国也没有中国这种编年体的详尽记载。但中国人有这么丰富的东西,自己却看不懂,这是多么大的遗憾!

我翻译《资治通鉴》以后，收到各种各样的投书，但我每收到初高中学生的来信，听到他们说如果你不翻译《资治通鉴》，他们可能一辈子都看不懂时，心里真是异常感动。如果中国人连自己的历史都不懂，那该是多大的悲剧，我在想，这个工作现在不做，再经过几十年，中国人读古文的越来越少，工作将更困难。我一直期望中国文化中的病毒，能被大家彻底认识，彻底铲除，而这思想越早在心里播种，认同这种想法的人愈多时，这一股力量酝酿成熟以后，中国才有希望。

杂文虽然有杂文的价值，但杂文往往只是对变态现象的一种抨击，翻译《资治通鉴》，不只是对当时现象，还兼及导致这种现象的病根。

亵渎君主的柏杨

访问者 Alain Peyraube 先生 · 翻译者梁其姿小姐

文载 1984 年 6 月 8 日巴黎《世界日报》

问： 你在狱中的日子是怎样度过的？对你来说，最难受的事是什么？

柏 杨：开始和结束时最难受。开始时，我以为这只是一场误会，他们可能做事太积极，抓错了人。很久之后，我才顿然领悟，这是上面要重重惩罚我的思想过于独立。当时，我非常害怕从此湮灭，尤其审问时所用的刑罚十分可怕，他们不断拷打我、折磨我，迫使我供出我不曾犯过的罪。后来我的腿被打断了，他们送我入医院，在那里，我受到不错的待遇，因此,我又开始怀着希望。我对自己说:"既然他们要医治我,那就是说明他们要保留我的性命。"当我获悉我的判决时,即大大地松了一口气。在狱中,我很快便适应生活,习惯被隔离的感觉和物质的缺乏,以及饥饿等等。

问: 入狱后他们有没有继续审问你?你有没有被迫向狱吏表白你的"坏思想",被迫经常作"自我批判"?

柏 杨: 没有。在台湾,一旦刑期被宣判后,犯人便得到某种安宁。原则上,他们不会再折磨你。不过,我服刑期满后,却重新体验到恐怖。虽然我从狱中被释放出来,但他们却一直把我软禁在绿岛。在软禁期间,我一度完全放弃重获自由的希望,那时候的生活的确可怕,我甚至没有可谈话的对象,每天都在等待、焦虑中度过。

问: 短篇小说和讽刺性杂文,在你作品中占有重要的位置。你对这两种表现形式,是否有特别的偏好?

柏 杨: 没有。但读者较喜欢后种形式的作品。我想以我深感兴趣的主题而言——如嘲讽人性的愚蠢、自大和虚伪,杂文的形式可能较为适合。短篇小说以篇幅短小取胜,所以重要的意思要直截了当地写出来,不能赘述多余的细节或微妙的心理状况,这类描述可能把某个人物的复杂性格衬托得更完满,但最后却把重要的主题在次要角色的描述中淡化了。

问: 最近你正在把一位十一世纪史学家司马光的作品《资治通鉴》译成现代中文,这是否代表你作家事业的转折点?

柏 杨: 我至今仍不太清楚,可能是,可能我不会再写小说或杂文。自我入狱后,我对历史的兴趣增加了许多,我觉得历史著作并不是次要的文学类别,同时我觉得,在台湾,历史该担当非常重要的角色,年轻一代正面对着文化脱离的危险,他们应重新发现文化的重要性,及经典作品中的人文精神。当然,他们也应该知道古代中国统治阶层是如何的腐败。

古代作品中,有许多是很了不起的,但是,对大部分的人来说,文言文太困难了,他们看不懂,所以,我决定把司马光的《资治通鉴》译成现代语文。这本史书上起公元前 403 年,下迄公元 959 年。翻译也是一种创作,翻译司马光的作品,乐趣绝不下于我写自己的杂文。

问: 你某些反西方主题,是否启发自这种"文化脱离"的现象?

柏 杨: 我绝对不是一个反西方主义者,我只是反对那些暴发户赶时髦的对美国的崇拜,这种人在台湾十分多。但并不等于说凡进入台湾的西方道德及文化价值都应该被摒除。

台湾和其他东南亚国家,从美国输入的,只是人家的"低级文化"。只要翻开报纸看看,现在台北戏院上映的美国片,尤其那些场场爆满的影片,便了解我的意思,这些都只是乙级电影,我们并不需要接受这种文化。

士大夫和中国人

访问者吕嘉行先生

文载 1984 年 12 月 16 日香港《百姓》杂志

问: 什么是知识分子?什么叫做知识分子的责任?

柏 杨: 如果说有知识的人就是知识分子的话,以前的人因为必须读过书才能成为知识分子,所以知识分子是少数人。现在,知识普及,所谓"知识分子",以及有些人常用的"读书人"这类名词,应该取消。当我们说"知识分子的责任"这个问题的时候,是不是可以改成"公民的责任"?

问: 你觉得"士大夫"算不算知识分子?

柏 杨: 我以为算。对士大夫而言,知识是一种工具,用这种工具敲开政府文官管道的大门。已经走进大门的这些官员,再加上还没走进大门的一些儒生、进士、秀才、举人等等,组成了传统的士大夫阶层,也就是现代所谓的知识分子。他们和皇权紧密结合,缔造了中国特有的“官场”,这是其他国家所没有的。

问: “官场”对中国有什么影响?

柏 杨: 日本明治维新所以成功,中国戊戌维新所以不成功,最主要原因之一就是日本没有吸收中国制造知识分子、士大夫,以及制造“官场”的科举制度。中国科举制度制造出来的知识分子、士大夫、官场,就好像是天空中无边无涯的庞大乌云层,使得我们一切改革,下不能上,上不能下。任何改革都被这片庞大的乌云层——士大夫阶层——给隔断了。下面是很朴实的,无穷无尽的苦难小民,上面是高高在上的皇家贵族。所以我们说的知识分子,在从前应该指的是这一批人——士大夫。所谓知识分子的觉悟,应是指这一批人的觉悟。

问: 士大夫阶层是不是已经觉悟了呢?

柏 杨: 要他们觉悟,难如登天。他们是既得利益的一群,绝不肯放弃既得利益。而且想放弃也无法放弃,因为他们的脑筋已被酱死。所幸的是,时到今天,由于教育普及,“士大夫”阶层已经开始慢慢地烟消云散。在台湾,由于教育普及,官员退休制度的建立,社会层面加多,士大夫阶层可说已经消退。但是,残余的士大夫封建意识,还是存在。譬如说,位于高雄的国立中山大学有一个教职员眷属联谊会,办了一个幼儿园。而有些教授竟不准工友的孩子进这个幼儿园。那些教授在上课时大力鼓吹人权尊严和民主精神,到头来,却做出这种丑事,使人沮丧。

问: 请问你对中国大陆和台湾统一问题,有什么看法?

柏 杨: 我反对台湾独立,我赞成统一。基于民族的、地缘的、血统的、文化的、历史的,以及现实政治的因素,大陆和台湾,就好像一对指腹为婚的男孩和女孩,上天注定要匹配成婚,合为一体。

问: 海峡两岸,都用强大的祖国作号召,你希不希望有一个强大的祖国?

柏 杨: 我更希望有个幸福的祖国。前年,我到意大利,看了圣马利诺,感慨至深。那个芝麻绿豆大的国度,除了出产邮票之外,什么都没有。可是那里的人民生活幸福。

问: 大陆对台湾提出许多保证,你对这些保证的看法如何?

柏 杨: 我不相信保证,但是相信事实。夫妻因为相爱而结婚,不是因为相信保证而结婚。

问: 你指的事实是什么?

柏 杨: 中国大陆所走的开放方向是对的,假如上天有眼,只要不乱,应该是一天比一天好。四个现代化和软件文化现代化不可分,四个现代化可以成功的话,也就表示软件的现代化成功,如果软件文化的现代化不成功,那么四个现代化也不会成功。它们必须同时并进,否则四个现代化就成了往年的"船坚炮利"政策,空欢喜一场。

问: 你所说的"软件文化"是什么意义?

柏 杨: 沙滩上长不出大树,小小花盆里也长不出大树,冰冻三尺的坚地上,更长不出鲜花,软件文化是土壤。

问: 能不能举些具体例子?

柏 杨: 斑马线是硬件文化,遵守交通秩序是软件文化。宪法条文是硬件文化,恪遵宪法是软件文化。工厂机器是硬件文化,管理方法是软件文化。学校是硬件文化,师资和学习精神是软件文化。高楼大厦连苑起是硬件文化,保持清洁是软件文化。抽水马桶是硬件文化,擦屁股用什么纸是软件文化。美丽动人的口号文章是硬件文化,待人接物和内心里真正的想法和观念是软件文化。铁甲船、大炮是硬件文化,作战精神是软件文化。法律是硬件文化,法治是软件文化。录像机是硬件文化,录像带上的情节是软件文化。如果录像机是世界第一流的录像机,放映出来的却是歌颂阴狠毒辣、忘恩负义、夫妻相残的影片,那可是硬件文化越现代化,人民越惨。

问: 你用现代语言翻译的《柏杨版资治通鉴》已在美国学术界引起肯定性的反应,有些人惋惜再看不到你的杂文,你是不是可以说几句安慰这些读者的话。

柏 杨: 非常感谢喜爱我杂文的朋友,从前没有人(或者是很少人)写杂文,我便做这件事。现在很多人都在写,我觉得我应该再一次改变航道。因为我比年轻时成熟,比年轻时心智成长。当我写了许多年的杂文之后,我觉悟到,我们的文化中,一定隐藏着一些病毒,我决心把这病毒找出来,像医生一样,要对病人做切片检查,然后彻底根治。

问: 你从什么地方寻找病源?

柏 杨: 从历史。这就是我放弃杂文,从事历史写作,从《中国人史纲》到《柏杨版资治通鉴》的第一个原因。其次,一个中国人,或者一个研究中国历史的外国人,想要了解中国历史,简直是一件不可能的事,没有人看完《二十五史》。所以我要写一部简单、明了、文字通畅,一般人可以接受的史书,这就是《中国人史纲》。而《资治通鉴》是一部编年史,一部内容丰富的史书,每一个研究中国政治、中国权力运转、中国文化的人,都必须读《资治通鉴》。问题是文言文艰深,一般人看不懂。我当然也看不懂,所以我有使我自己看懂,也使任何一个人也看懂的责任。

问: 你有没有找到彻底根治病毒的药方?

柏 杨: 找到了,即是人人皆知的人权、法治、民主、自由。

1984年10月于美国爱荷华

炉边漫谈

执笔者聂华苓女士

文载 1985 年 6 月香港《九十年代》杂志

一 郭衣洞和柏杨

一直到现在,三十年了吧,我还是叫他郭衣洞,叫不出柏杨。

五十年代初期,正是我在台湾主编《自由中国》文艺版的时候,一位署名郭衣洞的作者,投来一篇小说《幸运的石头》。我们立刻就关注起来了。《自由中国》的文艺版常出现冷门作家,我们着重的,是主题、语言、形式的创造性——纵令是不成熟的艺术创造,也比名家陈腔滥调的八股好。郭衣洞那时大概开始写小说不久吧,可说是冷门作家。但他的小说已具有柏杨的特殊风格,嬉怒笑骂之中,隐含深厚的悲天悯人情操。

台湾五十年代的"文化沙漠"的确寂寞,为《自由中国》文艺版写稿的一小撮作家,常常聚在一起,喝杯咖啡,聊聊天。后来由周弃子先生发起,干脆每月聚会一次,称为"春台小集"。

"春台小集"这个名称和我与彭歌有点儿关系。我们的生日都在正月,好像也是同年。我们三十岁那年,周先生预先邀了十几位文友,在台北中山北路美而廉,为我与彭歌来了一个意外的庆生会。从此,我们就每月"春台小集"一次,或在最便宜的小餐馆,或在某位文友家里。琦君散文写得很好,也做得一手好菜。她的杭州"蝴蝶鱼",叫人想起就口馋。轮到她召集"春台小集",我们就到她台北杭州南路温暖的小屋中去“闹”一阵子,大吃一顿她精致的菜肴。“春台小集”也几经沧桑。最初参加的人除了周弃子、彭歌、琦君与我之外,还有郭衣洞、林海音、郭嗣汾、司马桑敦、王敬羲、公孙嬿、归人。后来郭衣洞突然放弃了我们;司马桑敦去了日本;王敬羲回了香港。夏济安、刘守宜、吴鲁芹创办了《文学杂志》,“春台小集”就由刘守宜“包”了,每个月到他家聚会一次。我们也就成了《文学杂志》的撰稿人。记得彭歌的《落月》是在《自由中国》连载的;夏济安对《落月》的评论是在《文学杂志》发表的。后来夏道平也参加了“春台小集”。1960 年,《自由中国》被封,雷震先生被捕,“春台小集”就风消云散了。

郭衣洞在“春台小集”的时候,我们可真年轻呀!那时我们从大陆到台湾不久,在生活上各人有各人的问题,在创作中都在各自摸索;有的人甚至在感情生活中也在摸索,郭衣洞就是处于那种状态。他那时,常常灵光闪闪,嬉笑怒骂之中,一针见血,逗人大笑,却又叫人悲哀。我是站着远远地欣赏他。三十年后在爱荷华,我才在柏杨身上认识了郭衣洞。他离开“春台小集”,原来是因为他离了婚,离开了救国团,以为我们会对他有意见。“衣洞,我不会!”我说。“你是为了爱情嘛!”我看到他身旁微笑不语的诗人妻子张香华,才想起他以前那次为爱情而“身败名裂”的婚姻,早已因他坐牢而破裂了,但他终于碰上了香华——衣洞晚来的幸福。

“衣洞,我真为你高兴,你有了香华!”

“我也为你高兴,你有了安格尔!我们的晚运都很好。”

“衣洞,我以前没想到你会如此伟大!”

我们大笑,两人都有了斑斑点点的白发。

也是在三十年后,在爱荷华,我知道了衣洞的身世。他 1920 年出生在河南开封一个中等家庭,乳名小狮儿,一岁多母亲就去世,受继母虐待,他还以为她是亲生母亲呢。兄弟姊妹每天早上总吃个荷包蛋,他可没蛋吃,站在一旁,心里很难过,不懂为什么只有他一个人没有荷包蛋吃。到了十几岁,他才知道自己母亲早死了。母亲是什么样子,他不知道,甚至不知道自己正确的生日是哪一天。北方的冬天，小狮儿的手冻裂冻烂了，也没人管。父亲在外地工作，回家发现他满身被继母打的伤痕，把他带到祖居河南辉县。他在当地一个学校读书，老师很凶，时常体罚学生。他算术本来不错，结果他的一点算术头脑，就给老师打坏了。

小狮儿考取辉县私立百泉中学，学校规定学生星期天也留在学校，不能外出。小狮儿偏在星期天溜回家。有一个星期天，老师发现了。小狮儿和老师争辩；老师动手打他，把他拉到校长室去。他抗议老师打人，校长威胁着要叫警察。他拔腿飞跑，这一跑就再也不回去了——被开除了。

小狮儿回到开封，父亲骂了他一顿。他考上当地最好的一所高中。念高二时，抗战爆发，他停学从军。后来进了四川三台的国立东北大学，1946 年毕业——抗战已胜利，他也到了东北。

衣洞 1949 年从大陆到台湾；1968 年因文字惹祸，被囚于火烧岛；1977 年释放。他把生日订为三月七日——他入狱的日子。

柏杨已出版小说、杂文、诗、报导文学、历史著作等五十几本书。柏杨在台湾，十年小说，十年杂文，十年铁窗。就是在狱中，他也写作，完成了《中国人史纲》《中国帝王皇后亲王公主世系录》和《中国历史年表》。出狱之后，他继续写作，主要是将《资治通鉴》译成现代语文，并加评语，成为《柏杨版资治通鉴》。

柏杨以六十年代的杂文而名满天下。他开始写杂文的时候，正是我一生中最黯淡的时期，绝于文友以及他们的文章。1964 年我到爱荷华后，才在台湾报刊上看到柏杨杂文，泼辣尖锐，挥洒自如，纵而有时略欠严肃，但主题总离不了人权和人道——二十世纪两大问题。柏杨是谁呢？柏杨杂文，似曾相识，杂文中的“悲”和“愤”，早已在郭衣洞五十年代的小说中萌芽。原来柏杨就是郭衣洞！我十分后悔在台湾时没有多认识他，但十分高兴衣洞“化”成了柏杨。

柏杨说：“选择杂文这一文学形式，是因为现代时空观念，对速度的要求很高，而在文学领域中，杂文是最能符合这个要求的。它距离近，面对面，接触快，直截了当地提出问题、解决问题。不像小说、诗歌，必须经过缜密的艺术加工，把要反映的事象加以浓缩，它的价值和影响力，需要颇长的时间才能肯定。”

郭衣洞小说和柏杨杂文，不仅在形式上不同，所提出的问题也不同。小说所反映的是五十年代在台湾的中国人，因为战乱和贫穷而演出的悲剧；杂文所批评的是中国几千年的“酱缸文化”所造成的人性的弱点，有较强的历史感和普遍性。柏杨终于写历史、译历史——这一发展是必然的。郭衣洞小说和柏杨杂文有一个共同点：在冷嘲热讽之中，蕴藏着深厚的“爱”和“情”。他大半辈子，就是个“情”字——亲情、友情、爱情、人情、爱国之情；他就为那个“情”字痛苦、快乐、愤怒、悲哀、绝望、希望……甚至在狱中，柏杨也充满了悲天悯人之“情”。他在狱中写给女儿佳佳的信，就洋溢着那份情：

佳佳……吾儿，你要马上去买一份（或数份）十月四日的《青年战士报》，在第七版，登有屏东县林月华小妹，一个六岁的小女孩患血管瘤的消息和照片，她在照片中露出可怕的病腿在哭，爸爸看了，也忍不住哭。吾儿，你要帮助她，使她早日治愈，她不过是为了父母贫穷，便眼睁睁看自己死亡，而呼天不应。……这小女孩就是我心目中的小女儿，我能看到她得救，死也瞑目。爸爸。

——1974年10月13日

佳儿……放寒假后，请买数尺竹布（比斜纹布次一级的薄布），蓝色、灰色均可，爸爸衣裤多破，需要缝补。……爸爸。

——1975年11月16日

佳儿：有一件事嘱儿，报载竹东镇大同路七一〇巷七号十二岁的徐佳银小妹，右腿红肿得跟腰一样的粗，家产已经用尽。看后落泪，爸爸不便寄钱，希吾儿速给徐小妹寄五百元（爸爸还你），作为捐款。此钱固杯水车薪，但是表示人情温暖和对她的关心，盼能提高她的求生意志。十二岁的孩子，命运如此残酷。……爸爸。

——1976年11月16日

二　炉边漫谈(关于柏杨的作品)

时间:1984 年 11 月 27 日

地点:美国爱荷华聂华苓家

人物:柏杨、张香华、聂华苓

(寒夜、炉火、一壶台湾乌龙茶)

问:　衣洞,谈谈你的小说吧! 你的小说都是在五十年代写的吗?

柏　杨:都是五十年代写的。

问:　那时候我正在台湾。你小说里所写的那个时代,我看起来很亲切。那时候,我们生活真苦啊!

柏　杨:我比你还要苦! 那时候,即令是彭歌,他在《新生报》当副刊编辑,也相当苦的。

问:　我在《自由中国》发表你的小说是……

柏　杨:《幸运的石头》。

问:　不止那一篇吧?

柏　杨:还有好几篇。

问:　你的小说在那时候就很突出,因为有很强烈的讽刺性。

柏　杨:(不服气地指着诗人妻子张香华)她们一直说我的小说写得不好!

(聂华苓、张香华大笑)

张香华:并不是说讽刺性的小说就不好……

柏　杨:除了讽刺性以外,我觉得我的杂文比鲁迅……比鲁迅……

问:　写得好! 对吗?

柏　杨:(点点头)我觉得。

问:　这个我承认。前几天我对你讲过这句话。记不得?

柏　杨:记得。

问:　(忍不住笑了一声)恭维你的话,你一定记得。你的杂文比鲁迅的杂文好。为什么呢？我讲讲，看你觉得怎么样。鲁迅的杂文是知识分子的杂文……

柏　杨：而且还是高级知识分子的杂文……

问：　　你的杂文是三教九流，什么人都可看的杂文，但你触及的问题是很尖锐的，意义是深刻的。你嘻嘻哈哈开玩笑，其实眼泪往肚子里流，心里在呐喊。鲁迅的杂文，火药气很大。你觉得呢？

柏　杨：我的小说倒是学鲁迅……

问：　　小说学鲁迅？

柏　杨：我认为。可是，有人却说不是……

（张香华、聂华苓大笑）

柏　杨：（毫无笑意）有人认为那是对鲁迅不敬。

张香华：那是我说的，你那样讲，对鲁迅是诬蔑……

问：　　你是不是受了鲁迅的影响呢？

柏　杨：我的小说是真的受了鲁迅的影响。我的杂文没有，因为过去在大陆很少看到鲁迅的杂文，看了几篇而已。他的小说，我看了不少，《呐喊》《彷徨》，我都看过……

问：　　其实，鲁迅的小说也不多……

柏　杨：就是那几篇小说，使我有个感觉，自从白话文运动以来，鲁迅的小说还是最好的。

问：　　鲁迅有篇小说《肥皂》。

柏　杨：啊？

问：　　非常好，非常好！

柏　杨：我看过鲁迅的《阿Q正传》《酒楼》《故乡》……

问：　　这都是在大陆的时候看的吗？

柏　杨：是。

问：　　鲁迅小说，我是在台湾偷着看的……

柏　杨：鲁迅小说，你看过之后，给你神经压力，你要思考，不会很愉快。有人问我，为什么你的小说有这么悲惨的结局？我说，你应该想呀。现在因为时代不同，所以我的小说更不吃香……

问：　　你的小说在台湾销得怎么样？

柏　杨：有些人还是看。我现在小说的销路，除了三毛——还有谁呀？

问：　　琼瑶！

柏　杨：对，琼瑶。除了她们以外，我的小说销得最多。人家说，沾柏杨的光！

问：　　谁沾你的光？

张香华：人家说：他自己的小说沾柏杨的光！

柏　杨：人家说，因为是柏杨的小说，才有人买！

（张香华、柏杨、聂华苓一起大笑）

张香华：（望着丈夫，微笑）我可不可以讲我的意见？

柏　杨：（声音低了一个音阶）讲嘛。（弹弹烟灰）

张香华：我觉得他是个使命感很强的人。他对鲁迅的小说之所以那么喜欢，因为他和鲁迅一样，出发点是对社会、对人的关怀；对中国人的可怜、可悯、厌恶——恨铁不成钢。那种心情，我相信他们两人很相像。他五十年代小说所写的主题，当然和我们这个时代是有点区别的。但是他有一颗这么炽热的心，除了反映当时的时代之外，还能把人性的黑暗面挖掘出来。所以，如果他的小说只是局限在五十年代的话，那就没有永恒性了。正因为他太炽热，太关怀，所以，尽管他的小说技巧还没发展到最圆熟，但是，因为他的爱心，他的期望，使他在作品里面保存了一些永恒的东西……

柏　杨：（劲儿上来了）现在我的小说有这么大的销路，证明我有读者……

张香华：笨蛋。（笑个不停）

（柏杨愣愣地望着妻子）

张香华：（仍然笑着）销路！销路有什么值得提……

柏　杨：（兴奋起来了，嗓门提高了）销路！就是有人看呀！不是强迫市场,是自由市场呀!现在,(声音低了,委屈似的)人一提就提我杂文、历史,从来没人提我小说……

张香华:现在我发现,真正欣赏他小说的人,是从生活里面熬炼出来的人。譬如说,有一位雕塑家,最近在台湾崛起,也是高信疆极力用大众传播把他介绍出来的,叫侯金水。《柏杨65》那本书封面上的塑像,就是侯金水设计送给他的,他们本来完全不认得。侯金水就是他小说的读者。为什么侯金水这么受他感动呢?说起来非常的传奇,在他还没成名以前,他一直是柏杨的读者,也想写信给他,但是不得其门而入。后来他的雕塑被人肯定了,他才问高信疆,可不可以把他介绍给柏杨。高信疆说,那有什么问题?很熟的朋友嘛!然后他们才见到了。侯金水是个乡土气息很重的人。他在那种场合,就默默坐在那里;然后他讲了一个故事。这个故事呀,一听很熟。我好像似曾相识,可是我说不出来,是哪儿来的故事呢?用他的语调来讲,非常动人!简单地说,就是一个捕蛇的人,他很穷,他必须冒生命的危险去捕蛇,结果被毒蛇咬了;临死的时候,有一个陌生人来搭救他。这个陌生人失了业。捕蛇的人临死之前叫那人把遗物送回去给他妻子,但是,不要告诉她丈夫到底是什么下场。那个不相干的陌生人处理了捕蛇人的后事。他也是穷得要死,他把自己仅有的一点点借来的钱,给了捕蛇人的遗孀,编了一个谎,说她丈夫出海了……这一类的话。他回到自己家,妻子问他:"工作有没有着落呀?"他说:"有,有,有!明天有工作!"他第二天就是要去捕蛇。雕塑家讲这个故事的时候,我就说,奇怪,这个故事我在哪儿看过的?原来就是他(指柏杨)的作品!我拿这个个案来讲,就是说……

问:这篇小说是什么题目?

张香华:啊,我一下子说不出来。你看,我都不是他的忠实读者。真糟糕!(望着柏杨不住地笑)

柏　杨：她根本不看！

张香华：我看了啦！可是我没有那么深刻的印象。这是一个例子：真正从生活折磨里熬炼过来的人，对柏杨的小说才有很深的共鸣。现在台湾的社会，一下子变得太快了，一般人的生活没有困难。对柏杨这样的主题，就有相当的隔阂。他的小说很多是建立在生存的困难上，还不是那种现代的：内心的挣扎啦，面对科技啦，西方文明啦，污染啦。他那个年代，最严重的压迫，是生存问题。

问：　　这个我很了解：五十年代，许多人都为生存而挣扎。

柏　杨：我在《自立晚报》工作，在长安东路口，我家住在通化街。那时候公共汽车票一块钱。我就没有那一块钱！走两个小时走回去。我站在公共汽车站，等呀等，希望等到一个熟人来，借我一块钱买一张票。

问：　　你以前在大陆也吃了很多苦。

柏　杨：在大陆挨饿……

问：　　怎么挨饿呢？你家里还有人在大陆吗？

柏　杨：有姊姊、弟弟……我从小没有母亲。我继母曾经把我拴在床腿上来打！我的父亲在外地做事……

问：　　你家在开封，是吗？

柏　杨：在开封。我父亲一回来，就是我的春天。父亲回来的那几个月，继母待我好——好得不得了！她是个旗人，能说善道。父亲刚刚一出门，她立刻就翻脸！我从小就受这种虐待。我现在手背上还有疤，几岁时候，一到冬天，我的手全冻烂了。我从小就受苦，一直到大学毕业，跑到东北去……

问：　　我记得你是东北大学的……

柏　杨：是呀！我在四川三台念书。那时候穷学生哪有钱？幸亏有个学生公社，你记不记得？

问：　　哪有公社？

柏　杨：你那时候还小……

问： 哪里小？我也是抗战流亡学生呀！我比你只小几岁。人家偏偏叫你柏老、柏老。

柏 杨：(笑笑)学生公社是基督教办的。冬天每个人可以借一件棉大衣；学生有贷金。贷金不够吃……

问： 我们都是这样。

柏 杨：花生米也吃不起呀！抽烟，几天买一支。(他珍惜地看看手指间的香烟，猛抽一口，在烟盘里捻熄)

问： 你那时候就抽烟啦？

柏 杨：(歉然笑笑)那时候就抽烟了。

问： (笑着)受罪！活该！

柏 杨：连碗猪肝面也吃不起！根本不可能！

问： 那时候吃碗牛肉面，就是打牙祭呀！

柏 杨：牛肉面！那还得了？那是富豪之家呀！

问： (笑)四川牛肉面，很辣很辣，现在在爱荷华也吃不到！

柏 杨：胜利以后，我在东北大学已经毕业了。同学们说，到沈阳去玩玩吧！我冒险精神也蛮大的，到沈阳去吧！我在沈阳办《东北青年日报》，在辽东学院教书。后来我就跑到北平。

问： 1948 年吗？

柏 杨：1948 年。饿得发昏——北平路旁有“茶汤”摊子。我和一个朋友在街上走，饿得口水都流出来了，没有钱吃一碗茶汤，那是我特别喜欢吃的。我一面走一面骂：“什么东西？挨饿！活该！你没有本领！”朋友问我：“你骂谁？”我说：“我骂我。”我没有能力，我吃不起茶汤，我就应该骂自己，谁也不能怪！

问： 你什么时候离开北平？

柏 杨：1949 年。

问： 我和你同时在北平！

柏 杨：我到青岛……

问： 经过潍县，对不对？

柏 杨：对！

问： 我们走同一条路线！

柏 杨：我们五六个人走到青岛，住在一个学校里，穷得干净利落！我到菜市场，身上只有一条裤子。一块钱，人家说，好！要！我就当场脱下裤子给他。那时候也二十八岁了，大学毕业，在辽东学院当副教授，居然饿得当场脱裤子！后来到上海，住在临时搭的难民收容所；从上海就到了台湾，上海还在打仗……

问： 那怎么能说共产党把你俘虏过去了？

柏 杨：我从来没有被俘过，但调查局说我被俘虏三天！思想是累积成熟的，三天就变了吗？但三天却是"加入叛乱团体"——就挂上了钩！挂上了钩就是死刑。我到了台湾简直没办法呀！我的脾气又不好，老犯上。

问： 你的这些生活经历对你写作都有影响？

柏 杨：是。我对"苦"很敏感，现在有人觉得我花钱花得太厉害……

问： 是报复心情。

柏 杨：不是报复心情。我说，第一，我受过这么多的苦，我知道钱的重要，但是，我不吝啬……

张香华：这和他的性格有关，大来大去。我们约会时候，他穷得要死，上街要坐出租车！我说，算了吧，别坐出租车了。他偏要坐出租车！（苦笑）

柏 杨：（望着妻子笑。转向聂华苓）但是，我本身没有享受，吃碗炸酱面就满足了。我也不讲究穿，我唯一的消耗就是抽烟。我帮助人，我的方式是通过工作来帮助。譬如编个文学年鉴，我花钱；假若我没有钱，我可以做吗？我写《异域》，写到苦的时候，写到小孩的时候，那时候，我的小女儿才两岁，书桌就摆在床前，孩子睡在床上，听她呼吸，看她小脸蛋，我就忍不住会哭。我写过一篇母亲生产的小说，那时候，我女儿就要出生了。暴风雨,我身上带的钱不够。心里真难过,恐怕要难产;如果难产输血,马上就要缴钱!我想,万一要输血的话,往哪里去借钱?我一个人在走廊上走来走去。万一有问题的话,真是只有死路一条!后来我就写了一篇那样的小说。恐惧、贫穷、困难、走投无路。人在困难的时候,"恶"的一面会发挥出来,同时,"善"的一面也会发挥出来。可惜的是,人到了绝境的时候,他发挥善的这一面时,别人已经看不到了。

张香华:为什么看不到呢?

柏　杨:人临死的时候,讲的话,做的事,谁看得到?

问:　　或者是你正在倒霉的时候,谁理你呀!

柏　杨:是呀,我写的主要是社会的不公平。我只希望读者读了以后想:为什么主角这么受苦?可能我的表达方式不对。人家说看了我的小说觉得很难过——得了这个结论,我觉得怪悲伤的。

问:　　看了难过,你就会想:人为什么会这样?你就要思索。

柏　杨:但是,人不喜欢思索!我写了一篇关于离婚的小说(转向妻子)。你看了,你不赞成。

张香华:我不赞成,不是情节问题,是你处理的技巧。

问:　　处理的技巧,是什么问题呢?你不赞成。

(张香华望着丈夫笑笑,没做声)

柏　杨:我还写了一篇小说。一个小职员,商人行贿时,他拒不接受。他祷告上帝:"我的孩子病了,发高烧,我没有钱,怎么办?"商人拿来钱,他接受不接受?商人告诉他:"我送你钱,是可怜你,是同情你。我要帮助你,拿钱给你,救你的孩子。我不需要你签字,我不需要你负任何责任,而且,我告诉你,我可以告诉你的长官,可以撤你的职,说你贪污!你不要以为我整不了你!"小职员就祷告:"上帝啊,我现在应该怎么办?"

为什么孩子有病？为什么没钱看病？父亲最可怜的是：孩子有病，没钱看病。孩子不知道呀，抱在怀里。还有一篇小说，一个女的，到一个人家里去，换了一套很漂亮的衣服，到街上去勾搭男人。一个男人来了，问："你要多少钱？"她说："六十块。"男人说："我给你一百二。"他们在一起。她再一看，原来是大学时候的一个男同学，追她追不到手的一个男同学。"啊！"她一惊，后来心一横，说："当初你追我追不到手，现在你随便好了。我现在这个时间是你的。"……

问： 她不要钱吗？

柏 杨： 嗯。男人说："我没有这个意思。我只有用这个办法可以见到你。你把衣服穿起来。我告诉你，我知道你现在很穷。我没有办法见到你。一些朋友想出这个主意。把你引到这里来。他们恨你！我永远不会再找你，你放心。我现在所有的钱都给你。"他走了。她回家，轻轻打开门。丈夫问她："借钱借回来没有？"她说："借到了。"丈夫不知道她卖淫。孩子睡了，她走过去看孩子。

问： 你怎么想到写这样一篇小说？这样的情节？

柏 杨： 人有善良的一面。我想，我若追不上这个小姐，她落魄了，我绝不会报复。一个人被迫去卖淫，而且是受过高等教育的良家妇女，她为什么走这条路？这是社会的责任。她没有其他的路！

我还写了一篇小说。一个人很穷，找工作也找不到，看见一个小孩子丢了五毛钱在地上，他马上用脚踩在上面。小孩子嚷着找五毛钱。他说："我没看见。"孩子哭："回家妈要打我！"孩子哭着回家了。他捡起五毛钱，买了一包花生米；一回到家，打开门，孩子问："爸爸，你买了吃的没有？"他说："爸爸给你买了一包花生米。"孩子说："爸爸，你吃。"他说："爸爸已经吃饱了。"孩子吃了，说："爸爸，我还饿!"这篇小说,大家都不满意。我可能没写好。

张香华:他的小说很多都是写生存的困境,这是他小说里面很重要的一个主题。

问:你刚才说到他技巧的问题,是什么技巧问题?

张香华:技巧的问题……

柏 杨:我觉得,中国小说上的技巧,你们习惯的,我都用了……

张香华:我觉得我不能同意。(手向丈夫一招,笑着)别吵了……

柏 杨:为什么我喜欢鲁迅的小说呢?简洁。我不喜欢日本作品,我喜欢美国作品,日本作品,拖泥带水……

问:这个我同意。

柏 杨:美国是商业社会。从这个地方到那个地方,两小时,读完一本小说,所以必须简洁。

问:对!

柏 杨:而且,第一句话就必须把你抓住!因为他没时间看。我的小说就是用简洁的手法。

张香华:他小说的结构,和他悬宕的气氛,我认为他掌握得蛮好。在技巧上,这一点是不错的。他的故事,都有奇峰突出,没想到是这样的一个结局!我认为这是他技巧上的一个优点。(顿了一下,挑衅似的望着丈夫笑)可不可以讲缺点?

柏 杨:(声音委屈地)当然可以讲。不讲也不行,到处写。

(张香华、聂华苓大笑)

张香华:我哪有到处写?(顿了一下)我觉得他这个人,使命感强,控诉性强,很浓烈的情感反映出来的力量,这都是正面的,不必说了。但是,他这个人,缺乏一种细腻;他对于某种观察不深入。譬如说,他描写一个女性的时候,他不能掌握到最能够表现她性格的那种特色。他形容她的外形,他常常犯了一个毛病,用大家都用的语言,譬如说:柳腰呀,修长的腿呀,……还有,我现在不记得了。我觉得这种形容,是没有性格的……

问：　　我了解。

张香华：也许是他不屑于在这上面花时间。但是，我觉得，艺术的成功，就是要透过感性去感染人家，而不是全部集中在使命感的发挥上。我认为这个很重要。

问：　　你觉得他的人物是比较粗线条的，是不是？

张香华：嗯……粗线条，是不是？（沉思状）可以说是筋骨分明；可能在肌理的组织上，我觉得……

柏　杨：（沉沉地）我觉得不错……

（张香华、聂华苓大笑）

问：　　你的杂文和小说，你自己比较喜欢哪一种？

张香华：（微笑对丈夫轻声地）说实话。

柏　杨：我觉得我的小说也蛮好。

问：　　（一直在笑）你总会有个比较吧！

柏　杨：因为两种性质完全不同。

张香华：（微笑着逼问丈夫）哪个写得成熟一点？

柏　杨：我觉得都很成熟。

张香华：（向丈夫手一招）你这人真护短呀！真没法子。

（张香华、聂华苓又笑了一阵。柏杨抽烟，无可奈何陪着笑）

问：　　（对张香华）你呢？你觉得呢？

张香华：当然我喜欢他的杂文！无论是形式，是语言。写杂文，一定要对社会关怀，有使命感。这种形式，我觉得，可以说是他独创的体裁，而且他运用得真是——真是没话可讲，运用得那么样的熟练，那么样的挥洒自如……

问：　　对，对，对！挥洒自如！

张香华：就是要学他的嬉笑怒骂，也没人可以超过他。很多读者读了他的杂文，学他的口气来写。我一看呀，唉！没有一个学得像。只有一个女孩子学他学得像，就是梁上元。但是学得像，也不过是学得像而已。文学就是要创造嘛！他的性格,在写杂文的时候,形式和内容,是个很好的结合……

问: 对,对!你说得很对!

张香华:(望着丈夫笑)有一天,他要是和一个如花似玉的女人,出点什么花样的时候,他的理由并不是我的太太不了解我,而是我的太太太了解我了。

(张香华、聂华苓又大笑。柏杨微笑抽烟)

问: 你承不承认呀?衣洞!承不承认?香华真是了解你!

柏 杨:她对小说的欣赏水准不够。

(张香华、聂华苓笑得更厉害了。聂华苓笑出了眼泪。张香华笑得一头乌黑的头发甩来甩去。阳台上的风铃也“笑”起来了)

问: (终于停住笑声)香华是诗人,感性很强的人,为什么对小说的欣赏水准不够?

(柏杨不语,笑笑,抽烟)

问: 香华,你觉得他的小说是不是有点像欧·亨利的小说?情节重于人物的刻画……

张香华:对,我认为这样……

柏 杨:我还重视亲情……

张香华:他的感情之浓啊!譬如,他对孩子的心,在他作品里也有很大的分量。疼孩子的心,跟现实生活的困难结合在一起……

问: 只是疼孩子的心吗?是他对“人”的爱心……

张香华:对,对。孩子也是他爱的对象。对社会来说,就变成控诉了。对贫穷人的爱,变成怜悯;对知识分子的爱,就变成一种无奈——你读了那么多书,有什么用嘛!你除了坚守那些死的信仰,你对人、对己,都不能发挥出一点点光和热。结果,你自己整个萎缩,整个消灭。有什么意义呢?他就感觉痛惜,感觉到一种无奈。还有,他对爱情的观念,我觉得是蛮不健康的……

问：　　怎么不健康？

张香华：他的小说，常常是，因为贫穷，就把爱情破坏了——这也是他的一个很强烈的主题。因为贫穷、灾难，结果爱情就毁了。我觉得他有一种幻灭感，我自己倒是喜欢他写的一对夫妻，很穷，太太生孩子失血，丈夫到处借钱，怎么样也借不到，最后太太死了。丈夫正在路上，狂风暴雨，被雷打死了。家里两个嗷嗷待哺的孩子，等待父母回来。最后的结笔是：他们的灵魂，在闪电雷击的那一刻，会不会在天上相遇？我觉得这是他所有爱情幻灭小说里面，写爱情最悲惨，但也是正面肯定的。

问：　　你觉得他幻灭吗？我觉得他幻灭不了的。

张香华：在现实人生里不是；在小说里，他对爱情是幻灭的……

问：　　那是因为他的小说是五十年代写的；那个时期他也许是对爱情幻灭的。我觉得他现在不是那种心情了。对不对？

张香华：（偏着头沉吟）现在呀……

问：　　我觉得他的爱心非常重。他吃过很多苦。这一点，他和安格尔有些像。安格尔小时候也吃过很多苦，他家里穷得不用上税。他所爱的人：妻子、女儿、孙子……他有各种不同的爱法，但是他对物质的反应特别快。譬如，你看见什么东西说好，他立刻反应：去买，去买！我买给你！

张香华：非常像！非常像！

问：　　刚才那条好看的披肩，你喜欢，他就说，你去买！毫不犹豫。这是他爱心的一种反应。

张香华：对，对！那年我到欧洲旅行。他还不能出国，留在台湾。我在意大利好想他，打电话回家。你猜他第一句话说什么？

（聂华苓摇头笑笑）

张香华：“你要钱吗？”（半嗔半笑）气死我了！好像打电话给他，就是为了要钱！

柏　杨：我对她讲：不要舍不得钱，爱买什么，就买什么……

张香华：(笑指丈夫)他没有其他的话，就是钱！我们在新加坡，有人问他："婚姻最重要的先决条件是什么?"你猜他说什么?只说了一个字："钱"。我也是气昏了！

柏　杨：本来就是嘛！我没说错！贫贱夫妻百事哀。

问：　你还写不写小说?

柏　杨：没有时间写了。

问：　你的历史感、社会使命感都很强烈。你在牢里看了很多历史方面的书，也写了很多历史方面的书。你一向就有很重的历史感，是不是?

柏　杨：我想每个人都会有历史感。所谓历史，就是故事嘛！

问：　你还写杂文吗?去年还看到你的杂文。

张香华：自从他译《资治通鉴》之后，就没时间写了。

问：　你怎么想到译《资治通鉴》的?

柏　杨：我坐牢的时候就想到的。坐牢时候看《资治通鉴》，看不懂，真是看不懂。出来之后，一直想译成现代语文，但是件很困难的事。谁肯拿一笔钱出来，给你五年来译《资治通鉴》?所以拖了好几年。

问：　你以前写杂文，经常需要和社会接触，挖掘问题，而且每天写。那种压力很大啊！

柏　杨：是呀！没有压力，没有刺激，你就没反应了。

问：　你是怎么找材料呢?

柏　杨：社会上各种现象，没有一件不是材料，每天一千字，其实，很简单。有时候，我女儿佳佳趴在我头上，骑在我脖子上，我仍然能一面写。马克·吐温说："人除了在讲台上以外，任何时间都在用脑筋。"我是除了写杂文期间，随时都在用脑筋。

问：　每天都有材料可写吗?

柏　杨：有时候，一个问题，可以连续写，写一个月。有时需要资料，请记者去跑嘛。譬如，谈到节育的问题，他们主张要生孩子;我批评他们。正好一个记者跑回来说:“给你个好消息!”他说大同中学有个工人生了十几个孩子,送给人几个,孩子还是养不起,家里很穷困。我说,好,再去访问,把整个资料给我!你说反对节育!在这种情况下,生了十三个孩子,工人一个月多少钱?几个孩子卖掉了,几个孩子生病,女人得了肠病,住医院没钱!请问,在这种情况之下,生两个好,还是生十三个好?有人在报纸上骂我,说“跟‘共匪’隔海唱和”。其实,那时候,大陆还没有推行节育。他们说:我们反共,需要人,你现在要节育,阻碍反共大业!反对国策!

问:　简直就是超现实!

(谈话在笑声中结束)

写于 1985 年 4 月爱荷华

台湾海峡两岸的对话

访问者聂华苓女士·整理者谭嘉先生

文载 1985 年 6 月 7 日纽约《华侨日报》

1984 年 11 月,爱荷华电视台,跟两位中国作家做了一个访问,题目是:“台湾海峡两岸的对话”。这个访问以对话方式进行。由“国际写作计划”主持人聂华苓女士提问,来自台湾的作家柏杨先生以及来自大陆的作家谌容女士作答,访问用中文进行,节目做好后,加上英文配音,在美国播映。

问： 柏杨，我们在五十年代就认识了，那个时候，我们都刚开始写小说，我读了你那时候发表在《自由中国》上的小说，觉得你的小说是很有批判性的，写得非常好，也非常尖锐。可是你后来改写杂文了，你为什么不再写小说了呢？

柏　杨：小说形式，更需要布局、更需要情节，我觉得它比较迂回一点；而杂文本身像匕首，甚至像炸弹一样，它的效果是直接的，会对我们的社会，我们的国家，有更大更快的帮助，所以我改写杂文。

问： 那你现在还写杂文吗？

柏　杨：已不写了。杂文主要谈的问题是社会问题，也可以说社会的病态，甚至是社会的阴暗面。我并不是因为坐牢而不写杂文，我出狱以后还写了五年之久的杂文。但是我逐渐发现中国的历史太久，文化绵延太久，一切的病态，一切的阴暗面，现代的人固然要负责，但要追溯它的根源，似乎应在文化上作更深入的检讨。所以我改研究历史，从历史中去探讨我们的根，哪些是优秀的，哪些不是优秀的。

问： 你到爱荷华来之前，看过谌容的小说没有？

柏　杨：非常抱歉，没有，而且也没听说过。不仅是谌容的，大陆上其他年轻作家的作品我都没看过，只有三十年代的作家，因为从小读他们的书，所以有很深刻的印象。我是到了美国，在旧金山朋友家才看到《人到中年》的录像带，一直到了爱荷华城以后，才看到《人到中年》这本书，非常抱歉，我知道得太少了。

问： 谌容《人到中年》在国内国外引起了很大的反应，而且拍成了电影。你能不能讲一讲《人到中年》写的是什么？

问： 如果讲故事就太长了，只能说这小说写的是中年知识分子，它的主人翁是一个中年女性眼科医生。我为什么要写中年知识分子？这是因为我们时代决定的。在粉碎“四人帮”，也就是中国“文革”以后，百废待举，都需要建设。在这时候,我认为知识分子是很重要的,而中年知识分子是骨干,我想在这本小说里,写出他们非常美好的心灵,他们愿意把他们的知识贡献给祖国;同时也写出他们现在实际的生活状况,工作条件,也就是不很令人愉快的状况,譬如工资比较低,住房比较挤,这样的一个现实,我想提起社会的注意,要关心这些知识分子。

问: 我觉得有一点很有意思,你们两位以前都不认识,到爱荷华城才见面,可以说你们是隔着台湾海峡写作的,但你们二人有一个共同点:社会意识都非常强烈,你们关心的是国家、是民族、是文化、是知识分子的处境。柏杨,你看过谌容的小说以后,有没有什么隔膜的感觉?

柏 杨: 有很大的隔膜。我看了谌容的小说,以及其他大陆上作家的小说,使我产生一种感觉;虽然我们都是中国人,虽然台湾和大陆本是一体,但假定这种分隔的现象继续下去,再过五十年、一百年,两岸很可能形成两个截然不同的文化。我们的背景不一样,表达方法不一样,思考方式不一样,用词不一样,语言也不一样。读了大陆的小说,有时好像读另外一个世界的小说,很难接受,也许读久就好了。

问: 我是觉得两个社会制度不同、生活方式不同,语言也不同,今天在大陆上的语汇和台湾也不同。

柏 杨: 是的,语汇也很不一样,我向他们学了几句,好像他们说"特好",我们说:"特别好""真好"。

问: 我们说"很棒!"

柏 杨: 还有他们小说里常出现的"同志",不是没有办法接受,而是感觉到很生疏,很隔膜。

问: 我还搅不清楚他们小说里的党委、书记,因为不懂他们的官职、制度,就弄不清楚这个党委有多大的权力,这个书记有多大的权力。

柏 杨: 读外国小说,好像美国、英国、法国小说,虽说文字不同,但书里的男女主角配角等的社会关系位置，我们都很清楚，大陆的小说就不知道了。我不知道这个党委在这个小说的运转中，他的权力有多大，影响有多大，这句话有什么意义，根本不了解，根本是两个世界。

问： 还有，在大陆上用简体字，在台湾用繁体字。柏杨，你看简体字看不看得惯？

柏 杨：我个人主张用简体字，我自己也写简体字，可是一下子看全部变成铅字的简体字还有困难，只是困难比较小。

问： 我本来写繁体字，我看台湾的小说，也看大陆的小说，又回过大陆几次，两种字都接触，有时候自己两种字都写，成了杂的了。谌容，你看柏杨的小说和文章有没有什么隔膜的感觉？

问： 我觉得还是可以理解，也许因为我们看得比较多，我来之前在北京就看到了柏杨的书。

问： 你怎么会看到的呢？

谌 容：我就是看到啦！我看过你的《中国人史纲》，还有你的杂文和小说，我记得你有一部小说叫《挣扎》，其中一篇写一个人坐牢坐了十年，放出来以后，他的妻子另外结婚了，好像是这样的一个故事。

柏 杨：不过那不是写我，那时候我还没有坐牢，离我坐牢还很远。(笑)

问： 那你成了预言家了？(笑)

柏 杨：也许有预感，我不晓得，但我们那种感情，那种生活的体验和挣扎的感觉，大陆会不会是一样的？

谌 容：我看了台湾的小说，有一部分好像是回忆过去的生活，我们可以懂。

问： 那么，写现在的小说呢？

谌 容：因为在国内都可以看到，所以可以懂。台湾我的许多同行作家的作品，我都看过。

问：　　现在大陆上有很多港台文学作品，大学里还有专门研究港台文学的课程。

谌　容：另外我们出了《台湾作家小说选》，所以并不生疏，包括你们的乡土文学，我们都知道。

问：　　你们在台湾看得到大陆的书吗？

柏　杨：当然看不到。

问：　　你看了柏杨，还有其他台湾作家的作品，你对他们的作品有什么看法？

谌　容：总的来说，我看到台湾作家的作品，还是比较少的。但很多作家很多生活面，写的是不同的题材，譬如有乡土文学的，也有的是写自己的生活、感情之类的东西。他们给我一个印象：他们写作题材的选择偏向自己周围的生活比较多，题材并不是很广泛的。

问：　　柏杨，你对大陆小说有什么看法？

柏　杨：我觉得他们的政治意识太强烈，我们不大能体会，就像我刚才说的有隔阂感。

谌　容：或者说，我们写的是社会生活。

柏　杨：唔，社会生活反映得太强了。

问：　　最近我在香港《九十年代》杂志上看到一篇文章，上面谈到大陆小说，作者林培瑞是一位研究中国小说的美国人，他翻译过你的《人到中年》，也翻译过刘宾雁的《人妖之间》，他在这篇文章的序文里，谈到大陆小说着重于社会效果，就有了它的局限性。一定要采用某些引起社会效果的题材，就是它的局限。也有些人说，台湾的小说总是写个人的，也有它的局限性，你对这个评语有什么看法？

谌　容：我觉得文学作品首先得真实反映生活，这是我的基本看法。真实反映生活，那就不只是反映个人的生活，而是反映人民的生活，各行各业的人民的生活，应该去熟悉他们，了解他们。这样的生活当然有鲜花，也有眼泪，这样的生活绝对不会很平坦、很愉快,也有好的也有坏的。如果真实反映生活本身,它就会有它自己的效果,而不是说我要写小说的时候要着重什么效果。不是这样的,应该是倒过来的。如果你真实地从生活出发,那么写出来的就真实地反映生活里的问题。如果为了达到某种效果去写,恐怕不是文学作品。

问: 对,《人到中年》的反应那么大,你能不能说一下你是怎么写《人到中年》的?我知道大陆上作家着重体验生活,要写哪一方面的题材,就到哪一方面去体验生活。你不是医生,你是怎么写那篇小说的?

谌 容: 对于知识分子的生活,我不用体验,我自己就是,处境、工作环境很多是一样的。我周围有许多这样的朋友,我的妹妹就是医生,这个我不用体验。但是当我决定写这部小说的时候,我还是去了医院,去补充生活。我在写这小说的时候,在北京最大的眼科同仁医院待了一个月,就是每天到手术室去,换上消毒的衣服,坐在手术台边,看了很多手术,因为我必须在很多手术中间选一个手术我能描述的,最后我选了角膜移植手术。

问: 你天天看他们动手术?

谌 容: 白天看手术,晚上写稿子,很辛苦。

问: 柏杨,你还会写小说吗?

柏 杨: 我想不会了。

问: 二百九十四卷《资治通鉴》要翻译就够你忙的了。

谌 容: 把《资治通鉴》翻译出来,能让年轻人看懂,我觉得你这个工作很有意义。

柏 杨: 非常谢谢两位的赞扬,我也觉得很有意义,因为《资治通鉴》是一个宝藏,不但是中国人的宝藏,也是世界文化的宝藏,在一千多年之中,差不多每天每月所发生的事,都有记载,全世界恐怕只有中国才有。可惜它的文字太艰难,我希望用现代语文把它翻译出来,让大家都能够了解。

问：　　司马光当初写《资治通鉴》，主要是给帝王看的，是吗？

柏　杨：是的，主要是给帝王看的，要帝王用来做一面镜子。不过因为它是件珍宝，所以它的功用是多方面的，帝王可以看，人民也可以看，我们作为人民的一分子，同样也可以当做一面镜子，来了解历史的发展，发掘更多更多的珍宝。

问：　　你的意思是说：它也可以作为我们现在的镜子。

柏　杨：不但可以作为现在的镜子，你要了解中国，了解中国人，了解中国现在的政治，了解中国现在为什么成了这个状态，要寻找它的根、它的源，那么，这个根、这个源，要从中国历史里找，而《资治通鉴》是最好的一本史书。当然，它不是没有缺点，不过我们可以抛开它的缺点，而只掌握它在文化上的贡献。

问：　　我觉得你所翻译的《资治通鉴》有个特别的地方，就是你加上了评语。你的评语非常精彩，本身就是很好的文章，也是精彩的杂文。

你们两位来爱荷华城已一个多月了，我觉得柏杨是一天到晚在写东西，谌容一天到晚在体验生活，你们用两个不同的方式创作。

谌　容：这是我的看法：文学还是从生活中来的。柏杨先生当然不一样，你是在写历史。我是写当代小说，必然要到生活中体验。这已经是我第二次来美国了。第一次是前年，我去加拿大访问的时候，美国政府邀请我们顺便访问，到了几个大城。爱荷华是第一次来，但是我仍然是很有兴趣。爱荷华是一个宁静的小城，我很想在这儿看一些家庭生活，或者是华人在美国的家庭生活。我已到了很多家庭做客，甚至于住在人家家里。另外一点嘛，是在这儿可以接触到很多作家。譬如今天我就找了南非的作家谈，我觉得了解了很多。当然，我不一定是为了写作，而是为了充实自己，了解人，了解生活，特别是令我很愉快的事情是见到柏杨先生。我们大概如果不到爱荷华来,恐怕很难见面。

柏　杨:我也很高兴能够见到你。

谌　容:我很珍惜这个机会,使得我们能够在一块儿谈话。

问:　　你们两位在一块儿吵不吵架?

谌　容:我们可以在一块儿练习英语。

问:　　怎么样练法?打电话?

谌　容:打电话。(笑)

问:　　还有,你在大陆看不看得到柏杨翻译的《资治通鉴》?

谌　容:我听说北京的"中国友谊出版公司"好像是要出版柏杨先生的《资治通鉴》,你自己大概不知道?

柏　杨:不知道。

问:　　我听说好像有一位美国的汉学家考虑把古文的《资治通鉴》和你的白话的《资治通鉴》,加上你的评语,翻译成英文。还有一点,说老实话,我们是老朋友了,我没有想到有一天能在爱荷华城重见。可以说有三十年了吧?尤其是你坐牢,后来你被释放,当然很高兴,我觉得你现在在爱荷华城不但能够见到老朋友聂华苓,而且可以见到从大陆来的谌容,我觉得这就是表示了台湾是比以前开放。

柏　杨:它是比以前开放、进步。不论是大陆或是台湾,方向是走对了的。

问:　　这真是以前没有想到的。

柏　杨:是,没想到。

谌　容:我觉得需要了解。

问:　　大家可以有不同的意见,连你们两个也有两个不同的意见,是吧?

柏　杨:我觉得意见最好不要相同。

聂华苓、谌容:对!对!

问:　　我们三个人都可以有不同的意见,但是可以坐在一起谈。

谌　容:我们有一点相同:我们都是作家。

柏　杨：我们处得像兄妹一样，这个，我们谢谢“国际写作计划”，谢谢安格尔先生，谢谢华苓。

问：　　我特别要谢谢海峡两岸的政府，使得我在这儿，一个海外的作家，能在爱荷华城和大陆的作家谌容在一起，和台湾的作家柏杨在一起，而且每年都可以和海峡两岸的作家在一起。对我而言，作为一个华裔，作为一个作家，可以说是梦想不到的事情，非常好的事情。你们两位现在有什么写作计划？

柏　杨：她写她的小说，我写我的《资治通鉴》。

问：　　谌容，你下一部小说要写什么？

谌　容：我还是要写中国农村。

问：　　我记得你在来之前在中国农村住过很久。

谌　容：对，对。我在今年年初就待在农村，而且我在一个县里当顾问。

柏　杨：什么顾问？

谌　容：我这个顾问是挂名的，因为我到处跑，可以给他们传递点儿信息。

问：　　你下一个长篇？

谌　容：唔，不敢说，写到哪儿算哪儿，因为我手里面还有一些稿子，我不知道我能先赶出哪个，哪个先写好就先发哪一个。

问：　　谢谢你们两位。

很难绝对客观

访问者张灼祥/香港电台“开卷乐”节目主持

魏便利/香港电台中文台教育组编导

被访者柏杨/台湾作家

张香华/柏杨太太,台湾诗人

文载1987年3月8日香港《信报》

问：杂文中,你对一些不喜欢的人说是晚娘脸,这是否与小时候的遭遇有关?

柏　杨：应该有关。小时候都希望得到父母的温暖,如果父母沉脸,甚至翻了脸,就会觉得害怕,受到伤害。

问：初中时,你因体罚问题与老师争论,现在年纪大了,经验也丰富了,是不是还坚持不能体罚孩子?

柏　杨：我不但坚持,而且绝对反对。"因为爱你才打你"这句话,有一定程度的道理。但是我们明白,愤怒的时候,便会失去分寸,很容易伤害孩子。孩子是脆弱的,如果到了不得不打的地步,也要小心,也要懂得自制。对于孩子,我觉得不应该体罚,而且也不要骗孩子,不论是什么方式都不可以。

张香华：我任教的学校是台湾著名的一所优秀中学,但是有些时候学生的意见和行为,也会令我感到愤怒。可是,我依然不赞成体罚,因为我们要顾虑它的副作用。首先,我们很难控制自己的感情,很容易出错。而且我们应该要让学生明白自己的责任,不可伤害他们的自尊心。

问：你的小说风格与鲁迅相近,可是结构和技巧不大成熟,往往流于说故事的形式,如果名之为报告文学则可,但若说是优秀小说,则有所保留。你自己有什么看法?

柏　杨：我常常觉得自己的作品很好,可惜没有人同意。都说我的小说含蓄不足,香华就批评我,说我写小说时不肯用心,其实我花了很大的心血,也许是能力不足吧。

张香华：我认为他的个性不大适合写小说。他是热情和主观的,想什么就说什么。而小说应该是含蓄的,作者应该能入能出,有时候需要冷静的分析,他的小说过分重使命感。

问：你的小说内容都倾向描绘社会的黑暗面?

柏　杨：鲁迅也是如此。我觉得自己应该提出这些黑暗的现象。在五十年代，许多台湾人都是同样面对这些困难、绝境。我思考为什么会如此？我不能忘记那个时代、那种生活，所以便写出来。写的时候，心情很沉痛。

问：你的杂文常提出人性的黑暗面，较少指出应如何改善，观点是否过于偏激？

柏　杨：如果社会没有毛病，我要挑也挑不出来。在社会中，不是每个人都会看出同一的毛病，不同的人便有不同的意见。至于指出如何改善，真奇怪了，为什么不自己思索，而要人指出！

问：但是，偏激的感情容易引起共鸣感，更令人产生错觉，认为你所说的全都是真理。

柏　杨：我认为真理应被允许用充分的感情表达出来，不应该非用冷冰冰的辞句表达不可。真理的判断不关乎感情，只要是真的，充分感情可令它更合乎情理；如果不是真的，任何学院派的语调也于事无补。

问：可是人性是复杂的，如何能够界定对错？

柏　杨：人性的复杂与行为的对错没有关系，人的一生，就活在不断地判断对和错之中，你必须学习如何判断对错，不管你高兴不高兴。

问：你的文笔很流畅，有人形容为“绕指柔”，是怎样训练出来的？

柏　杨：这是过分的赞誉，我没有这份功力。

张香华：以前，我读他的作品，觉得他应该是写得很快、很轻松。当生活一起以后，才发现他写作的速度很慢；苦心经营，反复修改，有时候初稿和修订稿的日期相差很远。

问：你因坐牢而妻离友散，但也因此而跟孙观汉、陈丽真等人成为更好的知己。这对你产生了什么启示？

柏　杨：灾难好比一个过滤器。一坐牢，许多朋友都离去了，因之朋友也不复杂了。孙观汉先生和陈丽真,是我的恩人,这种传奇性的义男侠女,可遇而不可求,而我遇上了,这是我的福气。我不会因曾有朋友害过我,出卖过我,而改变我喜爱朋友的心,也许因为我喜欢读《水浒传》,满腔豪气,所以要变也变不来。

张香华:他的秘书批评他,交朋友不懂得适可而止,我觉得这句话真好。朋友与朋友之间当然应该互相关心,但是也要讲求适当的程度。可惜,他的性格就是如此。

问:历史应该是以客观的笔调来记录。如果过于主观,便难免偏差、煽情。你觉得《中国人史纲》是否有这样的问题?

柏 杨:中国人的历史最久,历史书也最多,但是许多中国人都害怕读历史,认为很枯燥,所以我希望能尽量令它趣味盎然。中国史书都是冷冰冰的,说明有太多的历史学家写不出生动的文章。至于主动和客观,我们很难界定,我相信没有一个历史学家能够完全客观。

问:在《柏杨版资治通鉴》的《柏杨曰》中,你以现代人眼光去看历史事实,常常表现出同情的态度,有人不赞成。请问:我们应该以什么眼光去评价历史?

柏 杨:我们应该以现代人的人权眼光去评价。否则,我们就没有理由谴责白起在长平坑杀降卒四十万了。

问:最近,我们举办"开卷有益"读者报告征文比赛,目的是推动阅读风气。你可否向青年朋友推荐几本有价值的书籍?

柏 杨:我推荐《资治通鉴》,纽约大学教授唐德刚先生称之为"一书定天下"。从这套书,我们可以透过种种事迹,去学习判断、批评我们的民族、生活,并帮助我们展望未来。

怎么看中国历史

访问者胡菊人先生

文载1987年4月16日香港《百姓》杂志

问：我想为我们的读者请教您一个问题。您阅读了那么大量的历史书籍，写了那么多历史的书，历史的洞识力很深刻，同时，见解也很特别，徐复观先生生前跟我谈过他的经验，那是国共内战的时候，他受蒋介石的委托到延安见毛泽东。他问毛泽东："你看我们应当怎样念历史？"毛泽东答："念历史当然要看朝代的兴替之际，一个朝代为什么覆亡，另一个朝代又为什么起来。这是最重要的。"你看这个说法对不对？

柏　杨：中国人看历史往往出于功利观点，那就是，我们从历史可以汲取什么样的教训？就正像刚才谈到的毛泽东答徐复观问，着眼点于从朝代的兴亡上吸收经验，这与毛泽东的身份，恰好相符合。不过我认为，历史的教训功能，微乎其微，假若历史有教训功能的话，人类为什么总是犯同样的错误？纵使他可以从历史看到许多教训，发出很多感慨，但历史的教训毕竟不能转变他的政治行为。举一个例子来说，一个专制国家、一个皇帝，一旦失去军队的支持，他就永远不能复兴。可是，帝王们往往不服气，失去了军队的支持之后，往往还要反扑，还要夺权，于是招来更悲惨的打击、屠杀。可见他并没有汲取历史的教训。所以，我们读历史最好是抛弃功利的观点而改用另一种态度：探讨真相，丰富人生。

问：　　对。读了《资治通鉴》也没用，宋代以后，人还是犯同样的错误。

柏　杨：所以，政治不能靠历史制衡，也不能靠圣人的教训制衡，也不能靠“天视自我民视，天听自我民听”“苍天在上”“天人合一”制衡，而需要制度制衡。因之，我们是不是可以把历史当做一件艺术品！像看一幅图画、听一场音乐演奏，可以从中得到什么益处呢？人，不应在艺术上追求功利。一个人有知的权利，他要知道他个人过去的生命，国家过去的生命。这个成长的过程，他有权利知道。也可以说，他有知道的义务。知道以后，他从中是不是汲取什么教训，或受什么影响，属于另一个范畴。

问：　　中国几千年的历史，经过许多朝代。皇朝的兴替，以及无数的战争、起义、叛变，近代更有许多次革命，奇怪的是，为什么中国的改变很少，进步很慢，请问原因何在？

柏　杨：很多学者在研究这个问题，有很多看法。我并不认为我的看法是成熟的，不过我有一个感想：这与我们整个农业社会结构有关系，生产工具本身没有多大改变，所以政治上也没有多大改进。还有一点，我们中国学术和政治上的最高指导原则，缺乏人权和民主。像白老鼠走迷宫一样，因为没有一个最高指导原则，所以走来走去，总走不出去。中国革命永远是帝王将相型的，不能产生西方式的革命，西方革命产生了很多很特别的体制。而中国的思想家永远在帝王将相漩涡中团团转，始终没有出现启蒙的大思想家。所以，流血也好，不流血也好，成功之后，除了当帝王将相之外，没有第二条路。所以，我们的历史永远在盘旋，总是老一套。而且，这个盘旋是下降的。

问：　　这就是您刚才谈到的，缺乏一种制度来制衡，所以近代革命，从太平天国一直到辛亥革命，都改不了帝王将相型那一套。

柏　杨：而且越来越专制，越来越堕落。在宋王朝以前，宰相还可以坐，宋王朝以后，宰相就要站，座位被取消了。明王朝以后，宰相还要跪。而且，儒家思想跟现实政治利益越来越结合，越陷越深，终于使人性扭曲。

问：我想这是儒家思想好的方面没有能开发出来，而负面的影响一直存在。

柏　杨：中国的"治世"时间很短，而且，治世过去之后，一定发生一次大的动乱，它不是慢慢的动乱，而是一下子突然动乱，好像一块石头从山上被推下，滚动着堕落。不像大英帝国逐渐地没落，而是一下子就摔碎。例如南梁一任帝萧衍，有一段四十五年的平安日子；以后隋王朝一任帝杨坚，也有二十年左右的好日子；再就是唐王朝二任帝李世民的贞观之治二十余年，唐王朝九任帝李隆基开元之治二十余年，唐朝立国二百七十六年，总共也不过大概有六十多年的好日子，其他全是大小动乱。

问："治世""乱世"循环不止，所谓"乱"的因素不外几个，如宦官、外戚、农民起义、藩镇及军队叛变等等。

柏　杨：实际上，中国没有政府，只有宫廷。政府是后来皇帝为了办事方便起见，教一批家奴从宫中搬到外廷去住就是了，实际上仍属于宫廷大院。中国保持两三千年的最高官位"侍中"，就是"宫中侍候""侍候宫中"。有一件最奇怪的事，就是中国出了那么多"大儒"，却没有一个人能像西方思想家那样，构想出一套制衡权力的方法。西洋思想家硬是有这种能力，制衡办法最初看来是不可行的，不可行没关系，只要能想得出来，就等于点燃了一盏明灯。中国思想家因为连想都想不出来，甚至连想都不敢想，所以中国社会一直没有变化。

问：这就是说，中国的皇朝兴替及权力之源的问题，从来就没有动过。

柏　杨：可以这么说。权力永远高高在上，没有下移，这是最根本的问题。所以革命的成果总是被野心家吞吃下肚。

问：　换个话题，请问中国知识分子在历史上，处于一个什么地位？

柏　杨：能有什么地位呢？后妃嫔姬是皇帝的女玩偶，知识分子是皇帝的男玩偶而已，好比前面说的"侍中"，"侍中"就是宰相，可是他的职务却是在皇帝身边拿尿壶。一个知识分子，皇帝给他这个位置，准他拿尿壶，他就光荣得不得了，还有什么地位呢？所谓地位，不过是跪在有权位的人面前，给他出主意，屠杀反对他的人，然后讨一碗饭吃而已。陈胜、吴广起义成功，孔丘先生的后裔，抱着"儒书"，马上就投奔过去，因为秦王朝轻视知识分子。不过话又说回来，历史上哪个皇帝尊重过知识分子？真正尊重知识分子的是宋王朝，也不过不杀知识分子而已，然而这也竟然成了美德，就感激得不得了啦。知识分子最可恨的就是无耻、冷血、没有良知、睁着眼睛说谎。明王朝对知识分子那么大的侮辱，竟然有人认为是光荣。现代中国人受那么多苦，就是因为祖先前辈造孽造得太多。

问：　知识分子在文化上极有贡献。柏杨你看中国历史上文化发展最好的，是哪一个朝代？

柏　杨：我想是宋王朝。宋王朝是中国第二个"百花齐放"的时代（第一个是春秋战国）。可惜的是，那个时代只有一个花园，就是儒家花园！尽管只剩下一个花园，还是有许多花朵出来，好比王安石提出的政治改革就很突出，范仲淹也谈改革，不过范仲淹这个人太聪明，一看改革不对劲，就马上停止，不像王安石那样，坚持改革到底。好比朱熹、二程（程颐、程颢），当时都自成学派。不过，即令有这么好些学派，到最后只使儒家更僵固，一个花园是太小、太狭、太单调了！

问：　在中国历代的皇帝当中，你认为哪一些比较好，一般认为很坏的，比如秦始皇、武则天，你有什么看法？

柏 杨：秦始皇嬴政是一个好皇帝，他坏在哪里？要说他坑儒，才坑四十几个人！哪一个皇帝不杀几百几千，甚至几万知识分子？嬴政倒霉的是：在他以后的王朝，都统治得太久，不斥责嬴政，就反映不出来自己是仁君。至于说他焚书，哪一个朝代不烧书？你烧书是圣君，我烧书就是暴君？你杀知识分子是圣君，我杀知识分子就是暴君？这不公正。而且，这个不公正还把我们误导到：不是嬴政做的，也要写到嬴政账上。比如万里长城，并不是嬴政开始建的，为什么硬说是他建的呢？这就是中国人的毛病，不讲实话，不就事论事。

抨击武曌的暴行，不在于她当皇帝，不在于她有许多情夫，也不在于她用酷刑、酷吏，而在于她竟把酷刑用在贵族身上。过去，酷吏、酷刑用到小民身上，没有人说话，可是一旦用到贵族身上，贵族叫起来，就在历史上留下记载。武曌是一个残忍的女人，一点不错，但她对整个民生没有什么了不起的伤害，至少，她绝不比别的皇帝更坏。我想，对中国人民真正有坏影响的皇帝，应是明王朝一任帝朱元璋。

朱元璋的恶毒、下流、卑陋，使人惊骇。本来，评论皇帝最好不要谈品德，因为皇帝属另外一个世界——“禽兽保护区”。讲品德，就没有一个皇帝像人。中国人跟元王朝的蒙古人作战的时候，朱元璋却躲在背后发展自己的力量，屠杀跟蒙古人作战的抗暴军！所以，他不是民族英雄，而是民族罪人。第二，他建立八股文的科举制度，使中国六百年之久无法脱离思想的控制。唐王朝二任帝李世民招揽天下知识分子，如果你不来，也就算了，他反倒尊重你。到了朱元璋就不一样，君王征召你，不来就是犯罪。第三，朱元璋建立一种空前未有的特务镇压系统。第四，他对中国人性尊严的摧残，是加强中国人奴性的一个最大的动力之一。他留下来的政治制度，对人民是一个最坏的制度，但对帝王来说却是一个最好的制度。朱元璋不但是一个坏皇帝，而且是一个坏痞。

问： 但有人说元王朝以后，朱元璋复兴了中华文化。因为蒙古人毁灭了中华文化！

柏 杨： 他没有复兴，恰恰相反，他糟蹋、摧残中华文化，八股文就是例证。

问： 那么再说好的皇帝，或比较好的皇帝，你看有哪几位？

柏 杨： 我主观的看法：好的皇帝也有几位。西汉王朝最好的是十任帝刘病已，中国从来没有一个皇帝像他那样注意到基层的行政效率，他经常召集全国郡长到首都开会，听取报告。从来没有一个皇帝能做到这一点，可是，儒家还批评他。东汉一任帝刘秀也是位了不起的皇帝，他严密地注意到官吏的廉洁、办事的效率、刑罚的公平。在古代，这三者就是整个政治内容。这三者好的话，天下太平。西汉七任帝刘彻前半段打匈奴，也了不起，他能堵住匈奴，从那时候起，匈奴就很难再向南侵。到了五胡乱华，苻坚大帝也了不起，一个文化水平很低的少数民族，控制整个北中国；苻坚把氐人三千家、五千家派到各处，在全国各地方建立据点；而且，他很信任王猛，在大乱之中的北中国，短短的三四年之间，建立太平盛世的局面，没有一个中国皇帝有这么大的魄力，和这么大的能耐。可惜他当权的时间不长，这是中国的不幸。再一个是唐王朝二任帝李世民，李世民一直记住杨广失败的教训，因为他亲眼看见。李世民以后那些皇帝，都不足道。

比如赵匡胤、赵匡义，都是平庸的二流或三流货色，宋王朝几百年，只有六任帝赵顼，任用王安石坚持改革。明王朝皇帝一蟹不如一蟹，三百年以来没有一个好东西。清王朝四任帝玄烨、五任帝胤祯禛，和六任帝弘历前半段，都是负责任的帝王，足足支持前后一百年的盛世。不过因为我们上一代革命推翻满清，所以对满清的印象特别不好。

问：　　这就牵涉到少数民族。你看中国文化、中华民族、少数民族，这些关系是怎么分与合的呢？

柏　杨：我们是一个多民族的国家，满人、回人、汉人……应该是一家人，但当初确实是分了。满洲人进关，语言不一样，长的样子也不一样，当时抵抗满人入关那种可歌可泣的事情，我们认为是值得歌颂的，满人屠杀汉人的事情也是应当受到谴责的。但现在不能算旧账，就像两人结成夫妇，就不能追究当初交往时的怨恨。

问：　　梁启超认为中华民族之形成，是因中华文化什么都吃，像鸵鸟一样沙石泥土都吃，消化力很强，外族入侵，他们的文化就被中国文化吃掉了。结果，中华民族还是存在。

柏　杨：这见解有一定的道理。问题在于他是否肯定这么一个前提："强势文化"才有能力吞食"弱势文化"。汉民族文化当时是"强势文化"，所以才能吃掉"弱势文化"。假若这样的话，那么，还有自信称自己是"强势文化"吗？

问：　　你觉得从过去的历史看，中国发展的前途有什么值得注意的？

柏　杨：中国文化要是不转弯的话，那就会一头栽到地狱。如果还是坚持我们的文化是优势文化，别的文化都很差，还是我们自己的东西最好，不能面对自己的缺点，那么我们只能自我陶醉，所谓中国前途——中国根本就没有前途。

我在一个杂志上看过一篇小说，写一对男女在下降的电梯里接吻，狂欢极乐，搞得天昏地暗。当电梯到底，电梯门打开的时候，他们才发现早已进入地狱。这篇小说有很深的启示作用，我们如果继续狂妄自大，愚昧不醒，以优势文化自居，而不悲痛反省、急速改革，结果会发现我们面前是通往地狱之门。

从人治到法治

访问者钟春兰女士

文载 1988 年 3 月 1 日台北《客家风云》杂志

问： 你和国民党的渊源颇深，关系也颇复杂。可否请你谈谈入党来台的经过，以及年轻时你对国民党的认识。

柏 杨： 我十八岁加入国民党，是对日抗战第二年（1938），在军中跟着大家集体加入。那时共产党远在天边，加入共产党根本不可能，我没有选择的余地，周围接触到的、耳朵听到的，都是国民党。不过，我虽然是集体加入国民党的，我并不后悔，因为政治理念给我有归属的感觉。抗战时蒋中正的威望非常高，当时青年对蒋中正效忠的心态，可从一件事看出来：平日我们年轻朋友聚会谈话，都发自内心地称呼他"领袖"。记得我在"军事委员会战时工作干部训练团"当兵时，他有次阅兵，我当仪队，当时效忠他的程度简直快沸腾起来。我那时的心理，如果有人刺杀他，我会趴到手榴弹上保护他，我愿意为他牺牲，为他挡住枪炮。

抗战末期，年龄长了几岁，心智也成熟多了，开始发现身为国民党总裁的蒋中正并没有能力治理中国这么大的国家。

后来我之所以跟随国民党来到台湾，根本说不上有什么具体计划。那时在大动乱之下，每个人都恓恓惶惶。八年抗日加上国共内战，十年的时间，人们流离奔波，缺吃缺穿。那时我茫茫然地去到上海，在徐家汇住进设在四号桥警察公墓的难民收容所。有天忽然听到几个年轻朋友谈论已迁到台湾的海军士官学校招生的事,恰巧负责招生事宜的大队长吴文义,是我以前当兵的队长,我便这样的来到台湾。

到了台湾,我越来越发现蒋中正心胸窄狭,见识有限。所谓“君子不可不弘毅”。毅,他是有的,就是不够弘,心胸不开阔。而政治这玩意,却是非“弘”不可,否则弄得自己不快乐,大家也痛苦。

问: 蒋中正、蒋经国父子领导国民党七十多年,你和蒋氏父子都有所接触。先请你谈谈对蒋中正的认识如何?

柏 杨: 蒋中正头脑僵固封建,不论外貌内心,都是蠢而且笨,见识肤浅。举个例子,他当军事委员会委员长时,到处设立驾凌行政院之上的“委员长行营”;后来当了国民政府主席,改成“主席行辕”;一脸“我就是要过瘾,我就是要破坏体制”的沾沾自喜。

蒋中正没有能力治理国家,从另外一件事可看出。那时重庆有家共产党主办、每天都抨击政府的《新华日报》,蒋中正每天早上都看,于是政府各个首长每天早上去“官邸”时,在车子上都害怕得不得了,怕挨蒋中正的骂。在上者若有统御能力,并不需要骂。要是常常骂,做属下的唯一希望是不要被骂,结果是:不工作不做事的人,反而受到重视,因为“多做多错,不做不错”。

蒋中正到台湾后,记得有次青年节,救国团在从前总统府前的三军球场举办大会,蒋中正上台讲话。因为大会是救国团主办的,我就站在他旁边。他讲完下来时,对着副总统陈诚,用一种极为轻视的姿态,对他说:“你跟他们讲讲话,嗯! 你跟他们讲讲话,嗯!”一面说一面走了,傲慢嚣张,连正眼看陈诚一下都没有,仿佛陈诚不够格似的。蒋中正没有温暖,也没有风度,只是形势把他推上金銮宝殿,他早已忘了自己是谁。所以盟军中国战区参谋长史迪威将军曾说:"蒋中正的能力只够指挥一个团或一个师。"

问: 蒋经国先生过世了,他在晚年的一些改革,开启台湾民主政治的新页,赢得海内外一片赞誉。在大家歌功颂德之余,请你为我们拂去政治上的层层尘雾,让我们认识、了解真正的蒋经国。

柏 杨: 我对蒋中正非常失望,但是我觉得蒋经国差强人意。刚来台湾的几年,他时常自己开着吉普车去北投政工干校,那真是早起晚睡,枵腹从公。他有他父亲很多不及的地方。他知道群众,而蒋中正却只知道聚帮结派。

蒋中正有句名言:"只要是要钱的事都好办!"1960年国民代表大会在台北开会时,代表闹得很厉害,他问当时的秘书长:"他们闹什么?"答说:"他们要钱,要出席费,要房子。"蒋中正说:"没关系,只要是要钱的事都好办!"过去大陆上很多反对他的军阀斗不过他,即是因为他有钱、有特务组织。现代化的特务组织加上古老的金钱,一下子便把对方瓦解。但他那一套遇到共产党,便完全失灵。

蒋经国比他父亲能干得多,他知道国民党失败在于官吏的贪污、军队的腐败,所以他加强政工,整肃军队风纪。当年在大陆时国民党军纪之坏,比土匪还不如。军人要是看你不顺眼,可以把手榴弹丢到你家里,甚至用机关枪对着你扫射。随便一个穿军服的士兵上了火车,要占几个位子就占几个位子,没有人敢讲话,他更不需要买票,因为没有人敢向他要票。

此外,军队中普遍吃空缺。一个人当连长,家里就成了银行。这些弊病都在蒋经国手里有所改变,对社会的安定有莫大的帮助。除了整饬军纪外,蒋经国还有个贡献,便是退除役官兵辅导委员会的设立,替退除役官兵安排出路,用他们开凿横贯公路、兴建工程等,让他们退了伍仍有盼望,否则军人没出路,台湾社会可能早就陷于混乱。

他和他父亲截然不同。蒋经国是相当无情的,而蒋中正是黑社会起家,对一些贪污犯还念乡友之情,姑息、纵容他们,蒋经国则严刑峻法。

蒋经国还有个好处是很少人能左右他,历史上一些昏暴之君,其实是被别人牵着鼻子走的獒犬,蒋经国则不太受别人左右。他的侍从不能跟他谈半点公事,否则立刻调走。起初看他老是调换随从副官,有时一星期调一个,觉得很奇怪,后来发觉原来如此。前几年,反抗群众骂他骂得很厉害时,他完全知道。有人提议制裁,他对那些特务说:“这是骂我蒋家,我都不发怒,你们发什么怒。关于我蒋家的事,你们不要管。”

基本上,蒋经国的性格不是民主的,在某方面来说,也都不可爱。四十年前,我在复兴岗当过兵——暑假期间一个半月的“中上级政工干部储备训练班”。那时礼拜天是放假的,后来因为加强训练,临时规定礼拜天不准出去。很多人为此怨声载道。有些从南部来的,不见得对政工有兴趣,但对台北有兴趣,希望上台北玩玩,或和女朋友约约会,这下子不能玩了,火大的找出蒋经国以前的讲词:“长官不得以任何理由剥夺士兵的假日。”他们把训词拿给当时在政工干校当教育处长的王升看,要他向蒋经国报告(蒋经国当时任政战部主任),但是王升不敢报告。

蒋经国这样的性格,在他生命最后两年的革新求变中,得以发展出了不起的突破。假如他早两年去世的话,台湾政局绝没有这样的局面。虽然他同样有很大私心,但这难免,我们不作过分的苛责。

问: 蒋经国的改革为什么来得那么晚?而不早几年?他改革的力量来自哪里?是形势所迫,还是靠他本身的智能?

柏 杨: 改革所以来得那么晚,因为蒋经国似乎仍然在希望:最好不要改革。他一直想重回大陆，而且很相信这件事。当幼狮文化事业公司筹备时，他曾说:“开幕成立这一天，我要参加。”当他知道已定于十月十日他不能参加时，他很懊恼地说:“哎！反攻大陆后，我对幼狮公司有很大的计划。”

还有1951年左右，蒋经国接管特务机关(所谓情报改制)，很多人反对，认为:“太子”怎么搞起特务呢？为此，他发表一篇文告，每个干部都收到一张。文告上有一段话，大意是:“我曾问过戴笠同志，要是情报工作与法律冲突的话，我们怎么办？戴笠同志告诉我:‘革命就是法律。’”革命怎么就是法律？特务机关只能执行法律，怎么可以违犯法律！由此可看出蒋经国专制封建的强悍心态。他一心想反攻大陆，想维持他父亲传给他的权力系统。所以他一步步地夺权再夺权，盼望时机成熟，在美国的协助下，国民政府重回南京，统治整个大陆。所以他是排斥民主的。

他最后所以做出的改革，有几个原因:一是形势所迫，外在的环境、时代的潮流已不允许他继续独裁。第二，他感到孤单，军队士兵和干部地域性的变化，他不敢作任何冒险。此外，他自己也觉悟到反攻大陆的愿望不能达成，自己的身体也不允许达成。生命有限，“人之将死，其言也善!”糖尿病使他感到哀伤，感到人生乏味，以往的雄心壮志没有了，这时他只想到一点——他的历史地位。他要在历史上留名，这是他睿智的地方，也是让人赞许的地方。

怎么看法律

访问者杨子江先生

文载1988年6月台北《卓见生活》杂志

由于近期台湾社会形态转变得极为快速,而脱法和脱序行为却一再发生,台湾社会遂呈一片混乱。因此,本刊特访问柏杨先生,探询他对"解严前后"社会现象的独特看法……

问: 部分人士对台湾民众的"法律素养"评估,并不是很高,对此您有何看法?

柏 杨: 中国人的一般法律知识,几乎可说是"零",试看中国人竟把"情""理""法"并为一谈,希望三者能同时兼顾,就可作为说明。因为在制定法律之初,就已经把"情"和"理"考虑在内;所以在执法者行使公权力时,不应再把"情"和"理"推到法律之上。

问: 社会形态转变趋向于更民主的境界,为什么目前社会上有更多脱法行为?

柏 杨: 社会形态是在转变,现在,人民许多行为,都脱离法治的轨道。至少在目前,法律和道德都没有发挥它应有的约束力,社会遂呈现一片混乱。这种现象产生的原因,一方面过去大家都把不满的情绪压抑下来,长久积压的结果,造成谁都不知道"标准"的尺度是什么。另一方面,法律及政府都没有建立起公信力。

举例而言,人身攻击在民主国家中是一件严重的罪行,会受到严厉的处罚,反观我们台湾,处罚却十分轻微,有时候罚一点点钱就可以了事,根本发生不了任何吓阻的力量,反而有鼓励做人身攻击的倾向。

也由于台湾政府没有公信力,法律没有尊严,人民不遵守社会秩序,脱法行为当然大量发生。最使人感到兴趣的是,有些人不断公开地侮辱国家过去的元首——蒋中正父子,表示他乐意于因此而受到法律制裁。这种现象显示人民过去所受的压迫和愤怒的反弹,要想保持绅士的风度,确有困难。

问: 对于压抑不满情绪所发生的后遗症,我们应抱何种态度?

柏　杨: 由于被压抑太久,好比弹簧,一下子松手,它会毫无选择地猛然弹起来,并且可能因弹得太高而失去控制,我们的社会目前正是如此。积存了太多因不满而产生的问题,不单单只是人身攻击和恶意栽赃而已。不断脱法行为发生,告诉我们:这不是一个健康发展下的常态社会,而是一个从传统封建下蜕变出来的问题丛生的病态社会。

长期的高压控制,人民在不得已的情况下服从命令,控制一旦拿开,人民就会开始抗争,几乎全是情绪性的发泄,社会上充满了怨恨的"毒话"。根本解决之道,必须从问题的症结所在着手,如果畏惧真相,不敢探讨病源,彻底医治,而只是一味呼喊"仁爱宽恕""过去的已经过去",只会使灾难扩大。

问: 部分人士认为我们的社会太过于开放,对此您有何看法?

柏　杨: 这句话是胡扯!"开放"永远没有太过。只有"有"和"没有"的区别。好比人类日常生活中不可或缺的空气,人人都有权利充分享用,不会有太过的问题。

我认为应更正为:开放是否超越了法律所赋予的极限?目前我们的社会需要的是法律、规则、道德勇气、公道和正义感,就是因为缺少这些动力,使得社会呈现混乱,但我们不必怪罪“开放”，怪罪“自由”，只要建立起法律秩序，一切都会步上正轨。

问：　一般民众对于戒严令的实施并未感觉有所不便，但仍有少部分人士持反对立场，对此您有何看法？

柏　杨：大多数民众（包括我在内）不了解自己应享有的权利，所以也不知道戒严令的实施，到底剥夺了自己什么？

举例而言，在戒严期间，一切犯罪案件均属军法审判（后来才限于叛乱及盗卖军油），并且禁止宪法所赋予人民的集会、结社、罢工的自由。然而，最严重的是台湾的戒严令实施长达四十年之久，在这一点上，国民党可谓创下世界纪录，应该卖给金氏（吉尼斯）年鉴。

问：　您对于戒严期间所谓“政治犯”有何看法？

柏　杨：以政治理念而被囚禁的人，不管扣到头上的是什么罪名，都是政治犯。政治犯和刑事犯最大的差别在于前者是为了别人的利益，或是为了其所信仰的政治理想；后者则是为了自己的利益。

国民党叛乱罪的刑罚，最轻的是七年有期徒刑，最重的是死刑或无期徒刑。但是如果被认定加入了叛乱组织且有叛乱的行为，却是唯一死刑。例如，某人五岁时参加过共产党儿童团，今年他八十八岁，说了一句批评蒋家的话，就是唯一死刑。然而最使人震撼的，却是有些人在服刑期满释放后，依然被软禁。软禁比判刑更可怕，判刑总有一个期限，连无期徒刑也有可能减刑、大赦，而软禁却不知道自己是否能活着离开牢狱，因为他没有判刑，所以“减刑”、“大赦”都轮不到他，这是国民党蒋中正、蒋经国父子最大的罪行之一。

问：　解严之后，台湾社会上出现许多“街头抗议”事件，对此您有何看法？

柏　杨：目前的街头抗议虽然容易发生冲突，但我们并不需要忧心忡忡,应用平常的眼光看待,与西方国家几百年的示威游行历史相较,台湾的民主政治现在只不过刚刚萌芽,就好像一个刚要学走路的小孩,重心不稳时,总会跌倒,因而对于冲突事件的发生,实不足为奇。等到人民的法治水准达到某个程度,暴力行为就难获得支持。

西方国家的抗议方式,通常是手中高举着牌子,把自己不满的理由适度表示出来,让别人知道自己的痛苦,而不是要制造别人的痛苦,如此才能得到大多数人民的同情。至于西方国家的政府对于抗议事件,并非全部接受,他们会先请学者专家来评估衡量整体事件,如果认为要求不合理,政府不会屈服。

问: 解严后报禁随之解除,对于执笔者有些什么影响?

柏 杨: 戒严期间,每个人(包括编辑、记者、作家)心里,都有一个小型警备司令部(我们称之为"小警总"),都非常小心翼翼地保持自己的警觉,自我设限于一定的文字范畴。但往往事与愿违,常有意外情况发生,碰上地雷。譬如,捡字工人一不小心便会把"中共"捡成"中央",类似这种错误,警备总部与特务机关,绝不宽恕,最幸运的结果是被认定"为匪宣传"——七年以上有期徒刑。某些人已经够特别小心谨慎的了,但是仍然不可避免锒铛入狱。

解严之后,阴霾仍深植于部分文化人心中,他们惊魂不定、观望疑惧,认为国民党的解禁措施只不过是暂时现象,都不敢轻易地抛开心里的"小警总";而另一部分人士则因长期的压抑,一旦解开枷锁,就如同脱缰的野马,飞奔骋驰,写出来作品的激烈和高姿势,往往超过正常社会的正常抗争水平。

问: 您对于目前翻案风波之盛行,有什么看法?

柏 杨: 我赞成翻案,目的是要使真相大白。对于被处死的人虽然不能复活,但活着的人却可以因死者的沉冤得伸而获得再生。人民有知的权利,只有使人民知道冤狱的真相,才有可能防止以后再发生同模式的冤狱。所以对于翻案,任何人都不必担心,除非他是制造冤狱的主凶或帮凶!

问: 我们的法律是否制定得不够完善,您有何看法?

柏 杨: 国民党政府制定了全世界最完整的“刑事诉讼法”。但是在特务和昏聩卑怯的法官手中,却没有效果!因为特务和昏聩卑怯的法官先生,破坏了它。

中国人喜爱弄权,政治领导人物尤其喜爱弄权,这是传统文化中最大的病毒。举一个例子,比如说,蒋中正制定法律,不准在客厅里小便,但他自己却偏偏在屋角撒泡尿,表示他不同凡品。想要革除这种恶习,每个人必须有法治观念,和有道德勇气保卫法律的尊严。

恨铁不成钢·不满都是爱

——走在历史与政治锋口的柏杨

访问者苦苓先生、洪惟勋先生

文载1988年9月台北《汉》杂志

在柏杨的观念中,人民才是主体,国家只是为了增进个人幸福而存在,所以大前年(1984年——编者注)他在美国爱荷华访问时,才会说:“不要祖国强大,只要人民幸福。”

“醒握天下权,醉卧美人膝”,古今多少豪杰,似乎都逃不出这种伊藤博文式的“性与政治”欲望中。在诗人苦苓的循循善“诱”下,柏杨一路滔滔不绝地说出他对“性与政治”的看法,时而愤慨,时而幽默,在谈到中国传统酱缸中反人道、反理性的部分时,那种痛心急切的语调，不禁令人联想到访问者苦苓那本脍炙人口的诗集名称——《每一句不满都是爱》。正因为有“爱”，才会有那么多“不满”啊。柏杨，这株文坛的常青树，正是中国书生的一种典范。

问：中国古代为了满足皇帝一个人的性欲，往往要挑选成千上万的女人进宫，从政治的眼光来看，这到底有何意义？

柏杨：中国的宫廷是全世界最奇怪的一个构造，和西方的宫廷完全不一样。像凡尔赛宫，宫内各“殿”不过是一个没有门的套房而已，皇帝皇后两个人住在其中一个套房，皇帝的情妇有时住在其他套房。因此，要像中国一样，养那么多女人，根本不可能。

中国的宫廷养那么多女人，大概从周王朝开始，周王朝是儒家思想的发源地，受儒家系统崇拜，但不知道是什么原因，也许是那时候女人太多，男人有义务分担“消化”女人的责任……

问：按人口比例来说，男女应该是差不多，是不是因为对皇帝的一种崇拜，认为“龙种”是优秀的，需要大量地繁衍，所以要选那么多女人进宫？

柏杨：帝王要那么多女人，不见得是为了推广优秀品种，但是，他确实需要很多儿子来扩张并巩固他的政权。像战国时代的齐国的国王田因齐，他祖先是从陈国流亡到那里的一个王子，形单影只，就是拼命地生，又能生多少儿子？所以想了一个办法，就是一口气娶了好几十个小老婆，不设门禁，任何男人都可以进去跟她们上床。（众笑）两代下来之后，姓田的已多到数百数千家，无论兵源和政治势力，都足够推翻一个政府，事实上，果然推翻了一个政府。

问：这么说来，“性”是他们扩张政治势力的一种方法了？

柏杨：也可以这么讲，古代政治和农业一样，需要大量的劳力。我从前曾介绍过这故事，国民党特务和军法官认为我侮辱古圣先贤，不过这件事是史书上记载的，是司马迁说的，不是我发明的，(笑)这大概就是“性与政治”的关系吧，姓田的朋友必须有这么多劳力才行嘛。何况在一个专制独裁的社会里面，“打虎全仗亲兄弟，上阵还要父子兵”，专制魔头往往觉得，除了自己的儿子外，其他人的儿子都不可靠，有时甚至连自己的儿子，都不能相信。

问： 西方社会也有这种政治权力的传承，也希望传给自己的儿子孙子，为什么在西方社会没有这种“繁衍子孙，扩大家族势力”的方法？是不是外国人不够聪明，没有想到这个方法？

柏 杨： 西方文化是基督教文化，主张一夫一妻制，不允许多妻。有人认为外国人常常离婚，岂不是跟多妻一样？问题是恰恰不一样！常离婚和多妻不能相提并论，像孟轲认为五十步和百步一样，所以五十步不可以笑百步，其实五十步当然可以笑百步，两者之间相差太远了。下跪磕头和坐在那里点头，意义绝对不同。离婚再多次，他每次也只能有一个妻子，这跟多妻绝对不同。而中国历代王朝，像唐王朝皇帝李隆基，仅宫女就四万人，这不是我说的，而是史书上写的。(众笑)老天爷！宫女四万，如果排成军队的分列式，让皇帝登上阅兵台检阅，恐怕还没看到一半就把他给累死了，你能说这跟常常离婚一样？

问： 这太过分了，四万个宫女都来自民间，从此一辈子恐怕都得待在宫中，不能回家，她们之中绝大多数都没有机会让皇上宠幸，所以她们不但被剥夺了作为一个女人的权利，不能拥有真正的丈夫，真正的孩子，也不能享受一切正常的家庭生活。为了这种制度，就要剥夺四万个女人的幸福，而且为了伺候这些女孩子，必须要有太监……因此历朝历代可能要牺牲好几万男女的幸福，只是为了满足一个人的欲望。像这种情形，中国几千年来，出现过那么多所谓的“圣贤”“大师”，到底有没有人站在人道的立场加以怀疑批评。

柏　杨：当然也有人批评，所以有些朝代有放宫女出宫的“德政”，一次放几百个，可是放了之后，她们的命运却不见得比在宫里好，事实上，她们几乎全部落入权贵之家，仍做婢女。

不过，从来没有一个“大儒”，敢主张皇帝应该采用一夫一妻制，顶多建议最好少一点。像清王朝，玄烨大帝不过十几个妃子，不像其他朝代的皇帝，有几百个妻子，这只要看她们小老婆群的编制表就知道了。至于宦官制度，也从没有“大儒”敢反对，顶多说不该把“权”交给他们而已。许多皇帝都很信任宦官，因为对一群处处迎合你心意的人，你不信任他信任谁？中国特有的宫廷制度除了伤害那么多女人，那么多宦官之外，也伤害到皇帝、皇族，和全国人民，因为宫女和宦官把皇帝宠坏了，使他变得不识民间疾苦。像黄巢，他原本是一个了不起的大英雄，可是一当皇帝，就变得面目全非。

宫女和宦官，同时也是非常可怕的动物，只几天的工夫就可以把一个人的英雄骨头，全给消磨……那种温柔乡，使人感到权威，并且迅速自我膨胀，任何英雄好汉，都抵挡不住。

问：从历史上来看，往往是刚开国的皇帝比较好，然后愈来愈差，大概是门当户对而又近亲通婚的原因，所以才造成品种不良。比如俄国的皇室有蒙古症，英国的皇室有血友病等等。此外，皇帝从小生在深宫之中，长于妇人之手，根本不了解外面的世界是什么样子，所以，晋惠帝才会说出“没有饭吃，为什么不吃肉”这种笑话。不过，如果中国人真的是把这种妻妾制度和宦官制度视为理所当然，那么武则天才养了两个男人，为什么底下的大臣就一天到晚鬼叫鬼叫的，说什么“秽乱春宫”，这是不是一种男性本位主义的表现？

柏　杨：当然是。武曌在未掌权之前，受过很多屈辱，不过她是一个很厉害的女人,她是在坐稳皇帝宝座之后才开始找男人的,而且她一直保持清醒。

问: 中国传统上好像有一种似是而非的观念,那就是在“政治”上愈有权力的人,在“性”方面也愈有权力,似乎一个人的妻妾数量可以与他的地位成正比,而且大家也见怪不怪,从没有人去怀疑它公不公平,人不人道。

柏 杨: 权力和性能力不但不成正比,恐怕恰恰相反,权力斗争是需要脑力的,体力没有太大用处。不过有权和有钱的人一样,他们有犯罪的特权——妻妾如云,妻妾如云之后,性能力自然衰退。

问: 在今天的社会里,好像还是有这种情形,比如说政治人物可以有比较混乱的性关系、性对象,而他们本身也不怎么避讳,一般百姓也不把它看得很严重。比如蒋介石有四个老婆,蒋经国为人所知的,公开承认的就有两个,蒋家的那些孩子就更不用说了。但在另外一方面,我们的教育,往往把政治领袖加以“神话”,一再强调他们的人格多伟大,可是当这些婚外情曝光之后,并没有对他们的形象造成太大伤害,这到底是什么原因呢?

柏 杨: 就我个人的看法,任何人(包括政治领袖)的私生活,外人没有干预的权力,因为个人的私德对社会的影响小,公德对社会的影响大,权威人物的一个错误决策,或一次错误判断,那对整个国家社会的伤害就太大了。私德并不是不重要,好比有两个候选人,他们的条件一样好,这时候私德的考虑很可能就成为选民抉择的重要因素,这样做,会迫使政治人物克制自己的私生活。

问: 不过也有一种说法,就是说身为一个有表率作用的政治人物,他的所作所为对社会影响太大,因此操守相当重要,假如我们的社会可以容许任何人有这种混乱的性关系,那当然没有话说,大家不必对政治人物特别苛求。但事实不然,今天一个小民有了外遇,任何人都不会原谅他,这分明是双重标准嘛,这情形如果换成达官贵人,根本就没有人敢乱讲一句闲话。

柏 杨:不过,我的印象似乎跟你讲的情形不一样。小民有了外遇,固然受人谴责;大官有了外遇,他所受的打击更重,至少反对党就不放过他。

问:儒家自古就有“修身、齐家、治国、平天下”的说法,认为如果“修身、齐家”不好,“治国、平天下”也就会有问题,你认为呢?

柏 杨:这种说法简直是狗屎,“修身、齐家”跟“治国、平天下”之间,隔着万重关山,用齐家的方法来治国,犹如用划独木舟的方法去驾驶航空母舰一样,不知道古圣人是怎么样想的!而且,这种畸形观念会造成可怕的“大家长制”。我们常听说“某人是某单位的大家长”“某人是我们的大家长”,就是这种“修身、齐家”延伸出来“治国”的“君父思想”病毒。

问:不论是在“齐家”或是“治国”方面,都是人人抢着当爸爸,(众笑)所以最近国立中央大学学生要求换校长,教育部不肯换的原因就是:“不能因为孩子闹一闹,就把爸爸给换掉啊!”他们把校长跟学生的关系弄成是“父子”关系,这恐怕也是父权心态作祟吧?

柏 杨:传统文化中的“君父思想”,只有酱缸蛆才抱住不放,早就该淘汰了,想不到教育部说话的那个官,还停留在酱缸蛆阶段,十分有趣。一个社会的进步是非常非常的不简单,硬件的进步(像飞机汽车)往往很快,至于软件(像官僚制度)就不容易跟上去。

问:以台湾和欧美比较,在性的方面欧美比较开放,例如他们没有妨碍家庭罪,在性方面动不动就同居也无所谓,这在台湾就不行了。然而在西方,政治人物如果闹绯闻,或者跑去看脱衣舞都会丢官。而在我们这边,省议会议长弄个情妇,市长找个女人却通通没事……为什么在这方面反而变成欧美比较保守而我们比较开放呢？

柏　杨：欧美的通奸罪很重，并不是随意就可以和有夫之妇或有妇之夫同居。

问：长久以来，由于传统中的"父权"心态，不能把其他人看成平等的个体，因此造成整个社会的失调，到目前还无法养成对别人的尊重（当然了，对权势人物的尊重除外）。比如现在的中学生，老师说怎样就怎样，这一点恐怕是我们社会落后的结果。

柏　杨：其实父权观念如果仅指效忠与服从，本身并没有什么大错，如果下级不服从长官，每一个人都反抗老板的命令，这社会就变得非常混乱，成了暴民政治。但主要的是看命令的内容合不合理，我们的民主观念以及平等观念，需要积极的培养。

我特别强调"平等"，中华民族是一个缺少"平等"观念的民族。不过，我相信这种情形会逐渐改变。

问：台湾的女权高涨之后，出现了很多女性民意代表和国会议员，这是很难得的。但我们的女性国会议员，常常是因为丈夫被关起来她才"变"成国会议员，并不是因为她们的能力。你认为夫妻在传统的主从关系下，我们现在社会的情形如何？

柏　杨：假设允许我做大胆的预测的话，我想，在未来的日子里，二十一世纪恐怕仍是男人为主、女人为从。女权是民主政治的产物，专制时代只有君父，政治受难者的妻子当选民意代表是一种政治反抗，与女权无关。

问：你觉得现在台湾夫妇之间，以及男女之间的关系，是怎样的一个情形呢？

柏　杨：我们是一个没有文明的社会，一些暴发户有了钱以后，不知道该怎么花，只好拼命玩女人。一个社会必须长期富有之后,才有文明,文明不是要有就有的,一个没有教养的人,给他五千吨黄金,他也不晓得该怎样对待异性!但我们可以肯定:女权的地位,一定会提高,谁也挡不住。而在提高过程中,女性固然辛苦,男性同样也很辛苦。不过有一点,那就是把肉体只献给一个人的时代,似乎已经过去了。将来,只有少数心灵圣洁的男女,才会重视贞操。

问:“性”和“政治”在某些方面很类似,比如说“性”这种事,可以做,但不可以讲,政治也是这样,明明很多人在做,嘴巴上偏偏就是不说。此外,“性”重视象征性,“政治”也是,常用许多间接的方式来表露,却不能直接表露。再者,“性”和“政治”都会造成“无力感”,上床太多会无力,政治搞多了也会无力,这点也很类似。

柏　杨:我认为不见得类似,性是迷人的,政治也是迷人的,没有一个人不对性有兴趣,但并不是每个人都对政治有兴趣。性固然可以和政治扯上关系,但是其他东西同样也可以和政治扯上关系,因为政治毕竟太广泛了,从整个文明发展来说,政治带动的东西太多了,它是一种无与伦比的强大吸引力。

问:有一种说法是性的欲望愈强,对很多事物也会有较强的企图心,极力地想去争取权势、名利等等,你的看法呢?

柏　杨:我的印象似乎相反,性欲软弱往往使权力欲加强,像是老年人年纪愈大,性的能力愈低,但夺取权力和金钱的欲望,可能比年轻时更激烈,所以孔丘警告人说:“血气既衰,戒之在得。”对政治而言,性不是唯一的主宰力量。

问:台湾由于色情泛滥,几乎任何行业都可以和色情扯上关系,如理发厅、三温暖,甚至卖槟榔的,都可以和色情挂钩,有人认为当政者有意透过这个管道(当然也包括吃喝玩乐),让大家尽量把精神消耗在这上面,以降低人们对社会上的不满或是对政治的欲望。你认为呢?

柏　杨:这种看法似乎是对当政者估计太高,或太泛政治化,当政者没有这种眼光，也没有这个能力，我们不要把“性”看得这么严重——而应该对“梅毒”、“艾滋病”、“堕胎”看得严重，否则很容易造成社会悲剧。这只是“爱不爱”的问题，没有必要把它政治化，也不要把性定位，认为它可以拴住男人，或可以拴住女人。性开放对社会有稳定作用，当然性开放有它的规则——当事人要了解他在做什么，以及它的后果，不了解自己在做什么的性开放不是性开放，只是传统的淫乱。

了解变幻莫测的中国

访问者中山恒彦先生·翻译者张玲玲小姐
文载1988年9月25日台北《中时晚报》

过去，作家柏杨在台湾因言论色彩遭牢狱之灾。然而，今年他的两本书《丑陋的中国人》《中国人，你受了什么诅咒！》却堂堂登上日本的畅销书排行榜。日本人显然对柏杨好奇，更对中国人心理的深层结构好奇。

问：您书中说中国五千年来的文化是“酱缸文化”，首先请问您为何以此命名？

柏　杨：所有的文化都可以看成是一个生命体，有积极前进期、停止不进期和衰竭后退期。

这是一个民族所面临的各种时期，有些民族进入衰竭期后，没有复兴的力量，于是该民族就会灭亡，例如古代的巴比伦、埃及。而有些民族到了这个阶段，却会自我反省，然后变得比以前更有活力。

中国是一个和古埃及同样古老的国家,中国的文化虽然还没有灭亡,但是也没有复兴,所以我说中国面临生死存亡的危机。我认为,中国的文化太古老,而且已经沉淀了,这便是我所谓的"酱缸文化"。也就是说,中国人现在正沉沦在有如无底沼泽般又深又臭的"酱"里面,像蛆虫般挣扎、受苦。

问: 不过我以为,中国人不管是生活在哪一个国家,也不管社会体制如何改变,都不会影响到他的"中国人性",这难道不表示中国文化的强势吗?

柏 杨: 这并没有什么矛盾,在某一方面说,正表示中国人甘于屈辱。

问: 为什么中国人的文化会衰竭呢?您对这一点有什么看法?

柏 杨: 我不是医生,没有能力回答这个问题。只不过我已活过大半年纪,也有过各种经验,今仅就个人经验来谈一谈。

一个文化的衰竭,和人体的衰老一样,每个文化有每个文化的原因。中国文化衰竭的原因,其中之一是儒家思想,它使中国人的思想僵化。另一个原因是长年的贫穷和连绵不断的战乱。你想,人如果长期挨饿,头脑也会因为营养不良而衰坏,渐渐变成白痴吧。

问: 您所著的《丑陋的中国人》在日本成为畅销书,而且在华语圈中也受到热烈喜爱。您认为它为什么会成为畅销书呢?

柏 杨: 我认为中国人已经走到了转变期。像我被捕入狱时,我八岁的女儿在一夜之间长大成人;一个民族在经历大战乱之后,是不是也会突然之间成熟起来?

是不是由于历经各种战乱、各种灾难后,我们开始检讨是不是武器不管用了?还是教育失败?……但是,很多想法都不足以拯救中华民族。

中国人已开始在想,大家是不是都觉醒了?是否这个文化到了需要转变的时候了?现在的中国人似乎有一个相同的困惑。

中国人的人格正在逐渐成长，带着一颗健康的心，精神和肉体都在成长。不会再欺骗自己说：自己没有任何缺点。

我认为正视自己的缺点，是需要很大的智能和勇气的。如果不能面对真正的自己，就会衰败。

改变一个文化是十分困难的；从自我批判中改变自己，更加困难。可是我认为中国已开始改变，尽管变得不多，只要有改变就好。

问：请描述一下您心目中中国人和日本人的差异？

柏　杨：我曾在某本书上看到，日本人旅行时，都会举着旗子，大家跟着旗子走。而中国人一下车，立刻各自散开。

去欧洲旅行时，曾经听向导说："我非常喜欢当日本导游，可是拿那一套对付中国人却行不通。"因为日本人会跟着旗子走，而中国人不会。

日本人每个人出钱，跟着旗子走。中国人却认为，大爷我出了一万元，即令是向导，也得听我的。

日本人习惯集体活动，可是这样发展下去，个人是不是会变得比较弱？中国人的自私性太强，正如孙文说，成了一盘散沙。

问：我明白了。我们日本人也可以称做"丑陋的日本人"，特别是作为一个经济动物；我们在世界上的评价并不是很高。您认为日本文化，有没有值得学习的地方？

柏　杨：像守秩序、守法、彬彬有礼，都值得学习。"遵循规则"这件事，对人而言，是非常重要的，是一种美德。

问：西洋人在批评日本时，常说日本人会为现实目的发挥能力，却没有思想或哲学上的动力或背景。所以我们以守规律为荣，可是我们也警觉，日本人要在国际舞台上昂首阔步，还需要不少时间。

柏　杨：我不是日本人，我想这一点应该由你们日本朋友自我反省。

不过我倒想提出两个想法。

首先,欧洲人对其他民族都有一种歧视,瞧不起中国人、日本人和美国人。另外,对日本人而言,我们中国人确实也很奇怪。

例如,中国和日本交流已经有好几千年,也一直互相往来,可是中国却从来没有侵略过日本。反倒是最近几十年间,日本变强,便开始侵略中国。正如我所说的,中国现在十分贫困,是一件可耻的事,但是这个现象的造成,你们日本人难道不该负责吗?中国在中日甲午战争时曾赔偿日本八万两白银,这笔钱存在银行里,现在已可值二千亿到三千亿美金了。

另外日本的文部大臣也辩称:日本不是侵略,而是进出中国。日本人不是从来都不把对方摆在平等地位,总认为中国人贫穷、愚笨吗?所以才敢大言不惭地说日本不是侵略,只是进出中国。如果我们中国进出日本,也说是为了保护日本不受韩国人侵略,这话讲得通吗?

所以我希望各位日本友人,多多帮助中国人,至少应把我们当成平等的朋友看待。

我很高兴在这里生根

访问者张笠先生

文载 1989 年 1 月 9 日台北《自立晚报》

剧变的八十年代台湾社会,传统的游戏规则一一被破除,民众的声音在街头激荡,政治的革新令人目不暇给。对应于社会的激变,敏锐的写作者有什么感应和冲击?

问: 1895年《马关条约》签订,台湾割给日本。日本为了统治台湾,在条约中规定台湾人国籍的选择方式,变卖产业回到中国或在台湾登记做外侨等等。生存在台湾本土的人,一百年来似乎都面临国家认同的困惑。因为战争造成人伦乖离的现象,你认为造成乖离的症结在哪里?有没有办法打破这种乖离的状况?

柏 杨:您刚才已把问题解答出来,造成这种情况是因为战败。战胜了当然就没有这个问题,战败就是这样子。

问: 您是说因为战败产生这个问题……

柏 杨:是的。假如说没有战败,就不会有这些问题。好比法国,战败了就把阿尔萨斯、洛林两省割给德国,战胜了再把它要回来。二次世界大战最初德国胜利了,再把它拿回去,后来法国胜利,再把它拿回来。这是整个国家的决斗,失败者充满了无奈。

问: 照这样讲,人的命运看来很悲观;消弭国家认同的困惑,难道一定要用战争的方式?不能用其他的方式?

柏 杨:这个认同问题……哎,除了"武力",还有"时间",时间可以培养出认同感。无论是多么强大的国家或多么衰弱的国家,比较起来,个人都非常脆弱。当狂风暴雨来临的时候,自己没办法来抵抗。从历史观点来看,人生大多时间处于无可奈何之境,所以每个人都必须挣扎、争取。

问: 人结合成社会,脆弱的个体跟体制对决,在这个既定的基础上,是不是可以给有权势的人一些忠告?

柏 杨:有权势的人必须小心谨慎地使用他的权势,任何权势都有极限,即令是大独裁者或山窝里的土匪。使用权势,好像把一个巨大的石头从山上踢下来,他有能力下脚,但石头既经滚动,他就没有能力收回,包括踢石头的权势头目,他也收不回。如果他轻易下脚,他就逃不脱惩罚。

问: 日本发动侵略战争,战后尝到苦果。战时他们的作家或文化人,虽然无法挽回大局,但总也出来讲过话。您觉得作家面临这种情形时需不需要挺身发言?

柏 杨: 我觉得应该挺身而出,这非常重要,因为这就是人类才有的道德勇气。无论压力多么大,有声音比没有声音好,有声音可能改变现实,假使没有声音,就永远不可能改变什么。

问: 台湾经济发展快速,但经济发展和文化的进步好像有落差,如何赶上或提升?

柏 杨: 经济发展而文化跟不上的社会,随时都会崩溃。我们的社会忽然暴富,大家都有钱,而且不晓得钱从哪里来。没有把钱用在再生产,或用在文化活动上,而全浪费在色情和暴力上,经济繁荣就会很快过去。好比股票的狂飙,六合彩的泛滥,大家都去赌了,谁来生产?没有生产,就不能使我们的科技提升。只好全靠运气,原来大家都勤奋,现在大家都不勤奋了,立国之道在哪里?这是很可怕的现象。罗马帝国衰亡的时候,大家追求享乐而不追求建设,过一天算一天;在穷困的社会中是可以理解的,在一个富裕的社会,就是黄灯,经济的成长如果没有文化辅佐,不能把人民素质提高的话,我们不过是一群穿花戴绿的动物而已。

问: 谈一谈您的文学观或文化观吧!

柏 杨: 假如作家对社会不存有爱心的话,文学作品就不过是一篇空话。作家应与社会息息相关,即使在形式上看起来无关,但它的精神应该与社会结合。譬如爱心、同情心、抗暴精神……这些都能够透过文学作品表达。

问: 作为一个作家,有没有提供社会大众优质文化的责任?怎么去提供?

柏 杨: 应该有这个责任。如果作家不提供,靠谁提供?假使作家像普通暴发户一样,也腐蚀社会,社会腐蚀得将更快更烂。

问：　　最近有作家提倡后现代主义。在欧美特别是工艺上有所谓后现代主义，引进到台湾来，但在台湾的现实基础上，文化状况与整个经济发展并不很平均，民众的生活基础还没达到后工业的状态，在文化上来提倡后现代主义，您对这种现象有何看法？

柏　杨：提倡就提倡嘛，提倡什么主义都没有关系！本来，主义或学派都是图书馆里或书桌上的东西，对一个创作者而言，谁管什么主义？中国人习惯接受外国的各种主义，我想不过是突出自己的学问很大而已，对社会有影响吗？对作家有影响吗？我认为没有。后现代是什么，我也不知道，照样在写作。我认为：作家不必去管什么主义，而只应管自己写作！

问：　　请您陈述十年来社会的变迁和展望？

柏　杨：台湾十年来变迁太大了！不仅在台湾岛是空前的，就是全亚洲来讲也是空前的。第一政治上的变化，台湾从来没有过民主政治，现在，民主政治在台湾开始实现。虽然离西方标准还早得很，但我觉得很满意，它终于迈出了脚步。不怕慢，就怕站；如果站，五千年还是一样。第二是经济的繁荣、物质的丰富，也是五千年没有的。历史上的所谓丰年，不过是家家有酒喝而已，从没有像现在这么丰富过。问题是，硬件的变化大，高楼大厦、汽车、火车、飞机、马路建设，都很进步，但是软件的东西进步非常慢，一直不能适应时代。每一个人成了暴发户，不过是野蛮人穿上漂亮的衣服而已，一举一动不像是文明人，不像是有文化的人。钱多以后没有把它转变成文化力量，却转变成腐蚀社会的破坏力量。工厂、商行赚钱必须再投资，钱才有意义。不投资，把钱拿走，工厂就要垮。在文化层面也是一样，经济繁荣的收入不能投资到文化事业，社会就要枯干。

问：　　战后来台的同胞，您想他们将会以什么生活态度生根，或者——

柏　杨：我想没有什么态度问题，不想生根也得生根，这是现实，也是感情。当初闽南人、客家人来台湾，难道一开始就想在这里过几辈子吗？难道不想发几个财回家吗？环境所迫，身不由己，只好在这里生根。我是第二次大战后的移民，我很高兴在这里生根，很高兴由"河南人"变成"台湾人"。我已有了孙儿，我很高兴听孙儿们吹他们的祖父移民台湾的故事。

塑像之岛

柏杨、赵少康、王克平对谈铜像的文化结构
记录整理张告白先生
文载 1989 年 3 月 30 日台北《中国时报》

台湾现有三万至六万座政治铜像，是世界上拥有政治铜像密度最高的地方。这些政治铜像，不但是资源的浪费，也妨碍景观与交通，而且显现社会过度形式化的现象。为了深入探讨铜像的文化结构，1989 年 3 月 25 日，在台北市仁爱路元秾茶艺馆，《中国时报》特邀柏杨、赵少康、王克平三位先生分别从不同的角度作一场"跨行对谈"，对铜像的政治性格、社会意义和艺术品质，有十分精彩的论辩，值得细读、省思。

柏　杨：关于对个人的尊敬、崇拜，中国往往用诗歌来表达。只有对神仙、出家人或罗汉观音，才用雕刻来表达。我想，雕像应该是来自印度，铜像应该是西方舶来品。

这里有两件事，我感到特别：第一，世界上对尊敬或崇拜的人物，都用塑像表达；对厌恶或看不起的人物、痛恨的人物，似乎没有人用塑像表达。只中国有，那就是把秦桧铸成跪像，而且是用铁，不是用铜。这是中国很特别的表达方式，其他国家没有。好比说，我们不能想象德国把希特勒肯定为国家的内奸，塑一个跪像。第二，据我所知，美国最多铜像，不过，他们的像和我们中国的像有所不同，他们是每一个人都可以成为一个铜像，一高兴就可以造一个放在门口。但是，传到台湾之后，遂神圣不可侵犯，主要是台湾的铜像，偏向于政治，百分之九十九以上，都是政治人物，并且是当权的政治人物。十几年前，看到到处铜像，记忆里就有这个印象，我就认为铜像最后的命运就是被打碎。王克平先生从巴黎来，巴黎的街道都有文学家的、画家的塑像，这给我们一个启示：铜像还有艺术、文学等感性人物，好比说，在知本温泉，有邮差先生的像，他是限时专送的时候，遇到大水，要蹚过大水，争取时间，结果被水淹死。这才是万古常新的像，没有人想把这个像摧毁。

另外，原则上我不反对为歌功颂德而立像，我认为有功就应该歌、有德就应该颂。贝多芬可以把他的交响曲献给拿破仑，我不觉得是在拍马屁，所以我主张，有功德的，可以为他们立像，因为他们对国家有贡献，对人类有贡献。不过，我反对没有功也要歌，没有德也要颂。

问：我们现在太多事情泛政治化，这么多政治化的铜像，也是泛政治化的结果。五千年来传统的习性，使我们对事情很讲究形式化，用什么形式来表达忠心呢？建铜像。做市长，建个铜像；盖大楼，前面塑个铜像；盖学校，竖个铜像，有没有功德是另一回事，表示自己忠心耿耿，总不会错吧！每个人都要表示忠心，于是铜像就越立越多。铜像立了当然就不敢拆，于是问题就大了。举个例子来讲，大概在五年前，我当时是台北市议员，记得我提议好几次要把敦化南路的铜像拆掉。那时候，很少人敢提要拆掉铜像，我只提出要拆掉，为什么要拆掉呢？因为交通很拥挤，汽车塞在复旦桥上走不下来。我跟市长谈，跟公路局长谈，他们都告诉我说“同意”，他们都认为应该拆，但是不敢拆。讲得很清楚，这个铜像要拆，不是他们能够决定的，有些单位会反对。为什么最近敢拆了？我想大概跟经国先生逝世有关，并不是现在的政府官员比较有魄力。这就让我们觉得很难过，假定我是经国先生或他的家人，我也很难过！我在世的时候，你们不敢拆；我去世了，你们就拆，这也充分暴露出官僚系统里怕事、不敢面对现实、过度形式化的一个现象。

另外一点，就是我们常常喜欢把个人神化。整个社会，都有把政治人物，特别是领导人物，当成神的这种心态，媒体也刻意往这边塑造。“解严”之后，好了很多，但是很多时候还是流露出封建的思想，我个人觉得这是要打破的。我最近常讲“没有人是不能批评的”，因为没有人是不犯错的；犯错就可以批评，管他位置多高，他今天就是总统，就是党主席，他也可能犯错，也要告诉他你的看法。如果大家都一味捧他，权力使人腐化，他就可能忘了“人是会犯错”的。

一个人去职或死去以后，大家觉得他一生中或他在职期间，对国家、社会、人民有很大的贡献，这个时候，立一个铜像，做个纪念，让人凭吊，我觉得这并不是一件坏事。国外的例子也很多，像华盛顿州林肯纪念堂，人们觉得他很伟大，对美国有贡献，所以美国人建纪念堂凭吊他。如果说，你在大街小巷，到处看到林肯的铜像，就会烦，那就适得其反。

我个人觉得，我们对一个人的尊敬，是对他做的事情跟他的贡献尊敬，并不是尊敬一个人的铜像。铜像多，并不表示大家对他的尊敬就多。当然也并不表示没有铜像，我们就不尊敬他，这两个没有必然的关系。

至于最近吴凤铜像被破坏，我倒觉得也不必，因为我总认为，即令出发点是好的，手段上还是不要违法，我不认为这是一个值得鼓励的行动。

这是整个观念的问题。我们将来不要再搞个人崇拜，每个人有每个人的尊严；每个人只要活得有价值有意义，都可以是个了不起的人，不一定要去崇拜铜像。我们今天讲民主，似乎又离民主很远，民主是一种实践，最重要就是你尊重自己也尊重别人。我们不尊重别人，甚至有时候不尊重自己，所以才搞这种个人崇拜。假如观念上可以打破这种封建的思想，比拆除几个铜像更重要。另外，我也不希望搞拆除铜像运动，反对派人士把它泛政治化，就是"我要把铜像拆掉，就是我要反对你国民党"。这会变成两极化。本来是一件应做的事，结果彼此各据立场。这样没有意义！大家心平气和来谈这件事。假如社会上大部分人士都觉得铜像不应该这么泛滥，那么从影响交通、影响景观的先拆，我倒觉得这个可以做个民意调查。到现在，只听到少数人讲，特别是异议团体来发言，会让人家觉得他们只是用铜像的议题来达到他们的目的，我觉得这也不好。他们把话题提出来，我个人觉得很好，但是不要发展到又是党派之争，到最后又把一件好事变成相当僵持的局面。不过，我看这种发展，有可能是这个样子。因此，例如《中国时报》做个民意调查，让政府有个参考。相信经过报导、讨论，民众应该有所选择。

问：现在西方政治家采取一个更高明的，对自己塑碑立像的方法。像蓬皮杜他在世的时候，总统任职七年，他就搞了个蓬皮杜现代文化艺术中心。当时不是以他的名字，他死了之后，大家觉得对蓬皮杜这个人在政治上有很多争论，有好，有坏；但他把这件事做好，本身是一种文化事业，对法国的文化事业，对整个欧洲的文化交流都是很好的一件事。所以，他死之后，就以他的名字命名文化艺术中心。这事本身就比他的像、他的碑更起了歌颂的作用。很多人不知道蓬皮杜做了些什么，但知道有了个蓬皮杜文化中心。这种文化事业，对群众有好处，当然大家要纪念他，这是一种更高明的——为自己塑碑立像的方法。

柏　杨：我想砸像这个问题，如果群众愤怒的程度不到的话，他砸不动。如果愤怒已极，就挡不住。

政治像都是眼前欢，为什么一个人不像王先生讲的法国总统，做一个让别人永久纪念的功德。现在我们应该提高到这样一个层面，再也不要搞政治人物的像，多多考虑艺术家的像、文学家的像，甚至经济学家的像。

问：陕西西安有一个霍去病墓，据说是中国历史上雕塑的高峰。霍去病是汉朝一个大将军，他死了之后，不知道给他立像了没有，还是立了被破坏了，还是怎么了，并没留存下来。但是霍去病墓那几个大石雕，都是很大的石头，很简练、很写意的手法，现在搞艺术的人都知道霍去病墓，太棒了！

柏　杨：就是大石头勾几个简单的线条？从艺术观点来看，"马踏匈奴"那个好吗？

问："马踏匈奴"倒没有那几个石虎鱼来得好，那几个石虎鱼很简练，有大汉的气魄。我想，纪念一个人，不一定非要给他造一个像，既然并不一定要造像，就有很多方式，也可以买一个艺术品，作为纪念。像古人立纪念碑，也不见得是一个像。

柏　杨：没有像，不过瘾。到处是他的像，很过瘾。这种眼前欢的气质，伤害我们的社会。自从我懂事以来，我发现很多大人物都是泡沫，都不是栋梁。泡沫人物不断出现，受到伤害固然是他自己，但更受到伤害的却是国家社会。我们盼望政治人物是栋梁；而艺术家是真正的艺术家。

问：我想政治人物自己并不认为他死了铜像会被拆。基本上，这是我刚讲的“神化”的问题，因为四周的人都把你神化了，每天都把你当神一样，久而久之，你自己也以为跟神差不多了。刚才二位提到，假如一个人真的有功德，大家给他造铜像，我觉得这没有什么关系，每个人都可以表达他自己的敬意。最要不得就是为了拍马屁而造铜像，我觉得这是让人很看不起的，拍马屁嘛！另外一点，我想说，不要再造新的铜像了，因为台湾塑像实在太多，台湾地方这么小、这么挤，太多的铜像是一种视觉污染。至于已经造的，也不必刻意去破坏它。需要拆就拆，比如说，一个地方发展到一个地步，铜像在那里很阻挡交通，造成视觉污染，有碍观瞻，我们就拆。

从另外一个角度来看，我们不同意别人的看法，并不是表示要把人家的铜像砸掉或一定要恶意地攻击别人，在一个多元化的社会里面，每个人都有表达他意见的权利。但是，也不能说，今天有十个人站在铜像前面，举牌子、举旗子说要把铜像拆掉，就表示大多数或全部的人都有同样的意愿，这一定要分清楚。因为，异议分子的声音通常都比较大，大家就认为这些是代表全部的声音。所以我一直很鼓励做民意调查，就是这个意思。

以往在一元化的体制之下，所有的资源掌握在一个人手里，他有绝对分配的权力。在这种状况下，最重要的是要忠心耿耿，其他都是次要的。你说你有天大的才干，有怎么高超的品德，但是你对老板的忠诚度有问题，你自己意见太多，老板讲的话你有自己的看法，不管你再能干，就很难被重用，很难有发挥的空间。这种状况之下，一言以蔽之，“不用人才用奴才”，什么是奴才？就是喊万岁，什么都好；上面讲的，什么都对；自己没有意见。官僚系统中，过去制造了不少这种人，这种人，很重要的一点，为了表现自己的忠心，就做个像、挂个像，把忠诚度赤裸裸地，充分地表现出来。

今天，不管任何人，一个艺术家、一个文学家、一个政治家，不管你是谁，最重要的是要对历史负责。立铜像是很无聊的。历史上，你为国家做了什么事情，你在文学、艺术上有哪些表现，历史会给你评价的，这个比铜像还要重要。铜像是有时而穷的。但你在历史上的记载，是不会磨灭的。我想从人民到国家、执政者，他都有这种胸怀。现在是民主政治时代，虽然是国民党执政，但是谁也没有办法预测，也许再过若干年，其他的党会来执政，绝对没有一个党能够永远执政。在民主社会里，本来政治就是起伏不定、有高有低，想要靠铜像来维持一个人受尊敬，我看是不可能的，而且相当愚蠢。

问：根据我的了解，台湾的政治铜像是在 1974 年，蒋中正先生去世以后，大约两年之内，达到最高峰。当时，很多做铜像的人都发了财，因为在全省各地不停地跑，不停地做蒋中正的像。甚至于师范大学，把孔子的铜像搬走，换上蒋中正的铜像。

问：我们先讲蒋中正去世以后，那时我正在美国念书，我在车上听到消息，说“蒋中正元帅今天去世”，然后晚上有专辑讲他一生的生平。这在美国很不容易，不管他的功过，蒋中正在历史上有他一定的地位。我想那时候有相当多的人对他的过世很难过，这是事实。每一个人也许有不同的用意或出发点，但我的想法是，用铜像来表示尊敬，并不是一个最好的方法。至于师大的事，我不清楚。他们把孔子的铜像拆了，去装一个蒋中正先生的，我觉得没道理，我反对。特别是师大，是造就为人师表的大学，孔子是杏坛的祖师爷，把他的铜像迁走，我觉得是没有道理。

柏　杨：我想，当年给蒋中正立铜像，你不可能认为蒋中正不知道，也不可能认为蒋经国不知道，他知道，只是不讲话，蒙着眼睛过瘾。权力使人疯狂,也可以使人变成呆子,老人有老人痴呆症,掌权人也有权力痴呆症。

问: 我看我们立的像都很严肃,没有美感,怎样让铜像活泼一点,不要太严肃,像个艺术品,放在一个地方不会破坏美感,反而变成景观的一部分?

柏 杨: 中国有一句话:“君子不重则不威”。这个传统教人要摆起面孔。

问: 如果铜像是个艺术品,就不要破坏它。一条狗、一个邮差、一个工程师或一个工人,如果他对地方很有贡献,做一个好的艺术品来纪念他,就有它的正面价值。

柏 杨: 铜像文化在中国发展到极致,就是马屁文化、表态文化,应该在泛滥成灾的时候,把它拆除。同时,立铜像这件事,国民党本身也应检讨。

问: 这个观念要大家心平气和来讨论,从不同角度来讨论。我常讲,你讲民主,一定要用民主的手段。目的的善,并不表示手段可以用恶。如果说“因为我这个目的是好的,所以我就可以用暴力的手法,把暴力合理化”,这是非常危险的。拆铜像这件事经过观念的讨论,像今天《中国时报》办的这个对谈,经过报导,观念沟通之后,这个问题,自然而然,就会解决。

问: 我个人认为,铜像最好也不要有纪念性,也不要有教育性,而只要有艺术性。教育可以有教育的手段,纪念有纪念的手段。一个塑像在一个环境中,应该有艺术性,美化它旁边的环境。真的从历史上能够流传下来的,很能让人们经常想到的,认为有价值的,还是纯艺术的塑像。

问: 譬如野柳林添祯的塑像,纪念他倒是很有意义的,因为他在那个地方,为了救人,自己的性命都舍去。但铜像(不一定铜像,石像或其他的像都可以)跟景观要融合在一起。

柏 杨: 成为大自然的一部分,要成为艺术,要非常的好,不要匠气。

好比自由女神像不是很好吗?代表抽象的一个东西,在那个位置上。

问: 还带给很多人希望。

柏 杨:代表希望,带给新的生命。我想,需要这种。

问: 不必刻意造铜像,也不必为了反对铜像而反对铜像。基本上,大家的心态可以比较持平一点,不必那么极端。

柏 杨:如果有人请王先生塑造政治铜像,王先生会接受吗?

问: 要艺术家搞政治的东西很难,雕塑是一种形象,要加入政治内容很难。我早期的作品有政治性,也是很偶然的,以后再也做不出来了。

问: 从一个艺术家的角度来看,你觉得铜像摆在什么样的自然景观里才是最好的?

问: 摆在坟墓上最好。人死了埋在那个地方,在那个地方就可以了。

柏 杨:诗人覃子豪,有半身像在他的坟墓前。

问: 在一个公共场所,铜像应该像一棵树,能美化这个环境。

问: 中国人很多事都是一窝蜂的。养鸟就养鸟、搞股票就搞股票,建铜像也一窝蜂,反对也一窝蜂,这是很不理性的。是不是能够让大家理性地来思考很多问题!

问: 如果这几万个铜像都能做出艺术性,那台湾就成为艺术之岛、塑像之岛。

两性之间

访问者张涵先生

文载1989年7月台北《中国男人》杂志

问： 中国男人长期束缚在传统的教条里，许多内在的需要被压抑不敢表现，你以一个男性的立场，可否说说男性的需要？

柏 杨：中国自古就有大男人沙文主义，但时代演变至今，很多不合时宜的教条，都应该修正，应该解放。尤其要让女人知道，男人愿意承认原本就存在的一桩事实——男人也需要温暖。

问： 可以举个例子吗？

柏 杨：譬如说有个老鳏夫，欲言又止地跟儿子说，晚上睡觉手脚冰冷，搞了半天，原来他想讨个老婆，却不敢明讲。男人有时在某些方面蛮无能的，需要女人从旁告诉他怎么处理自己。

问： 中国女人在传统上占有怎样的地位？

柏 杨：毫无地位。中国男人思想封建、专制，跟日本男人不相上下。以往，如君权、父权、夫权，全部集中男人一身，没什么商量的空间，连男人在当儿子的时候，父亲死了，儿子得穿着不缝边的麻布孝服，守丧三年。而母亲死了，却不必穿这么重的孝服，只穿不缝边的就可以了。所以当一个中国女人，非常不幸，没有什么地位。而男人的地位却奇高。抓到权势的时候，他还要随时保持威严，稳如泰山，不苟言笑，把"摆嘴脸"当做生活指针，把"装威严"制成面具，戴到脸上。

问： 照你这样讲，中国男人活得很累啰？

柏　杨：那倒也未必，任何事习惯也就不累了。何况，在嘴脸和威严之下，中国男人自有他的天地，他会千方百计，寻找另一个世界来满足自己某些欲望。他总是在家里装得道貌岸然，因为他的乐趣不来自家庭，他可以去酒家舞厅找乐子，嫖妓、看牛肉场，不亦乐乎？这是人性嘛！大部分中国男人都兼有这两种生活形态，一是正常的枯燥生活，夫妻相敬如宾，严守礼教，可是却淡而无味。另一个就是上述所说真正的男人世界。

问：您认为在现代中国社会中，推展性教育是否适宜？东方人和西方人对性的处理方式与观念有何差异？

柏　杨：任何社会只要进步到某个程度，就有必要推展性的教育。但是谈性教育，必须学术化，否则容易流于煽情，效果往往相反。而且客观条件的成长与配合也很重要，就像我读书时，正好遇上老师大举推广炭笔画，但那时没有几个学生买得起炭笔，如何能造成流行，推广得开？

所谓"食、色，性也"，永远也无法堵塞。但性与食不同，食，看得见；性，则未必。

愈是封闭的社会，愈把性与爱结合在一起；愈是开放，性与爱的壁垒愈分明。西方有些男女(当然不是全部)，睡一觉起来，各走各的，毫无牵扯，谁也不管谁，因为他们都有很深的了解和认同。但中国人的观念不一样，有几个人能像倪匡那样，女儿临出门前，倪匡只问她一句：避孕药带了没有？

问：那么你觉得应该如何引导中国人具备正常的性观念？

柏　杨：中国男人对性的态度不坦然，女人本身的问题更大，有些女人一辈子都不知道什么是高潮——这是文化的问题。

我想将来一定会走上开放的路，但"性"是一种很高级和复杂的艺术，艺术气质成分够了，自然走上开放。如此一来，不但对性病有防治效果，更可减少强暴犯罪。

我的意思是,越是公开、明朗化,许多事情越不会发生。性的需求解决后,自然用不着动歪脑筋去强暴女人。如果仍有强暴案,百分之九十属于病态,那是医学范畴上的问题。

性开放以后,人慢慢地都变成透明人,明朗坦荡。性也不再隐晦,见不得天日,因为大家都觉得:性,不过就是那玩意儿。

问: 现代中国女人受西方文化影响,她们对性的表达方式有了什么改变?

柏 杨: 性,可以是很美,很动人的;不过处理不当,反而暴露人性的恶形恶状,所以才会让人觉得丑陋。

大部分美国男女对性的态度都很开放,当女孩子晚上开口邀男朋友到她家喝咖啡时,就表示可以跟她上床,这一点男女之间很有默契。

现代的台湾女孩,外表打扮得跟美国女孩一样,但对于性的处理方式,却有两类极端。一种仍保有传统观念,把性看成神秘无比,不能讨论也不敢想象;另一种则放荡得跟娼妓一样——以致出现"一分钟贞操"哲学,这两种都不是正常的现象。归根结底,还是对性开放的观念没有真正了解。

问: 在迈向开放的途中,必会遭到某些卫道人士的反击,应该如何因应?

柏 杨: 这种保守势力的反抗是必然的,一个人做事一直往前冲也不行,有时觉得应该到此为止。保守的力量可以让人反省深思,从而检讨改进,人们应该高兴有这种缓冲的机会,不需要愤怒或沮丧。只要这种力量不变成暴力,其实颇为可喜!

任何新兴事物,如果没有保守声浪的质疑或打击,就无法蜕变为成熟的东西,没有一种新的东西,一开始就很完整,总是经过多次修正,始臻完美。

问： 有人担心性开放的尺度不好拿捏，容易流于糜滥，将使社会色欲横流、人人纵情声色？

柏 杨： 许多人认为瑞典女性很开放，但我不同意。性开放不是毫无节制的淫荡，还是要经过恋爱；也就是说她开放，但她也要找她所喜欢的，这有一个自我限制作为平衡。

问： 大体讲起来，中国人比较务实呆板，不如西方人那般浪漫，你以为关键何在？

柏 杨： 中国男人很绝，他宁可用英文把"I Love You"大胆讲出来，也不愿用中文说"我爱你"。

其实古中国也有不少浪漫文人的事迹，像张敞与妻子的画眉之乐，林和靖以梅为妻，以鹤作子。只不过多数中国男人两千年来被儒家礼教酱死了，形成一种中规中矩、面目可憎的文化。

在这种呆板陈腐的酱缸里，中国人的联想力也一并磨掉。只有在"五四"以后，才开始有一点浪漫思想发展，但毕竟敌不过传统力量。国人一直习惯于摆个谱，无法表露内在的赤子之心，而客观环境也不允许他浪漫。

不过现代台湾男人倒是想摆谱也摆不起来了，表面上变得比较温暖，甜蜜的话也敢讲了，但思想还是传统的。他们并没有把一家之主的观念抛掉，这样的包袱，往好的说是负责，往不好的说，既然我是一家之主，需要负起责任，那我也要享有权力。因此，这种强势心态，会引发男人打老婆的恶念，要求女人从一而终，唯丈夫马首是瞻。

问： 在女权高涨的现代，两性之间，引发了许多平等之争，您以为应该如何处理才能敉平？

柏 杨： 我活了将近四分之三世纪，刚好经历许多时代的变革。女权抬头后，很多女人争取权益，不惜打官司。但酱缸文化积习太久了，要改变并不容易，男人不尊重女性，这是男人不对，但要他们不歧视女性，则女人必须先自尊才行，否则男性不知道尺度在哪里。因此这是男女双方必须共同努力的方向。

女权与人权
——中国妇女的三千年路

台北《妇女》杂志读者午餐会讲辞

文载 1981 年 4 月份台北《妇女》杂志

柏杨说:在中国历史上,妇女曾受到许多迫害,如今则是妇女觉醒了之后适应困难的时期。我们应该把建立女权,扩大到建立人权。仅仅争取女权,很难得到,即使得到,必很有限。

许多人赞扬我们母亲、祖母,或祖先时代的女权运动,却不赞成今天的女权运动。事实上每一个时代都有新的问题产生,需要去面对和克服。妇女节的前夕,《妇女》杂志邀请了作家柏杨在读者午会上,就"女权与人权",发表演讲,他从历史的观点,对中国妇女地位的演进和今日的处境,作了精辟的分析。

《妇女》杂志给我的题目是"女权与人权",现在就这个题目说说我的意见,请大家指教。我记得两个故事,我小的时候,故乡兵荒马乱,家中常常只有我和嫂嫂、婶娘,和其他小孩子,这时外面若有人敲门问:"家里有没有人啊?"我的嫂嫂或婶娘就会回答:"没有人,请改天再来!"当时我心里想,难道嫂嫂、婶娘和小孩子们不是人吗?但我知道她们实质上的意思是说:"家里没有男人,只有女人。"女人不是人,所以没有开门跟你打交道的权利和义务。

另外一个故事是从书上看来的:有一个人生了孩子,邻居向他道贺说:"你生了个儿子,恭喜,恭喜!"他说:"不是儿子,是女儿。"邻居很不好意思地说:“也罢!”这时正好街上来了顶轿子,由四个男子抬着一位官太太,主人说:“你看,四个‘恭喜’,抬了一个‘也罢’。”从前人生下女孩,放在瓦片上,叫“弄瓦之喜”,生了男孩子,放在玉上,叫“弄璋之喜”。由这些例子可以看出女人的地位非常卑贱,即使是四个“恭喜”抬了一个“也罢”,那个“也罢”之所以能坐在轿子上,也不是因为她本身的能力,而是因为另外有个“恭喜”。如果另外那个“恭喜”不是官的话,她也坐不成轿子。

男女分工

从什么时候开始,妇女的地位这样低落?从什么时候开始,女人比较不值钱,男人比较值钱呢?就我们所知,这种现象,至少有五千多年之久。我们可以把这个过程,分成若干时期。人类在初民的社会中,男女是一样的,在初民部落中,不是个别的婚姻,也不是家庭的婚姻,而是部族的婚姻。我这个部族的女孩子,整体嫁给你那个部族所有的男孩子,我部族全体男孩子,同样娶其他部族所有女孩子,在这种情况之下,女人和男人应该是地位平等的。

不知道从什么时候开始有了不平等,只知道它的原因,主要是因为战争,上帝赋予男人和女人的不同之处,是体力上的差别。我们常听到丈夫打太太的事,很少听到太太打丈夫。当然也有,去年报载,高雄有一个太太当街把她丈夫打得痛哭流涕,不过这是少数。有人说,太太比较好心肠,不想打丈夫,恐怕不见得,有时候太太把丈夫恨得会在碗里下毒药,但是她没有打他,因为打不过他,这是体力的不同。男人因为体力比女人强壮,所以不得不扮演一种残忍、凶暴的角色,那就是作战。是不是女人比男人心地要慈爱祥和一点,我们不知道,不过我们知道在战场上需要残忍凶暴,许多女人看见血就会发抖,这种人在战场上只有替她的国家带来灾难。因为男人要作战,要防卫野兽、天灾,所以男人担当了另外一种职务——家庭以外的职务,使女人可以安心地生活在洞穴、树上、房屋之中。

除了战争这个原因之外,第二个原因就是生儿育女,世界上所有的动物,以人类最为脆弱,因为人类的幼年期间最长。一只羊、一只狗生下来,很快就能自立,只要母亲将它身上的血迹舔去。风一吹,它的骨骼就开始硬朗,就可以站起来,自己跑去吃奶。只有人类的幼年期太久、太弱,凡是有儿女的人都看过自己怀抱中的小孩,简直随时随地都可以被毁灭。因为分工的关系,这生儿育女的工作就由妇女来负责,女人因此就进到家庭,男人就走到野外。

男人迫害妇女时期

按说这个分工应该是很好的,是一种合作,但这是一种在不平等条件之下的合作,男人仗着自己强大的体力,组织了一个社会。有社会就有政府,有政府就有法律,有法律就有男尊女卑的理论。这种理论至少在公元前十二世纪、周王朝的初年,已经确立:中国最古老的书籍之一的《礼记》,就规定女人有三从,在家应该听父亲的话——没有说应该听母亲的话;结婚后应该听丈夫的话;尤其可哀的是,丈夫死了,要听儿子的话。这种观念早就有了,不知道已在社会上行了多少年,不过一直到公元前十二世纪的时候,才凝结出一个体系,作为男尊女卑的理论基础。假定我们说中国妇女的命运,至迟从公元前十二世纪就开始倒霉的话,也并不能说是大错。所以公元前十二世纪开始,可说是男人迫害女人的时期。

这个时期长达八百多年之久,到了一世纪九十年代,开始出现更特别的现象。个人或群体,受到迫害,多少会产生一种反抗的自觉意识,被迫害的人有了这种意识的话,对掌权的人,是一件非常危险的事。有一部影片,可能是《宾汉》,片中一个奴隶对某个问题发问,判断很正确,他的主人马上把他绑起来要杀他。别人问为什么,他的主人说:“有思考的奴隶是危险的。”奴隶必须安于命运,如果不安于命运,就会想到为什么要受这么多苦。这是一个火花,一粒种子,会给既得利益分子,带来很大伤害。同样,妇女受到这样大而长久的迫害,妇女本身会有自觉,假定妇女自觉的话,不但对男人是一种威胁,对妇女本身也是一种震荡,尤其是在一世纪二世纪的时候,那时皇宫中,皇帝有上万个妻子,包括皇后、小老婆群、宫女。这么多妻子,每个人看一眼都会把皇帝累死,更别说谈情说爱了。可是站在男人的立场,却是多多益善。当时宫中的妇女所想到的,全是怎样取悦皇帝,没有人想到自己不应该处于这个不合理的环境。男人要想统治这个社会,必须要妇女自动自发地感觉到自己应该是被统治者,而且以被统治、被玩弄为荣,这样,男人的权力才能稳固。

女人迫害女人时期

于是,妇女界中出来一个人——有名的班昭,她写了一篇文章《女诫》。这篇文章只有一千六百字,可是已经够了,她站在妇女的立场,不是呼吁妇女觉醒,而是呼吁妇女肯定自己是男人奴隶的地位。在这一千六百字里,她特别强调妇女最重要的事情是应该自卑,承认女人是天生被男人欺负、虐待的,假定你不知道这一点,或反对这一点,你就是叛徒。其次,她说:妇女天生是弱者,没有力量和男人抗衡,假定要和男人抗衡,就是狂妄,就是毁灭。在文章的第二部分,她告诉女人怎样侍奉男人,怎样取悦丈夫。最后她提出"妇德""妇容""妇言""妇工"的最高品德,妇德主要是如何捆绑自己,妇言是不可说冒犯男人的话,妇容是如何取悦丈夫,使丈夫看到非常欢喜,妇工是要牛马般干活儿,或做针线,或下田。这时期可说是女人迫害女人的时期,使女人肩膀上的枷锁更为沉重。

在这个期间有两件事情开始流行,对女人造成最大的伤害,深入骨髓。第一个是古时已有、现在更盛的纳妾制度,使很多女人有同一个丈夫。古代部落战争,杀伤厉害,部落中的男人大量减少时,女人们能得到三分之一、四分之一,或十分之一的丈夫,比一点也得不到要好些。在部落时代或部落战争中,这件事并不被认为是不道德的,但是一旦成为一种迫害的理论的根据,妇女就受到很大的羞辱。

发生在这个时期的第二件事是妇女缠足。我实在不了解中国为什么会出现缠足文化,为什么中国女人甘愿把自己弄成残废?为什么中国男人要歌颂三寸金莲?这两件事发生后,使妇女的悲惨地位,更加确定。而使妇女悲惨的地位更加确定的主要力量,是妇女迫害妇女,而不仅是男人迫害妇女。一个现象一旦到了内部发生问题的时候,这才是真正的问题,妇女自己甘心情愿地做马牛,受人管辖,就造成了严重场面。各位都很羡慕的神仙眷属是《浮生六记》中的沈三白和芸娘,他们夫妇间非常美满。但不知道你注意到没有,芸娘第一件考虑的事竟然是为丈夫娶个小老婆,假定芸娘不考虑这件事、不允许这种事的话,恐怕婚姻就不见得那么幸福了。一个女人一旦甘愿放弃自己的权利,那是男人最欢迎的,因为不需要男人来压迫,她自己已经变成很理想的奴隶了。

更可怕的迫害时期

女人到了这般田地,还不算最悲哀的时代,到了十一世纪宋王朝中叶,理学兴起,对女人的迫害,更加严厉。公元前十二世纪男人就有经典规定女人没有地位;到了十一世纪,理学开始,御用圣人出面。御用圣人一出面,事情就不好办了,因为圣人御用跟老虎屁股一样,是不可以碰的。理学大师的程颐,曾发出"男人可以休妻,女人不可以离婚"的指示,这绝对不是平等的标准。我们看朱买臣休妻"马前泼水"的故事,他的太太想和他离婚,但是太太不能这样要求,只能要求他把她"休"掉,她不能与丈夫站在平等的地位,即使她不要丈夫,也得在形式上表示丈夫不要她。也就是男人可以离婚,女人不能离婚。妻子死了好像墙上的泥皮掉下来,随时可以补上去;丈夫死了却是失去了"天",不可以再嫁。这是御用圣人讲的,没有人敢反抗。

另外一位圣人朱熹的名言是:"饿死事小,失节事大。"曾经有人问朱熹,假使一个寡妇非常贫苦,是不是可以再嫁?朱熹说:不可以借口贫苦而再嫁,因为饿死是件小事,失节是件大事。

《儒林外史》一开头讲的故事是，一个五六岁的小女孩，她的未婚夫死了，她的父亲就把这小女孩关在房子里，把她活活饿死。小孩不懂事，一直叫饿，妈妈哭成一团，爸爸就是不让她吃东西，因为“饿死事小，失节事大”。感谢上帝，朱熹已经死了，不然的话，我们要把他捉住，教他饿死一下，看看哪个事大！一个人能看到一个妇女或他自己的女儿，辗转在破床上，活活饿死而无动于衷，还认为那是应该的，真是禽兽行径。

从十一世纪到十九世纪末叶，漫长的九百年，是中国妇女更悲惨的时期，可称为更可怕的迫害时期。从男人的迫害，女人自己的迫害，到御用圣人的迫害，政府法令的迫害，在十九世纪以前，女人可以说是一种最可怜的动物，最绝望时期，随时随地被人虐待、玩弄、羞辱、杀戮。

这种情形延续到十九世纪末叶鸦片战争以后。关于鸦片战争，许多人把它当成国耻，我想，在某一点说来，它是国家的耻辱。堂堂天朝被洋鬼子打得头破血流。但是从另外一个观点来看，鸦片战争带给我们中国的，却是划时代的棒喝。鸦片战争给中国带来许多东西，西方文化像一把利刀，横着从西方移植到中国，中国人对这个文化最初是惊讶、反抗、瞧不起，最后发现这玩意儿可真是很厉害，于是大部分都接受了，其中有一项，就是开始知道应该尊重妇女的权利。中国妇女们第一次大开眼界，发现世界上竟然还有这么一个天地，女人可以跟男人站在同等的地位。十九世纪末到二十世纪初，短短不到三十年时间，是实际转变时期，妇女噩梦初醒，虽然这个觉醒脚步非常慢，甚至到现在还没有完全觉醒，但是从那时开始，妇女是真正进入觉醒的管道。通常一个大的转变和震撼发生，除了本身努力以外，还需要有外力，西洋文化就是一个很大的外力。

妇女地位提高

妇权运动的第五个时期，应该是从二十世纪初，一直到现在，也许还要再延后若干年。中华民国的成立,使妇女的地位实质上向前跃进,尤其是 1927 年以后,国民政府成立,颁布了很多法律,妇女地位有很大的突破,例如取消纳妾制度。我们常讥笑美国人离婚快,认为美国人容易离婚,中国人不容易离婚。其实都一样,美国没有纳妾制度,必须离婚,不离婚就会闹出人命,中国因为有纳妾制度,可以妥协。美国社会,国下面,就是家,他们重视家庭,远超过中国人万倍,所以不允许两妻并存。中国人对家并不重视,很多人下班以后云游四方,东窜窜、西窜窜,就是不回家。因为中国社会比较复杂,人际关系也比较复杂。外国人下班必须回家,固然也有人去酒吧,但是少数。

国民政府也明令规定不准妇女缠足,现在各位一定和我一样,永远不了解为什么女孩子要把脚缠起来。在我少年时代,比我稍大的妇女,像我的姊姊、姑母、阿姨等,全都是缠足的。我有一位堂兄,是高级师范毕业,在我们那一带是位绅士,他娶亲唯一的条件就是要新娘子天足,结果在附近几个县都找不到一个天足的女孩子。我小的时候,县政府派很多女学生担任"放足委员",到各县去宣传不能再给女孩子缠足啦,已经缠足的要放开,结果被乡里的人打出来。这些乡人有道德上的根据,有圣人的支持,做母亲的会说:"如果我不给女儿缠足的话,我对不起我的女儿和我的良心。"

第三个最重要的突破是继承权。国民政府颁布的法令中规定,女孩子可以继承财产,这是破天荒的一件大事。五千年传统文化中,女人不算人,没有继承权。武曌当女皇帝时,最大的一个困扰,就是没有女儿继承王位的理论根据。许多皇帝有女儿,没有儿子,往往发生宫廷政变,杀人千万,血流成河。古时女人不但在政治上不能继位,在财产上也不能继承。但是中华民国的成立,使女孩子有了继承权。甚至很多已经出嫁了的女儿一听说有继承权,都回来争遗产,伤了一向和睦的手足之情。

还有很重要的一点是,女孩子可以受教育了。不论男女,如果不受教育,就没有做事的能力,受了教育就可以胜任职业工作。妇女能受教育,有继承权,又不缠足,这已经到了一个新的天地,也就是在座各位太太小姐一生下来就有的环境。过去妇女所受的悲惨命运,你们不会了解,也不会有什么难过。我上个月在吉隆坡演讲时,谈到往日大陆的贫苦岁月,和我在河西走廊、太行山所受的种种痛苦,吃糠、挨饿,我讲得很痛心的时候,底下有人在笑,我很不愉快,我说:“你们为什么对这么严肃的问题会笑呢!”结果一位听众站起来向我道歉说,因为他们不知道,他们太幸福了。过去妇女所受到的种种迫害,你们不知道,讲给各位听,大家不过听听罢了,因为各位太幸福了,一生下来就是这么一个比从前完美的时代。

新的女性诞生

在这种情况下,新的女性诞生。这个新的女性的意义就是刚才说的,在纳妾制度取消下的社会中,不缠足,有财产继承权,有选举、当选的政治权利,可以受教育和就业。然而,大家对现在得到的这些却不珍视。在我这样年龄的人看来,各位三生有幸、祖上有德。然而每一个时代都有每一个时代的问题,常常有很多的政治家、革命家,希望能发明一种思想或制度,把人类所有的困难,一次解决。这种想法我们非常佩服,但这是不可能的,因为人类的问题总是不断地在产生,到了一个新的时间、环境,会有新的问题。好比现在空气污染问题,各位已习惯于它的存在,可是我这一代的人,觉得这真是怪事,空气还会污染吗?它竟然真的污染了。新的女性产生后,所面临的是新的问题,虽然不再是传统的屈辱地侍奉男人的问题。但确是面临很多的压力。这个时期,是妇女觉醒之后适应困难的时期。

我们觉得,美国总统林肯解放黑奴,对奴隶来说,有人为你流血,发动战争,把你解放了,你至少该有感谢之情,事实不然,很多奴隶不但没有感谢之情,反而痛恨林肯,觉得当奴隶很好,有人供应吃住,现在解放出来,什么事情都要自己用大脑、体力,何必过这种生活呢?他们反而抱怨。同样,新形象的妇女一旦呈现在社会之后,有很多人不能适应。常听许多太太小姐们说,还不如以前的媒妁之言好,现在恋爱很辛苦。当然这是抱怨,真正要她回到那个时代,她也不会同意。这说明妇女必须适应新的情况。

新的妇女遭遇到的压力很多,在观念上、意识形态上,妇女认为现在已经是新的女性,应该跟男人完全一样,可是,却逐渐发现并不一样,男人还是在很多地方占强有力的优势,妇女因而感到困扰、困惑、痛苦,甚至于起来进一步地反抗。所以现在有许多新女性,提出对妇女地位和角色的再检讨。我认为一个新的女性比一个旧的女性,在某一点说来,困难和痛苦都要加倍。从前的妇女只要煮饭、带孩子,没有别的事情。现在的妇女要上班、上学,回家之后还要煮饭、带孩子,多了一倍的工作,这就是一种困扰。明明学识、地位、薪水都和丈夫一样,甚至还高些,可是回到家里,他是老太爷,你要伺候他,你一定会有很多懊丧。不过我以为,这是一个适应期间,五千年的社会积压下来的许多残余意识,还没有完全消除,男人们总认为自己是一家之主。抗战时,一位朋友带着太太、两个孩子,和很多行李逃难,到了某一个地方,安定下来,很高兴,拍拍胸脯说:"总算把他们都安顿好了!"这种感慨和表情都非常正常,但是也有一种显示,显示孩子和太太都是他的零件。男人们多少都有这种想法。记得刚来台湾时,我在一所学校教书,一个同事每天中午由太太送便当到学校,有一天太太送得迟了,我们都在吃,他一个人没得吃,饥火中烧,这时太太来了,他站起来照着太太的脸上左右开弓,打了两个响亮的耳光,他太太站在一边,好像心安理得地挨打。我们都跳起来,说怎么可以随便打人,大家起哄要揍他,他惊讶的程度远超过我们的,他说:"我打我太太,你们这是干什么,疯啦!"这就是观念问题,他认为太太送饭迟了应该打,他的太太也认为挨打是应该的,而我们却觉得不应该打人。

我们正处于一个矛盾冲突的时代,应做的是:每个人都要有"打人是不可以的"的观念,送饭迟了固然不对,打人同样不对;使丈夫认识与太太是平等的,两人不过分工而已,在意识上不可以认为自己有权随便打人,有权把太太不当人。我们必须发动社会舆论制裁的功用,不允许发生这种暴力现象。在这种困惑的时期,包括事业与家庭上的冲突,爱情与婚姻上的冲突,以至上一代与下一代的冲突,新女性的烦恼,与日俱增,这主要是由于男人仍残留有沙文主义意识形态,总是觉得没有机会则已,一有机会,还是要骑到女人头上。

妇女没有真正醒悟

事实上,妇女本身也没能做到真正的醒悟,很多人觉得这样已经很不错了,在潜意识中,还有三从四德的存在。好像菟丝花、牵牛花、爬墙虎一样,总要寄生在一个男人身上,才能存在。最近一个女孩子告诉我她们家乡一句话:"不可小看女人,因为男人的前途是看得见的,女人的前途是不可预测的,一旦嫁给一个王子,她就是王妃;一旦嫁给一个有钱人,她就是富婆。"我承认这是一种社会现象,但这也是女权不能发达的原因之一,女人总是要攀附着男人,攀附着任何一件东西就表示自己不能独立。攀附着男人,又希望男人来尊重你,这很困难。妇女必须在意识上要能自立。关于这种自立,若干年前,有过许多奇怪的论调,比方"女人不要下厨房",还有些人家里挂两块门牌,一个是"张先生"、一个是"王女士"。我相信真正的女权不在这方面,真正的女权是需要自己有充实的内容、独立的思想、人格和能力。

要谈到这些,这已不是女权问题,基本上是人权问题。因为不仅是女人受迫害,男人也受迫害。女人受迫害也不限于男人对女人的迫害,女人对女人的迫害有时还超过男人。我今早抄了一段《金瓶梅》中女人迫害女人的惨事,大家都认为潘金莲的反抗性很强,武大郎不漂亮,不想要他,他不肯离婚,就毒死他。我觉得这很了不起,因为中国人挫折感特别强,中国男人假定被一个女人甩掉,那自尊心简直破碎得无法收拾。武大郎应该答应潘金莲离婚,如果不答应,这种男人就应该把他毒死。但是,许多人认为潘金莲具有叛逆性,为了争取婚姻自由、爱情美满，勇敢地嫁给西门庆。我觉得潘金莲不是这么一个人，现在，念一段潘金莲怎么打她的丫头的文字，给大家听：

因叫他（秋菊）到跟前瞧："蹦的我这鞋上的齷龊，我才做的，恁奴心爱的鞋儿，就教你奴才糟蹋了我的。"哄得她低头瞧，提着鞋拽巴，兜脸就是几鞋底子，打的秋菊嘴唇都破了，只顾揾着搽血。那秋菊走开一边，妇人（潘金莲）骂道："好贼奴，你走了。"叫春梅："与我采过跪着，取马鞭子来，把他身上衣服与我扯了，好好教我打三十马鞭子便罢，但扭一扭儿，我打乱了不算。"春梅于是扯了秋菊衣裳，妇人教春梅把他手扯住，雨点般鞭子打下来，打的这丫头杀猪也似叫。

……打勾二三十马鞭子，然后又盖了十栏杆，打的皮开肉绽，才放出来。又把他脸和腮颊，都用尖指甲的稀烂。

女权是人权的一部分

看了这一段，我有一个感想，这是女权问题吗？《红楼梦》里我们最崇拜的晴雯，多么美，为了贾宝玉，半夜不睡觉，给他织补衣服，非常可爱，那是因为贾宝玉是她的主人。她对下人，对丫头，却是另一副嘴脸，一言不合，劈脸就打过去，而且坚持让她们跪在瓦片上问口供，恶毒得可怕。这不单单是女权问题，而是人权问题。我想与其单独地提出女权，为什么我们不考虑这是整个人权？女权是人权的一部分，妇女是人、男人是人、儿童也是人；大官是人、囚犯也是人；大商是人、穷人也是人，每个人都有人性的尊严，不但不可以迫害妇女，也不可以迫害儿童，也不可以迫害男人。所以女权不可能单独存在，中国自从立国以来，王朝不断地更换，每一个王朝的更换，都杀人千万、血流成河，结果一个新的政权成立，在经过若干年之后，又是杀人千万、血流成河，不断地恶性循环。为什么我们中国人不能像英国人一样，建立一个民主法制的国家？为什么我们打来打去，不能建立议会政治？为什么我们的妇女受到这样的迫害，迟迟不醒？因为我们中国文化中缺少人权思想，所以妇女不过是大迫害中的一部分而已，即使把女权提高得和男权一样,没有人权同样会受到迫害。中国人始终没有能力成立议会制度,所以打来打去,也一直在帝王将相的圈圈里转。儒家思想中唯一的希望是圣君贤相,问题是,如果君不圣、相不贤的话,人民一点办法也没有。西洋国家有议会制度,君不圣也无法发挥兽性;有议会牵制,相不贤就请他走路。比较起来,西洋社会的人权比较受到保障,我们比较缺乏。

我们的女权现在遇到这么多困扰,需要妇女自己努力,靠男人是没有希望的,假定自己认为已经够好了,就无法再往前进一步。妇女们现在所遇到的困扰仅仅是过渡期间每一个人都会遇到的困扰,不足为奇,也不必抱怨。权是要争取来的,不会由天上掉下来。我们也应该把建立女权扩大到整个人权,如果人权建立起来,男女所得到的实惠完全相同。单讲女权,即使得到,也很有限,正如一个人的肌肉不可能某一点特别发达。

演讲后,读者们与柏杨先生的讨论:

附:

问: 许多人都鼓励妇女独立自觉,而当妇女真正独立了,男人的感觉是如何呢?会不会觉得惶恐,怕女人不再爱男人了,或自己的既得利益被瓜分了?

答: 我想男人不会害怕的。女人不爱男人爱什么呢?一个男人应该以自己的妻子能干为一种荣耀,而不是一种威胁,除非是妻子瞧他不起。至少我觉得妻子的荣耀就是我的荣耀,就好像妻子把丈夫的荣耀当做自己的荣耀一样。我认为:没有自信的男人在对妻子的栽培上,不可以超过他所能控制的范围。没有自信的女人在对男人的栽培上,也不要超过她的能力所能控制的范围。这句话听起来很功利,不过,假如我们是兄弟姊妹的话,我就建议你注意这一点。往往一个男人把女朋友千方百计地培植成一个电影明星或什么的,最后她掉头而去。女孩子对男孩子也是一样。中国古代有很多这种例子,像刀铡陈世美,妻子为他牺牲一切,让他上京赶考,他当了状元就不要妻子了。这能怪陈世美吗?其实男人都是一样。

问: 您提到女权和人权,是否要女人争取到女权后,再争取政权?

答: 我想我刚才没有讲清楚,女权、人权与政府没有关系,那只是人性的尊严。我刚才举的例子可能有点混淆,我只是说我们的人权不发达,不大受重视。中国有一句话是"人命关天",只要出了人命就是天般的大事,但这要看是出了什么人命?谁害了人的命?小民的人命可能就不及王孙公子或有钱人的人命值钱。凶手如果是王孙公子、有钱人,和凶手是小民也不一样。西洋有句话说,做坏事是需要有资格的。我讲的人权问题,不一定是政治问题,例如女人的选举权、罢免权、离婚权、职业权、继承权,可以说是政治问题,也可以说不是政治问题,我想我们应该把政治两个字抛开,压力就比较轻一点。

问: 家庭主妇把一生的岁月都贡献给家庭,可能与社会脱节,丈夫和孩子有时又并不尽如期望,常有一种失落感,应该怎样平衡?

答: 男女平等应该求实质上的平等,而不是形式的平等,男女生理结构不一样,生儿育女一定是妇女来从事,妇女不能说我只管生,不管养。男人不能喂奶,除非喂牛奶。孩子需要人来抚养,以母亲最适合。家庭主妇待在家里,如果不想与社会脱节的话,必须设法使它不脱节,必须付出代价,那就是,不断地求知。有些女人结婚三年后,就变得面目可憎,既不看报,又不看书,以前的气质完全没有了。妇女自己脱节了,怎么能怪社会不要你呢?你不要脱节,必须不断地充实自己,这是其他人帮不上忙的。

最近一位从美国回来的女孩子说,她十几年没回来,回来后发现一种现象很奇怪,跟女同学聚会时,每个人都谈丈夫和孩子，从来没有人谈到自己。女人已经不存在了，消失在丈夫、孩子的影子里了。你自己这样不自尊、没有自我，先把自己抛弃了，怎么能怪社会和男人抛弃你？这需要自己的觉悟和努力。一个人想要别人爱你，首先要使自己可爱，自己不可爱，教别人爱你，怎么可能？你要社会不抛弃你，首先要自己不抛弃自己，要多看书、多接触、多吸收、多思考，不能让自己被家庭埋葬。

年纪大的人总觉得孩子不孝，在埃及金字塔里就发现责备儿女不孝的记录，几千年来，包括我们自己、我们的父母、祖父母在内，都是不孝的子孙。我愿有一点离经叛道的建议，对儿女的爱心是不是可以用理性来稍稍节制？固然很多人说爱儿女不希望儿女报答，话所以这么说，那是没有遇到节骨眼上，人只要有付出，总希望回报，至少希望儿女对你笑一笑，从远处回来时给你抱一抱。你付出的愈多，潜意识里希望他回报的也愈高，一旦达不到你希望的水准，你就会非常伤心。现在工商业社会，每个家庭都必然崩离，儿女离开父母，就像没有儿女一样。假定你不能认识这个倾向，不训练自己适应这种情况，不肯在这方面努力，就要付出代价，悲悲惨惨地过老年的日子。假如你能够觉得人生就是如此，内心觉悟对儿女到此为止，你才会有快乐的老年。

我有个朋友在慕尼黑做事，家对面住了一对德国年轻夫妇，每星期天早上，这对年轻夫妇都要出门去看父母，一面等车，一面唉声叹气。他问他们："既然不喜欢去，何必要去？"他们说："不去不行，因为父母的遗嘱上规定如此。"做父母的很可怜，明知道子女的爱是购买来的，还是要购买。这件事给我们很多启示，各位还年轻，要知道，将来儿女孝顺不孝顺，看你定的标准而定。

华文与华人

国立台湾大学马来西亚同学会纪念特刊编辑
委员会专访，执笔曾光华、郭棋佳
文载 1982 年台北《台大大马十周年纪念特刊》

杂文将成为文学主流

问：柏杨先生，能不能请您谈谈对文学体裁今后发展的看法？

柏杨：每个时代都有它代表性的文学体裁，周王朝和春秋战国时代有上古文学《诗经》和《楚辞》，以后进入的形式是“赋”，接着是六朝的“骈体文”，然后是唐朝的“诗”。诗控制中国文坛的时间很久，一直到现在还居于很重要的地位。清王朝末年，它还曾再度成为中国文学的主流，没有一个知识分子不会写几首诗、不会背几首诗。至于中国的小说——为什么称为“小说”呢？小嘛，不入流嘛！好像狮子不叫“小狮子”，蚂蚁却叫“小蚂蚁”！唐王朝时开始有“小说”，应考的士子常拿长篇大论的作品，给有权影响考试的大官看。谁要看长篇大论？所以那些苦心的士子只好用“小说”作为诱导。不过，虽然小说有这么大的力量，因为道德挂帅、政治挂帅的原故，仍不能居于主流。直到二十世纪“五四运动”之后，它才成为文学的基干。而散文方面流行的时间更久，唐代、宋代的小故事，可以说是小说，也可说是散文。我们普遍对散文的印象是：它是抒情的，纯抒情的！所以女作家写散文最多。其实，除了小说以外的散文，包括议论文,都是“杂文”! 杂嘛,就像过去,凡不属于八股文的,都称为杂文。凡不属于特定范围的文体的,也都叫“杂文”。但使它活跃起来的,创自鲁迅,还是个新兴的事物! 任何一个新兴的事物,都有人反对!

从前吴稚晖就不坐飞机,他说当飞机不能停在天空中修理之前,他就不坐! (哄堂)这也不能怪他,因为有些新兴事物是不好的。但是,一个时代有一个时代的需要,比如京戏吧,从前流行的时候,谁也挡不住,可是现在再提倡也没用。最近我看《双城复国记》,以西洋歌剧的形式演出,就觉得这是正确的道路,但这个新兴的事物一定有人反对,你们放心! (哄堂)我认为,只有这种新形式的戏剧,才能在国际上站得住,京戏怎么行呢? “啊啊啊啊”拉得那么长,一个人在唱的时候,身边的人都像呆子一样。

谈到杂文,同样有人反对。但是,不管你喜欢也好,不喜欢也好,杂文势将成文学的主流,一个潮流过来了,谁都阻挡不住! 杂文没什么,太简单了! 每个人都会写,只是好坏的问题。它可以抒情、可以批判、可以谈道理说仁义,是个万能的文体,想怎么用就怎么用,不受限制。不像小说、诗歌,要通过一定的形式。我说这些,跟我写杂文毫无关系,我只是说明文体的进展,至迟二十一世纪,将是杂文世纪。

说起来,杂文不容易写好,因为对人生要有体验,体验得越深刻,就写得越有深度。女孩子写杂文比较困难,尤其是漂亮的女孩子,因为其他人会替她担当苦难,遇到了老虎,准有年轻人喊道:“来,我替你打它!”(哄堂)于是男人可以写打虎的经验,女孩子怎么写? 何况男人可以进出很多场合。有些女孩子是专写婚姻的,写婚姻也不行,嫁了个丈夫,被当成宝贝,怎能知道婚姻的复杂呢?

问: 与台湾的文学作品比较,您认为新马的水平如何?

柏 杨：我觉得新加坡的水准很高，不亚于台湾，非常难得。马来西亚的则似乎比较“弱”一点。

问：是不是缺乏“文化根基”的关系呢？

柏 杨：我读过方北方、孟沙等人的作品，他们都有很高的水准，文字的功力也很够。使我觉得，大马很像三十年前的台湾。三十年前，台湾没有一个作家可以靠写作生活，没有一个作家过得惬意，除非他本身已有很好的“资源”。当时读者不多，而且对中文的阅读能力、吸收能力也不够。可是现在，能力不但够，而且好得不得了；有能力赏鉴，也有能力批评，会买他认为好的书。一旦经济力量充足的话，文学就会“开花结果”，才能从事作家这个行业。

我想，大马文坛落寞，不是作家问题，也不是作品问题，而是读者问题。有一个最大的症结是，除了中国本土，其他国家的华文华语，都有同样困难的处境。我在贵国看到，一部分华人已经放弃了华文华语，这也不奇怪，人总是为了未来而生存。但是，华文作品如果没有华文读者，就是一个基本危机。目前的马华文坛，必须培植读者。想培植读者，必须先培植华文华语！如果把这工作放弃了，什么都不用谈，什么人都没办法！就好像海明威在英语世界可以成名，如果来到中国，一定成不了名，因为我们英文读者很少！

华人的遭遇，我认为不是问题。我只是就历史的发展来看，成问题的是华人自己的品质，要得到别人的尊敬，要别人看得起，必须先有被别人尊敬、看得起的条件，这非常重要！

要和谐就必须互相了解

问：您认为马华文坛应往哪一方面发展？还有，马华文学对大马华人的地位有什么影响？

柏 杨：它的影响是非常大，甚至超越了枪杆。我们每天都受文化的影响，但不会每天都受战争的影响。

对前一个问题，我有两个意见：第一点，这是我目前正在做的。目前，台湾几位名作家的作品在报上一发表，贵国的华文报章便立刻转载，这对贵国作家是个打击！所以，我希望编一部《马来西亚联邦华文文学选集》和《新加坡共和国华文文学选集》，把好的作品介绍给世界上凡有华人的地方。目前新马的作品只限制在一个地区，一本书出来如果能销售一两万本……（众人：恐怕没那么多……）这没什么稀奇，二十几年前，在台湾如果能卖出一两千本书，就可以大大请客了！（哄堂）我希望马来西亚的作家，在台湾，在所有华人的地方，都能有很高的知名度，这对作家本身是个很大的鼓励——人总是需要鼓励的，这样才能使他们的创作水准更能提高。文学的交流应该受到重视，我们眼光要放大，文化应该普及到世界每个角落，没有办到的话，不能怪别人，应该怪自己。

第二点，在马来西亚，不少华人的马来文那么好，为什么不把华文作品翻译成马来文？伏尔泰有一句话：一个爱国、爱他母语而且通晓外语的作家，有两个神圣的任务，一个是把外国好的作品翻译成自己的文字，一个是把自己国家好的作品翻译成外文。作家不但不要在小地方酱住，而要和其他国家交流，还要超越华文的范围。应该是这样的，华文一有作品发表，就应马上翻译成马来文。我看华文作品翻译成马来文的很少，可能文笔不成熟，但不成熟是另一个问题。华人生于斯、长于斯、葬于斯，要和其他民族互相了解，了解之后才能增进感情。在马来西亚，华人占少数，说实在的，非常需要和平。不要冲突，冲突之后，谁都不会获益。即使能获益也不能冲突，这就成了仗势欺人。要共同繁荣就必须互相了解，让其他种族了解，华人并不是只懂得金钱的民族。过去抗战时,我们都认为日本人是畜牲,后来有人翻译了大批日本的作品过来。我们一看,他们也有爱情啊!男女间也非常缠绵啊!也有正义,也有坏蛋啊!中国有五千年历史,我们的心胸应该像澎湃的大海!不要说在台北报上登了一篇文章,就"啊哟!不得了啦!"那有什么了不起?为什么不能再扩大?为什么不进入世界性、国际性文坛?所以作品除了给华人看之外,还要翻译成马来文,这是有意义的工作!至于翻译出来后卖不出去,卖不出去慢慢来!一个突破性的事情不是普通人可以做的,文化的工作是一种一步一步呈现成果的工作,快也快不得。

作家须有自尊

问: 请问柏杨先生,作品的水准不高,和它的销路是否有关系呢?

柏 杨: 没有好的销路,就没有好的作品,这是借口!现代社会才讲销路,以前社会讲什么销路?《红楼梦》卖给谁?这都要看自己的要求,有了读者也未必能写出好作品!有些人卖出了一点书,被称为"作家"后,便飘飘然地自满起来。我有个朋友,别人问他:"你平时看些什么书啊?""嗨!看什么书?我是写书给别人看的!还要看别人的书?"(哄堂)这种作家怎么会有成就?

问: 要提高作品的品质,须从哪方面着手?

柏 杨: 作家本身不要自暴自弃,自尊很重要。华人常生活在两个极端中,一端是自卑,一端是自傲。举个例子,不少华人到美国旅行,过斑马线时看到车子来了,就拼命跑,跑得满头大汗。后来导游说:"不要怕,美国是礼仪之邦,慢点走没关系。"结果发现车子果然停下来,于是就慢慢地走过去,反正车子不敢撞自己。但美国人本身就不是这样!他知道车子停在那里是“让”他过去,他会很快过去,这就是互相尊重。华人却一面是害怕恐惧得要死,另一面却傲慢自大得要死。有些作家认为他写的东西都是骗人的,没责任,没使命感,反正赚几个钱。还有一些作家觉得了不得的很,天下无比,地上无双,连萧伯纳跟我提鞋我都不要。这算什么?作家须有自尊!要爱惜自己,如果要写就要尽力写得好,并且要追求第一流的水准!

你们都是马来西亚公民,你们应该在那地方生根,如果模仿台湾的作品,写得再好,顶多跟台湾一样!何必呢?因此要找出自己的特色。不必故意地制造特色,它自然会成为一种特色。好比交通、气候等,是非“特色”不可的,然后才是马来西亚特有的情调,一个拥有移民色彩的社会,有两种现象,一种是把很多古老的东西一下子抛弃掉;一种是很多古老的东西,祖国已经离开太久了,它还是留着!这些特色都是写作的重要题材。

问: 以马华文艺现况来看,如果谈到社会问题,将很容易牵涉到“政治”,这在我们国度,可能一下子不太容易被接受……

柏杨: 我想这是技术问题,文学具有挑战性、抗议性,假使没那么多苦难,像种族歧视、宗教排斥,文学就不会存在。有了许多苦闷、困惑、悲愤,才产生文学!这是处理方法问题。每个地方都一样,这不能写,那不能写,写好一点就写出问题来了!(笑声)我的意思是,同一个主题可以用不同的形式来表达。

保守和前进的力量要不断平衡

问: 提到文学,我们不免会想起教育上的问题。目前华文中学的高中华文教材是以“文言文”为主,可是学生们似乎对文言文抱着敷衍的态度,于是,不时引起争论……

柏　杨：（突然激动起来，众人为之一愣）哎哟，文言文早就应该取消了！还用得着争论吗？我请问，你们回马来西亚是乘飞机啊，还是轮船？或者是独木舟呢？（再度强调）这还用争论吗？文言文阻碍我们华语民族的进步！像我主张简体字和拼音字，很多人就反对，（加强语气）中国方块字太困难了，就算中国武力强大到征服全世界，都不能使中国方块字成为世界性的文字！文字是一种工具，用久了之后便容易产生民族性的感情，就像买了一辆脚踏车，每天又擦又洗的，日子久了也会产生感情。可是如果现在要到高雄去，还能骑脚踏车去吗？再有感情都得坐火车去！ABC 也者，英国用它，它就是英文字母，法国用它，它就是法文字母，德国用它，它就是德文字母，华人用它，它就是华文字母。

（情绪稍微平缓之后）任何一个团体里都有毁灭自己本身的因子，任何一个生命，任何一个细胞都有！这种因子如果能被克服，团体就能壮大。每个社会都有保守的力量，保守力量有平衡作用，如果每人都拼命地往前跑，就会容易栽倒；而且没有了保守力量，容易形成一种狂热，也是非常可怕的事情。太过分的活跃容易产生毒素，因此，保守和前进的力量，要不断平衡。

问：　我们是不是换个话题？

柏　杨：让我再补充一点，大学里中国文学系啊，是最保守的系！那些老师，头脑像糨糊一样，最好的糨糊还会说：您的意见我了解，但我不同意。

现在的中文系还算进步呢！从前我写过文章，建议中国文学系应改称“中国古文学系”，然后另外加一个“中国现代文学系”，后来中国文化大学开了现代文学组。不然的话，中国文学系不过一群老弱残兵，只会钻在故纸堆里，对面前的事，一无所知。

问：　有不少的大马华人知识分子不愿留在马来西亚，而跑到外国定居,您对这现象有什么看法?

柏　杨：这种情形各国都有。这是一个人的见解和抱负的问题,我们不能说他不对,没什么可以责备的。因为每个人对现实的反应不一样,有些人一走了之,有些人则肯定自己的乡土。

在西方的移民中,华人往往不能和当地文化融合为一。大马方面,由于宗教的问题,也很难跟当地的文化融合,这样下去,华人会严重地感到很孤单,不能发挥更大的力量。

不要冲突而要逐渐参与

问：您对血缘性或地缘性帮会有什么看法?

柏　杨：我在马来西亚的时间太短,没有实际地接触到帮会问题。这么大的问题须有很多年的研究,我的意见太肤浅。

不过,据我所知,这问题涉及到民族性和经济利益。帮派是求生的工具,是不得已之下的产物。从前,由于政治的黑暗,遭了委屈无法受到法律的保护,只好自己保护自己,扩大后便是一个帮会。所以华人最重"朋友",朋友和外国的Friend绝不一样!外国的"朋友"要经过"同伴"——Company——的阶段,就算男女一块睡了觉仍是"同伴"。但是华人一见面便成为朋友,华人太需要朋友了,因为华人太不安全。洋人可以背了背包独自去度假旅行,华人很难这样。看起来洋人不团结,我们团结,其实不是。我们只是需要友情,需要安全!所以这种帮会是迫不得已之下产生的,等到民智开了,品质提高了,法律可以提供保护,它自然会消失。就算不消失,它也会软弱无力。

问：我们的上一代从大陆过来马来西亚,他们只希望赚了钱带回家乡,可是后来大多数的华人便把马来西亚当成自己的故乡,全心全意地在这里建立自己的家园。虽然以后华人把握了经济力量,可是却在过分的金钱和功利主义中迷失了自己,今天我们看到,华人所面对的是教育和文化的问题……

柏 杨:实际上,这是一个政治问题……华人啊,几千年专制下来,大家对“政治”有畏惧之感。古时候的诗人、读书人,以不从政为清高。他们认为从政都是肮脏的、危险的,所以大家都不愿意从政……

问:可是如果不参与不争取,我们可能连经济地位都没有了,而我们的子子孙孙更不堪想象。

柏 杨:对!对!传统文化有很多东西要经过批判才能吸取!你们必须参与!你不过问政治,政治可要过问你!(众人频点头)大马社会不应有冲突,华人必须积极参与,(加强语气)哪有一个国家将近半数人口是属于另一个民族,而这个民族却没有政治地位?这是不可思议的怪事!

问:所以我们同学会的大会宣言,就是以建立一个自由、民主、繁荣康乐的马来西亚为大前提……

柏 杨:对!你们应该这样做!一个刚起步的新兴国家,总是比较脆弱。如果你在美国,随便你谈什么都没关系,只要你不用暴力,因为它太强大了!但是马来西亚却不是这样,所以你们要体谅它。反过来看,如果你们是马来人,心里是不是也会有些害怕?所以华人要自爱,不要惹来仇恨。像看大戏啦,办丧事啦,阻塞了交通,都是不应该的!华人也不要太自傲,太自傲了一定会得到回报!一定会!(强调)我想,能减少一点摩擦,就应减少一点摩擦,对华人社会来说,非常重要!

过分的保护会造成伤害

问:您对“华侨”这字眼有什么意见?

柏　杨：我不赞成！我曾经写过一篇文章谈到这问题。"华人"这称谓很恰当！拿中国护照的才称"华侨"，不然美国人也可以被称为"英侨"了！

问：　　您对"种族保护"有什么看法呢？

柏　杨：贵国政府对马来人的保护理由，是很明显的，如果不保护，就不可思议了，我觉得这并不构成威胁，如果品质不提高，保护并不可能保证成功。可是，过分的保护就会形成伤害，非常大的伤害！好像美国给予黑人那么多保护，反而把黑人搞惨了！现在他们已经开始检讨这种保护，原来美国黑人每生一个孩子就给予补助，结果美国黑人在家没事干，专门生孩子！（哄堂）每个黑人家庭都有七八个孩子，造成人口膨胀，这对黑人来说是非常不利的！一定造成严重的堕落！

至于说对其他种族的不平等待遇，这是当然会发生的！长相不一样，语言不一样，钱又赚得那么多！这并没什么严重，最重要的是提高自己的品质！华人本身不团结会被人轻视。

问：　　您认为华人不团结吗？

柏　杨：华人本身如果不团结，终会被人轻视！

不团结的因素很多，几千年来政治专制、分化……比如本县人不能在本县当官就是一种分化。不过我们不必探讨不团结的原因，只探讨中国人有不团结的现象，这种现象非常可怕！到什么地方都一样。不过，要中国人团结，须要用很慢的方式来进行，最好不要用激烈的手段，好比说不团结就砍头，这种方式的"团结"只是一种表象。团结太不容易，各国都有不团结的事实！犹太人平时也吵得很厉害，但是他们做出了决定之后只有一个方向，而三个华人做出决定后，却有三个方向！

可是华人有个特征——不管是基于什么原因——华人

喜欢让孩子们念书，这是一个很大的武器！华人再穷困都一定要下一代受教育。台北有个感人的故事，有个妈妈当娼妓供孩子念大学。肯读书的人，脑筋里才有“管道”，有了“管道”，才能吸收营养，才有使自己更丰富的可能。

认识自己的缺点，训练思考能力

问：　您刚才提到民族的品质问题，请问要如何提高民族的品质呢？

柏　杨：这不是一天可以促成的，要每个人一点一滴做起。首先我们应该认识自己的缺点，美国有一家公司派考察员去欧洲考察，回来后向公司报告什么都是美国好，结果该公司的董事会马上把考察员开除，理由是：考察目的是要发现对方的优点，不是去发现对方的缺点，要不然该报告将造成公司的自满！华人应该有董事会这种观念！“外国‘也有’臭虫！”这句话什么意思？华人发现了臭虫心平气和；外国人发现了臭虫却马上消毒！我们有了臭虫就应该想办法，怎么可以因为“外国也有臭虫”，就心安理得让它们繁殖呢？华人不容易认识自己的错误，一切都是人家不好。

应该检讨华人有没有被人歧视的缺点？随地吐痰，进到餐厅哇啦哇啦，对别人毫无礼貌，自己内斗等等，人家为什么不歧视？同是黄皮肤，中国城为什么肮肮脏脏，日本城、韩国城却为什么干干净净？讲起私交，美国人非常喜欢中国人，却很难和日本人交朋友，因为日本人很“怪”，但美国人却尊敬日本人！佩服日本人！所以第一要先承认自己的缺点，然后才能懂得改进。

第二点，要训练思考能力，中国人都是经别人思考好了，然后跟着走，几千年来搞科学，写圣人之言，没有真正思考，有思考也只是“情绪性思考”！“你说的是对的，但我不接受”,这是什么话?对就应该接受,有了独立思考能力才能明辨是非。明辨是非之后,才有能力担当,品质自然提高。这些都是从个人做起,像平时多说“对不起”“谢谢你”,便立刻会造成和谐的气氛。任何优点,不管土的、洋的,都要学习!

一旦华人对事实可以判断是非之后,才会发觉什么地方不对劲,华人的团结才会产生。团结实在不容易,“人”这种东西很奇怪!变量太多!今天佩服你佩服得五体投地,明天你跟我好,我都不要。华人要团结在一起,要有更高的灵性素养!比如两个人在一块,必须彼此间水准平衡,不要一方让步了,另一方却以为你害怕了,可以得寸进尺!每个人都有这种水准,扩大之后才能促进一个民族的团结。一个不团结的民族,会失去很多权益,而且有覆灭的危险。

要把每个人当成是人

问:您认为团结要建立在什么基础上才能达成?

柏　杨:任何团结都应建立在“尊重”的基础上!尊重很重要,不是说我团你的结,或是你团我的结。团结是须要谈判的,谈判不一定就是说服!比如我说出了一个意见,这是我个人的看法,是供你参考,而不是在说服你,这点大家要明白!

问:柏杨先生,马来西亚华人的觉醒,在当今的情况下是不是太慢了一点?

柏　杨:不慢,绝对不慢。文化有文化的力量,它的步伐本来就比较迟缓,但我们必须全力以赴。文化的交流如文学作品的翻译工作,同样重要!那样才能使民族间互相了解,互相了解是最基本的!如果我对你不了解,想崇拜你都没法崇拜你!

以前贵国有过种族流血事件,我听朋友说,他们在东马的乡亲,却受到马来人的保护,因为平时相处得很好,尊重对方是“人”。从这个事实可以了解，把人当成是“人”，是多么的重要！华人有很多时候不把人当成人，在某些地方把别人当成是神，某些地方却又把别人当成奴，这种绝对自卑和绝对自傲的态度，使人作呕！这种现象如果不消除，就是自掘坟墓！人都是“以敬还敬”的，绝对不会因轻视对方而仍得到对方的尊敬。中华人一定要自爱，要把每个人当成是人，跟自己同样高贵的人，这才能显示一个真正伟大民族的伟大品格！

华人才是真正的经济动物

访问者吴清泰先生

文载1982年4月25日吉隆坡《星洲日报》

很高兴见到柏杨在吉隆坡穿得好，住得好——我们的见面地点是在本坡某大酒店的冷气房里。当时，我一眼瞥见他双腿上的长裤料子并不简单，他上身穿一件水蓝色长袖大衣，外罩一件绒质驱寒背心。身材略瘦，但颇有高度；眼镜片后的双眼露出诚恳。样子蛮好看的，不像六十多岁的人，倒像是四十岁的样子，不知是否养颜有术？

当时，《蕉风》的记者正在访问他，我在一旁坐在床沿稍待。

大约半小时后，我就坐在原先那位《蕉风》记者坐过的沙发里，舒适地对柏杨先生展开了问题攻势。

自认写作的速度不快

问： 柏杨先生，谈谈你的写作习惯好吗？

柏　杨：写作习惯嘛……我写这么多年，没有什么特别习惯。上午可以写，下午可以写，晚上也可以写。并不是一下写几小时，而是写写走走，发发牢骚，说"不要写了"，然后又继续写下去。社会上对我误会，说我写得很快。其实，我并不是下笔千言，倚马可待那一类，我没有这个本领。

平常我写作，两千字往往要写一整天。有时两天三千字也写不出来。看起来我产量多，那是因为时间久了，几十年不断地写……写了三十多年了，不算多产。我几乎每天都写一点，累积起来，好像产量很多。其实我下笔很慢。

我蛮羡慕别人快，实在的，我的速度没那么快。有时候一段文字我会写十几天，蛮辛苦的。

问：你的写作资料是怎样来的？

柏　杨：很难说，写杂文需要各方面的资料。我看书很杂，有的人看书要选，因为他们时间有限。但对一个专栏作家来说，可以说是真正的"开卷有益"。开车时遇到红灯，停下来，翻翻随手带的报纸，或听听收音机评论，都可以得益。

问：你最喜欢的书是什么？

柏　杨：这个……我什么书都喜欢。对，我比较偏向历史书，《资治通鉴》我是蛮喜欢的。其他《二十五史》《纪事本末》《史记》《战国策》《国语》都喜欢。

著《中国人史纲》的动机

问：你为什么要写《中国人史纲》呢？

柏　杨：那是因为美国史给了我很大的启示，他们开国不过短短的两三百年，他们的历史，从移民开始，讲得非常清楚。中国历史讲不清楚，读起来很困难。为什么呢？

希腊历史学之父，描写波斯之战，波斯攻打雅典之役时，波斯国王正在饮酒作乐，战败的战报传来，国王跳起来又坐下,坐下又跳起来。写得非常生动,他们在三千年前就可以写得这么美。中国词汇贫乏,没有这么活泼的词汇。好比形容发怒,除了“大怒”之外,没有更恰当的形容词来描绘发怒的人表情和心理状态。

中国历史记载,一片糊涂,必须讲清楚,说明白,很容易了解才行。

问: 《中国人史纲》的正确性达到什么程度?

柏 杨: 我写《中国人史纲》跟别人写法都不一样,我相信我的资料是正确的,因为我有根据。

中国历史习惯以政治为主,经济变化很小,变动很小。中国的历史是政治史,不是经济史。你如果不懂得中国政治,就没办法写中国历史。我不是说我懂得中国政治,但是我懂得中国官场,而且又肯说实话,所以我认为,我写中国历史最是适合。好比一个木匠,他凭他的经验和学习心得,知道木质构造,耐不耐久,高品质低品质,他可以立刻判断,普通人像你我就不行。

而普通写中国历史的人,对现实政治的中国内涵,却不知道。

问: 你怎么懂得现实政治?是因为你坐过牢?

柏 杨: 我不只是坐过牢——你是问我怎么懂得中国政治,因为我知道中国官场。官场的情形,即令做过官的人也不见得一定知道。还有一点,他们讲话总有保留。我看过一篇“责备宰相”的文章,它不责备皇上,却责备宰相,这是不对的。因为,宰相没有资格负责,他负不起,那全是皇上的事,这就是对中国政治的认识。你没有这个认识,怎么写中国历史?皇上坚持要杀你全家,灭你九族,宰相怎么办?

问: 你是不是对各国的历史都读得很多?

柏 杨: 我只是比较喜欢历史。但不是读得很多,很喜欢就是了。

问: 你除了读书写作,还兴趣些什么?

柏　杨：很单纯，喜欢睡觉、抽烟……喜欢吉他，但不会弹。我想，有一天生活好一点的话，我想我会培养情绪，弹弹琴、唱唱歌，我对人家能够弹琴唱歌，倒是蛮羡慕的。

我太太喜欢音乐，所以，贝多芬对我也有影响。欣赏高品质的东西，没有水准就欣赏不了，我逐渐也能欣赏贝多芬的了。

流行曲并无不良意识

问：你对流行歌曲的看法怎样？

柏　杨：流行歌曲是时代的声音，它代表这个时代。流行歌曲有它产生的原因，因为青少年接受它、需要它，甚至会为它疯狂，老一辈的人应该尊重他们的选择。

我并不觉得它有什么不良意识，流行歌曲没什么了不起，说它影响国家兴亡，太简单化了。天下的东西，良和不良并没有严格标准，难道你听了不舒服就是不良？

问：你对琼瑶小说有什么看法？

柏　杨：没有看过琼瑶小说，因为她比我年龄小。（柏杨这句话引得旁听者大笑，连他自己也大笑起来。）

在编《中国文艺年鉴》的时候，有人不赞成将琼瑶小说编进去，说那不是文艺作品。但它不是文艺作品，又是什么作品？难道是武艺作品？如果你认为它不好、不够格，你可以批评它；但它存在，而且受读者欢迎，不能抹杀。你不喜欢是另一回事，它有没有影响力，有没有大的影响力又是另一回事。

好比旅客来旅店登记租房子住，你尽管不喜欢他，你总不能把他的名字从簿上取消。

问：你刚才不是说你什么书都看的吗？为什么琼瑶的书你没看呢？

柏 杨：并不是所有的书都看，而是什么性质的书都喜欢看。台湾文学作品看得很少，因为都是熟朋友写的，太熟悉了。

问： 还看武侠小说吗？

柏 杨：当然看（随说随点头），很喜欢金庸的（声音低而温柔）。

问： 为什么？

柏 杨：因为他文笔很优美，内容实际。他是以人道、民主、国家民族立场来写的。

问： 除了金庸还有谁？

柏 杨：还有古龙、王度庐……

不谈现实政治

问： 有没有看金庸的政论？

柏 杨：没有机会看。

问： 写不写政论？

柏 杨：不谈政治！（听者大笑，在笑声中，听到柏老幽默地）不谈还坐了十年牢。不过我现在谈的是关于华人品质问题，比政治更重要，是政治的根。

问： 听说你不久前去了美国一趟，你对美国总的印象怎样？你认为美国是否过于民主？

柏 杨：美国和马来西亚一样，都是礼仪之邦。那里的民主制度蛮好的，美国人个个佩枪，那是他们的历史包袱，传统如此，他们觉得不佩枪才是不可思议的。凡事有人赞成，必有人反对，容忍这种反对，才是民主，没有什么“过于”不“过于”。

问： 你对同性恋的看法怎样？

柏 杨：同性恋是个人的事，我们为什么要干涉它？喜欢吃咖喱就吃咖喱，喜欢吃面就吃面，这是他们自己的事。

问： 同性恋是否违反道德？

柏 杨：同性恋是心理问题，不是道德问题。你想想，男人为什么不爱女人？那是他们先天是这样子，不是他们故意标新立异，是上帝规定下来的。遗传学上说，有的人是先天排斥异性的，他们是心甘情愿的吗？

问：你反对少年人看琼瑶小说吗？

柏　杨：我不反对，我为什么要反对？一切让他们自然发展，他们又不偷又不抢。什么书都有人看嘛。不让他们看？那要有充足的理由，使孩子接受才行。琼瑶小说就是适合这种年龄、这种心理状态的少年人看的嘛。他们这个年龄，就是喜欢这种调调。

台湾女工最爱看，她们初中程度，在工厂打工，住在女生宿舍，就爱看这个东西。很美的故事：白马王子，从马来西亚或新加坡来的，年轻英俊……其实，每个男孩女孩对爱情都有过幻想。

问：(仿佛自言自语)你的看法比较特别，但一般都说琼瑶小说不好，一般人都这么说的。

柏　杨：这就是自由。

问：你写作讲究不讲究写作技巧？

柏　杨：不可能不讲，你回去写这篇专访也会讲，对不对？

问：有没有看过写作技巧的书？

柏　杨：没有，市面上也好像没有这类的书，这方面的书倒是很需要的。

问：台湾作家一般稿费有多少？

柏　杨：普通都有一千二百元台币(约八十元马币)。

问：你理想的社会是怎样的？

柏　杨：民主、法治、自由，像新马一样。

问：你认为桃花源怎样？

柏　杨：那是乱世想法。桃花源好是好，就是缺少教育和跟外界的沟通。那种社会，可能快乐，也可能不快乐。美国人写了一本叫《未来的世界》的书，也没有教育。只有领袖一个人，以《圣经》和莎士比亚统治世界。

问： 你的《新马华文文学选集》编得怎样？

柏 杨：已出了一本，是诗集。（柏老将书递了过来，我接过，看到封面的书名是《新加坡共和国华文文学选集》）。

问： 你认为我国写作水准怎样？

柏 杨：贵国水准相当高。为什么没有流传到台湾？是因为缺少交流的管道。大家没有往这方面努力。

问： 你对儒家思想有什么看法？

柏 杨：我对儒家大部分不赞成，因为它太僵固。有人积极，有人保守，并没有错。可是，把道德推到极点，所造成的伤害，使人无法接受。以孝道来说，儿女孝敬父母，本来是很简单的事。而儒家却说什么君要臣死，臣不得不死；父要子亡，子不得不亡。把本来很简单的事情弄得血腥残酷，那是一种扭曲。其实，人的关系是平等的，相对的，但儒家却把它变成了绝对。

香港有新儒家徐复观，很了不起，他试着把儒家回复本来面貌。

文化力量是政治力量

问： 你目前担任些什么工作？

柏 杨：在“中国大陆问题研究中心”当研究员。

问： 不需要靠写作吃饭啦？

柏 杨：还是要靠写作吃饭，也是兴趣。

问： 你对华人的经济势力和政治势力的看法怎样？

柏 杨：华人没有文化力量，也就没有政治力量，我这是外国人的看法。丘吉尔有《英语民族史》，可从其中看出英语民族的伟大和影响力。而华语民族文化影响力太小了，只能活在自己的小天地里，互相倾轧。有人说日本人是经济动物，我说中华人才是真正的经济动物，而且是分散成很小股的经济动物。

一个民族不能没有文化。好比，你住在这间房子里，又脏又乱，随地吐痰，即令给管房的十万美金小费，他也不会尊敬你。当我去你们的国家博物馆参观的时候，看见那里的说明牌子上，只有英文和马来文，却看不到华文，什么原故？

我太太在希腊的时候，看见那儿的洗手间有“出”“入”“男”“女”等华文，却是写给日本人看的；外国人跟你交谈过后，临别时会忽然跟你说“沙扬那拉”，你有什么感觉？身为华人，这是件很伤感的事。

要赢得别人的尊重，就要自己有尊严，别一味抱怨别人。你不要问人家“为什么看不起我”，如果你够水准，自有人尊敬。

问：是不是每个人都应该关心政治？

柏 杨：不关心政治，政治可要关心你。但不要因关心政治，而采取暴力。最好由选票改变现状，不用暴力，因为暴力会引起暴力反应。你看现在中美洲的情形就知道。

有人说选举很浪费，但要看这浪费是否值得，浪费金钱总比浪费人头好。至于参与政治，我想，我们应该参与，大多数人不参与的政治，是一种灾难。

问：有人说你出狱后的杂文不比以前辣，你个人有没有这个感觉？

柏 杨：可能表达方式上和深度上不同吧。

问：你这次来吉隆坡，刚好是接近大选的时候，你又是马华公会请来的，有人说你受马华公会利用，你有什么感受？

柏 杨：我来之前，并不知道这里正在竞选。而这是“是非”“对错”问题，不是利用不利用的问题。我觉得“孝亲敬老”是对的，我就来了。

华人就有这个毛病，脏、乱、吵、窝里斗，互相猜忌。我们不应该随心所欲地用恶意解释别人的动机。提倡加强对父母的爱心,总应该吧。我们只应该问事情对不对,要对人家的原意,充满同情。好比一个人开车在路上,看见一个人晕倒路旁,把他抱上车,载去医院。这个行为本身就够了。不要推测那人想从晕倒的人身上得到什么,或说“给他碰到罢了,有什么了不起”之类。

至于说不追求名利,好,一个月不发薪水,看你怎么办?你会跳起来。每个人都要荣耀,上帝也要荣耀,只看你用什么方法。你脱裤在街上跑一圈,也可以成名。不过,这种求名的方法就太低劣了。

附问:听过了柏杨一席谈之后,不管你信不信他,服不服他,你不能够抹杀的一点是,柏杨毕竟是柏杨,他有他值得骄傲的地方。尤其是他对华人社会的弊病,实在看得很透彻,很深刻,值得身为华人者深省再三。当然,在某些问题上,他的看法却是很“文人”的。

跟柏老谈论问题,确是一次很愉快的经验。在访谈过程中,我们之中都不时爆出了笑声,这都因为柏老的谈吐幽默,见解又令人感到独特而意外的原故。

中华文化的反省与重建

访问者吴锦发先生

文载1986年5月30日高雄《民众日报》

与柏杨约定十时左右到达台北新店花园新城,结果在市区里兜了半天,找不着头绪,于是我打了电话给林文义,林文义说:林佛儿正好要送书到柏杨那儿,于是连同杨青矗,大家一起搭了林佛儿的车,直驶柏老宅第。

由于到达时正好是吃午饭的时间,柏杨夫妇带着我们到花园新城的听涛厅用餐。吃过午饭,林佛儿、林文义有事先下山去了。

留下我、杨青矗,和柏杨夫妇,在柏杨家中,对着一碧青山,开窗畅谈。

问: 由于柏老的著作等身,要整个来讨论柏老的著作,实在不容易,所以我想我们今天的讨论,是否可以由柏老最近的两部著作——《柏杨版资治通鉴》及《丑陋的中国人》谈起?第一个我想来谈《丑陋的中国人》这本书。这本书上市后,在畅销书排行榜里面,一直和龙应台的《野火集》,同时高居一、二名,而且历久不衰,首先我想请教柏老,这样两本犀利的有关社会批评的书,为什么会那么畅销?您觉得它的社会心理背景是什么?它反映了什么讯息?

柏 杨: 我觉得我们的社会对社会批评的书一向都很欢迎,记得1960年代我的书,像《玉雕集》,一本可销到一万册,那个年代,在读书人口的比例上,这是个很突出的数字,也可以说是畅销,不过结果却畅销到牢里去了。(众大笑)

现在有一点不同的是,《丑陋的中国人》这几个字,能够公开出现不受干扰,这就代表社会的一种进步。我记得许多年前美国人自己拍的《丑陋的美国人》电影,来台上演的时候,国民党还禁演呢!可以说那时候,国民党觉得必须为此表态,才能显出比美国人还要爱美国。(笑)

如果"丑陋的中国人"几个字在那时出现,就足够我坐一辈子牢了,而受到的反击,一定也会比现在更多。现在,我觉得我们整个民族都在进步,只要你说得有理,便会有人肯定你的说法,虽然这使另一些人很痛心,但他们也只好忍受、反省。《野火集》会这么畅销,同样是一个证明。

问： 说到批评，我一直有个疑惑，我们社会上只要一提到批评，马上就有人先要分清楚那是善意的批评或是恶意的批评，我觉得很奇怪。批评不是只应该看他批评得有没有理吗，怎么还有所谓善意的或恶意的分别？善意或恶意要站在谁的立场来辨别？有什么衡量的指针？

张香华：对。有人把批评分成善意的或恶意的，这种说法本身就不合逻辑，你刚才说的事实上已经回答了你的问题，所谓"批评"，有理由的，它就是对的，没有理由，它就无法存在，哪里有什么"善意"或"恶意"的分别！

柏 杨：把"批评"这样区分，是我们传统文化的产物，在明王朝，皇帝要杀人的时候，如果有臣子替他求情，一定会说"别无他肠"，也就是向皇帝说明："这个人没有恶意。"为什么求情的人要这么说呢？因为被批评的没有肚量接受批评，所以人家一批评，他就立刻对抗，他用的方法是：你的批评，不是为国家好，不是为全民好，而是为你自己的私利。用这种方法，被批评的人可以轻易地抛开主题，用四两拨千斤的这么一拨，就把别人的批评拨到九霄云外。那么要如何化解他的对抗呢？那你就只好一再说明，你的批评是善意的，希望他能宽宏大量接受。

问： 您刚讲到"批评"在中国传统文化里面的意义，我觉得很有意思，我记得美国有一个很有名的社会学家曾经讲过："中国人传统的政治观念里，执政者习惯于把对政策的批评，直接当做是对执政者本身的批评。但是在西方人的观念里，对政策的批评可以是一种'忠诚的反对'。也就是说我可以反对你的政策，但是我还是忠诚于你在法律上的制度和地位，可是这种观念在中国人似乎是无法接受。"

柏 杨：讲到这个"忠"字，我们要弄清楚，不满并不就是不忠，我不满意于这个政策并不等于就不忠于这个政府。我对这个"忠"字有很深的感触。中国人常常做的都是一种"愚忠"，连他们自己都不清楚自己在做什么事,头目叫他杀人他就去杀人,叫他去放火他就去放火,你指责他,他就说他是"奉命"。其实奉命的这个"命",绝对不能违背法律,绝对不能违背最高道德和公义,不能伤害人权尊严,最明显的是,不可以违背自己的良知。另外还有一种比"愚忠"更可怕的,那就是"恶忠",用别人的血染红自己的前程,使自己步步高升。"愚忠""恶忠"是真忠之敌,很多事都坏在这种"愚忠"和"恶忠"上面。

问: 哦,柏老这段话给我很大的启发,我记得我曾经听过戴国辉教授讲过关于日本企业中"匠"的精神,这种敬业的,对自己职业尊严的尊重的"匠"的精神,事实上渊源于日本幕府时代的"武士道精神",他们把武士道中"忠"的精神,去芜存菁改良发展而为企业上"匠"的精神,进而使他们的企业在短期之中壮大。但是,同样的我们中国人也口口声声地讲"忠",但在我们的企业文化里面却很缺乏这种由"忠"而转化来的"匠"的精神。您看这是怎么一回事? 所以我看柏老那本《丑陋的中国人》书中的一句话,真是感慨万千,您说:"中国人所谓的仁义道德,事实上大部分都只记载在书上,而很少在生活上生根,去实践。"所以《丑陋的中国人》这本书,我看过之后引起了我很大的反省。但是很奇怪的,我也看到很多人在看这本书之后,却相反地激起很大的攻击和反扑,依您看这又是怎么一回事? 它代表什么样的心理背景?

柏　杨: 我想这一方面,大部分是情绪性的:也许他真的是爱这个国家,爱这个民族,所以一听到有人讲"丑陋的中国人",心理上就不舒服。另外一种是:他原先就有这样的想法,但是你先把它讲出来了,他也同样的不舒服。这也是我们传统的态度之一,他不能容许别人先讲。不过,我还是尊重他们的反对,任何新的事物或新的观念,总要经过反对复反对,才能成立，而且我真的是虔诚地希望，他能彻底地举出事实，把我所说的缺点反对掉。如果十年、五年之后，我们的社会已文质彬彬，大家既团结而又和睦，到那时大家看到我写的这本书，都会觉得不可思议，发现中国人已经不是这样，我的书就变成了狗屎，我希望的正是这样。所以我喜欢听反对的声音。

问：谈到我们的文化，我觉得我们的社会上，还有一种态度值得讨论，譬如一谈到“中国五千年文化”，好像这个文化简直优秀得不得了，而且为我们所独有。但现在全世界信息那么发达，文化没有国界，互相传播吸收，有什么值得向别人骄傲的呢？

张香华：文化是一种生活内容和生活方式，如果我们的文化只记载在典籍上，保存在图书馆里，不能具体表现在现实生活中，那么这种文化就是“博物馆文化”，只能陈列，让人缅怀，不适合实践，不能使人建立尊严。

柏 杨：我们这个五千年的文化，至少两百年以来，和西方接触的结果，显示出它是一种弱势文化，败落得一塌糊涂，任何人也没有办法使它复兴。要复兴也不是讲讲演、喊喊口号就能办到，必须扬弃我们文化中落伍部分，再吸收西方进步部分，重新创造一种新的文化。就像日本，把武士道文化恶的部分排除，而转移运用到企业上。中国也必须这样做，而且还非这样做不可。

问：这样说，我们需要有更积极的做法，那就是“创造文化”。据我所知，韩国也有所谓“复兴文化委员会”，但他们的工作重点是把绝大部分的力量用在培植新作家，奖助作家出版、鼓励创作，他们认为“创作”是比“复兴”还要重要的工作，他们现在所创造的新文化，将来就变成他们后来的“传统”，反观我们这边，好像在做法上有很大的不同。

问：刚才说到日本的企业文化，我有一点意见。我想日本人和我们的民族性有些不一样，日本人的上司对属下非常照顾，把他们当成自己家人一样，中国人是属下向上司送红包，日本人是上司向属下送红包，他们的老板很疼爱员工，照顾员工的生活，他们生病了，老板也很照顾他们，所以当公司有困难时，员工也就愿意帮助它，忠于老板，终身愿意服务于一个工厂。

另外谈到“创造新文化”，这次我在爱荷华访问一个日本的诗人，我问他有关日本的军国主义、切腹，以及日本文学中有关美的追求，他说日本新一代的作家已经反对军国主义，反对切腹，反对日本传统文学中的那种追求唯美的观念，他们写文章批判他们传统文化中这些恶的部分，他们认为日本的文化如果继续走这些老路，一定走向死胡同。

所以我觉得一个民族的进步，反省是第一步，我认为《丑陋的中国人》这本书之所以可贵，就是它充满了一种爱，去反省我们文化的缺点，我知道大家读它的时候，滋味不好受，但是这“反省”的第一步不跨出去，中国人便永远没有希望进步。

譬如，台湾企业界现在也在一片叫喊“企业文化”，但是大家都知道，我们的企业还一直停留在拼命建立硬件的建设中，没有深厚的新文化根基，那建设的底下还是一片空旷，稍微一碰到经济风波，很多企业就倒了，根本看不到企业文化中“忠”的观念！

柏　杨：中国传统文化根本就在摧残“真忠”，以致使中国人的人生态度是“识时务者为俊杰”，成了变色龙。为什么我说传统文化一直在摧残真忠呢？因为事实逼得人们不能“真忠”。很多人为了忠于国家，被杀被屠，灭三族、灭九族、灭十族，真是悲惨。诚如民间唱本上所说：“说忠良，道忠良，自古忠良无下场！”一种文化，如果堕落到忠良都没有好下场，这就是一个堕落的文化。在这种堕落文化体系下，产生了明哲保身哲学,忠于国家忠于理念的人,被辱被杀,不但得不到赞扬,还被明哲保身的人诟骂,骂他“傻瓜”。

问: 说到这里,我又想到日本人,从明治维新之后,能把他们腐朽陈旧的文化改造成功,我想他们的教育制度很值得我们研究。他们在近两百年的时间,虽然陆续有不同的势力支配了政权,但是他们的教育制度却没有因为政治势力的更动而有大变动,我想这点,事实上是他们了不起的地方。

柏 杨: 中国最大的问题,第一是,政治一直不稳定,贞观之治也不过二十几年,所以每一个人都有一种不安全感。第二是,中国人的传统使财富无法累积,而日本人他们是长子继承,使他们财富可以累积,所以企业可以完成。另外日本人没有科举制度,说来真是奇怪,日本人把中国人的什么都吸收过去,就是扬弃了科举制度,这个科举制度造成了中国特有的官场文化,使得改革之路无法畅通。

问: 讲到这里,柏老又触发了我另一个问题,自从您把《资治通鉴》翻成现代语文后,读起来方便多了,因此读的人也多了,但是我们在读《柏杨版资治通鉴》的时候,却又发现了一个令人迷惑的问题:根据《通鉴》的记载,我们发现很多的人,在历史事件中“善没有善报,恶也没有恶报”,这实在大大违背了我们中国人的“因果观”,那么我们读这些历史的时候,要抱着怎么一种态度才正确?

柏 杨: 这个“善报”“恶报”,不能以眼前三寸来看,如果从长远来看,而且不以个人为单元的话,因果报应是屡试不爽的,也许以他个人来看好像善没有善报,恶没有恶报,但是事实上因果报应在他的后代身上一定出现,或转嫁到社会全体。前一段时间,我碰到一件事,一个年轻人向他父母很生气地说道:“你们做糗事不在乎,可知道后果将来却要我们承受!”听到这话,真是震撼。我们所受的苦难,一部分正是我们祖先当初造的孽,现在由我们来承担。另一方面,一个人所做的恶，也会移交到后代大部分人的身上，使后代子孙得到恶报。看《通鉴》你会知道，有什么样的文化，就产生什么样的政治。读《通鉴》是要我们了解，错误的制度，错误的政策，一定会给后代留下灾难。我读《通鉴》的最大感想之一是，觉得如果在那种文化中，我可能是《通鉴》里的任何一个人。一个十几岁的孩子，一当上皇帝就杀人而又被人杀，这就是因为他的权力没有制衡的原故，最后害了那么多人，也害了这个孩子，换到现在，大学生每天看到女孩还在吹口哨，过得快快乐乐，怎有可能杀人千万，最后又被人捅上一刀？

问：所以我也是觉得，我看《通鉴》令我领略到，历史是应该教导我们"智能"，使我们反省，从反省中避免"错误"，因之才使我们迫切地认识到，建立一个"有人性的制度"是多么重要。

柏　杨：无限权力是害人害己的制度，洋人说"权力使人腐化"。事实上，权力也使人变成白痴，我称它为"权力痴呆症"！

问：看《通鉴》给我的冲击太大，人有时候实在是愚昧的东西，虽然读罗马史，他们也是一样，但我看《通鉴》，深深觉得，我们中国人在历史进化上显得格外愚昧，一直重复不停地在走回头路，读《资治通鉴》最大的感悟，是它提供了我们彻底反省的资料，使我们后代的中国人，可以找到更明智的道路。

柏　杨：中国文化是落伍文化，譬如它欠缺人权思想，而政治思想里面又没有"民主"，也就是除了杀杀砍砍、内斗外斗的帝王思想外，没有一个更高的思想指导原则，所以走来走去，老在平面打转，永远不能跃升。一个帝王倒了，再来一个新的帝王，这个新帝王把前面帝王的宫殿烧掉，表示他反对暴政，结果一会儿工夫，他又再盖新的宫殿。然后再让后来的帝王烧他的，就这样反复，找不到一条新的道路。

张香华：我们要用一种什么态度来读《通鉴》？我觉得中国人应该培养出一种气质，那就是：面对事实。我们并不一定要马上问："读《通鉴》有什么好处？"因为读史就是训练我们面对真相。而我们中国人有一个毛病就是：因为好面子，粉饰太平，而湮没史实。事实上，一件事情，如果诚实地面对它，它就有它的意义，这个意义如果我们弃置不顾，定有后灾。

譬如环境生态的情形，我们现在假如忽略滥用资源，我们的后代就一定会遭殃；历史也是一样，读历史就是训练面对事实的勇气，单单这一点就很有意义。

问：张大姐讲到面对事实，我有一点感想，我有一个医生朋友，最近到日本去做医学研究，他回来后向我讲了一段话，令我印象深刻，他说："去日本之前，我一直认为我们中国的文化是最了不起的，虽然我们在别的方面比不上先进国家，但是文化方面我们是第一等强国。我去了日本之后，细心观察他们的民间生活，以及他们国民对文化的尊敬、爱护，我觉得我完全被他们的文化击败，我发现在现代文化方面，我们早已是一个文化弱国！早已不是什么文化泱泱大国！"

柏 杨：我们的文化很多地方都已落伍，前些时，接受《摩登家庭》杂志的访问，我就这样提到中国传统。你看，现在社会上连结婚时也在跳脱衣舞，这是多么野蛮荒谬。我们知道，一男一女结成夫妇，组成一个家庭，繁衍后代，这是多么庄重严肃的事，竟然也在跳脱衣舞，甚至连办丧事也跳脱衣舞，这不但不是文化，简直是原始森林中的一群禽兽。所以我们要彻底地检讨我们的文化，如果大家坚持说，我们就是要这样的文化，那就真的无药可救。

问：刚刚柏老讲的，中国文化之中没有人权、民主的观念，我想这是最重要的一件事。

柏 杨：没有人权观念的文化就一定会腐败、堕落、发臭、奄奄一息。

问：我觉得中国人还是有很深的皇帝的观念，譬如对"龙"的崇拜;“龙”,就是封建,皇帝的象征嘛!假如观念不改变,那么民主也永远只是口号而已!

问: 这还是文化教育问题。你看我们的电视剧,在不知不觉中还在传递皇帝、奴才的讯息,你看皇族多威风,剩下的人只有拼命叫:奴才如何。奴才如何,这整个文化教育的观念如果不改变,中国人的性格就很难有大改变。

刚刚我引述我朋友的话没讲完,我朋友说:他被日本文化击败,回来之后很痛苦,但是很痛苦之下,他得到了反省的机会,他是如何被打败的呢?他说他去日本青森县,发现了几件事,第一件事是:他在那儿发现一个弹三味线的老人,老人没有念书,只会弹三味线,但成了国宝,日本政府和民间,对那个老人又尊敬又关心,把生活照顾得十分周到。又看台湾这儿也有过一个陈达,但是陈达的晚年却那样悲惨,这反映了两个民族对文化人两种截然不同的态度。

另外一件事是:岩手县的岩手市山上的游乐场,有一尊铜像,是一个诗人的,还不是全国知名的诗人,但是全身铜像摆在可以鸟瞰全市的山顶上最重要的位置上,另还有半身像,摆在市区最热闹的街道旁,诗碑塑在火车站前。这里面又反映了他们对文化人的敬爱和尊重。

柏 杨: 说来话长,这也是我们传统历史中的一个问题,中国历史上的有权力者,他们从来不重视知识分子。所以中国人只崇拜官,因为官可以使他名利双收,这是劣等文化的特质。

问: 刚刚说到近代中国文化和日本文化的问题,我想近代日本的文化没有像中国文化凝固得那么厉害!

柏 杨: 因为他们没有科举官场!

问: 日本从明治维新之后,把传统封建的文化做了改造,他们之后的表现,有许多地方真令人感到惊奇,他们竟然改造得如此成功。

柏 杨: 讲到对文化的重视,无论是巴黎或米兰,都有许多街道是用小说家、诗人的名字来命名的,还有法国的法郎,上面的人像,很多是作家,日本也是如此。

问: 对,他们用夏目漱石的像印在钞票上。

柏 杨: 不会有这种尊重,中国人把这些人一概称为"匠"。

问: 现在我们穿的服装也全是西方式的。

柏 杨: 不只是服装,你的头发、你的眼镜、袜子,以至于内衣、内裤、住、行、育、乐、绘画,统统是西方的,说起来真痛心。我记得抗战胜利那一天,我在大学念书,大家燃起了营火,想好好狂欢庆祝一下,可是我发现我们竟然不知道要如何表达!不会跳舞、不会唱歌,我们这种文化至少落后台湾原住民一百年,连唱歌跳舞都不会!熊熊的烈火之下,大家一个个呆瓜似的站在那里。我想如果是美国胜利、德国胜利,或者是日本胜利的话,他们的人民、学生一定狂歌狂舞。我们文化僵硬成这样,说明我们的民族没有生命、没有活力。

有很多朋友向我抱怨,他们在美国受到种族歧视,我告诉他们:做人要知道感恩,人家愿意收容我们已经不错了,哪里没有种族歧视?但要靠自己努力,不要像现在,连保护自己还要人家教。

在美国时,有一个朋友,他的女儿被邻居的狗咬了,中国人就是这样,咬了还不是白咬,他女儿到学校上学,她的美国老师看到了马上说:"这怎么可以,一定要告他,不可以使他们认为东方移民可以欺负。"于是才去告他。中国人许多地方都是懦夫,为了怕事,宁可丧失尊严。

问: 刚才说,这些都是民族性的问题……

柏 杨: 不,我不认为是民族性的问题,而仍是文化问题,新的文化产生后,这些现象一定会改善。

问: 唔,这样说有道理。我也可以举一个我自己亲身的经历。上一次到日本,约好要来接我的朋友结果没有来,我提着两个大皮箱想打电话又不知道怎么办,人家告诉我,你就把它丢在那儿,没有人会偷的啦。于是我便真的把它丢在那儿,跑出去打电话,回来之后果然皮箱还在那儿。另外,我跟朋友坐火车到东京,途中天气热,我把夹克脱了,下车时忘了拿,我朋友说不会掉的。再过了几天,他带我到火车站柜台去查询,告诉他坐车的时间,夹克的颜色,他马上就找出来还我。以那件夹克来讲,在台湾我想一定是遗失了。我从日本回来之后,有一天在高雄市议会地下室开会,由于下雨天,我穿雨衣去,把雨衣脱下来挂在市议会地下室的门柱上,我回去时忘了带回去。我打电话去问,他们说没有看到雨衣,第二天再去找也没有发现,雨衣明显的是遗失了。

我想这些事就可以看出两个不同的民族性……

柏　杨:不,不……我觉得这仍然不是民族性的问题,这是治安问题。

问:我是说日本可以做到路不拾遗……

柏　杨:这是另外一个问题。大陆上也有路不拾遗的时候,这是治安问题。不过有一点是:文化出毛病的话,很多问题就来了。

张香华:我想杨青矗说的民族性和柏杨说的文化问题,有许多相关性,杨青矗是说这是两个民族之间的行为表现的差异,柏杨是说这是长久文化道德累积下来的差异……

柏　杨:我想……主要的是,因为我们文化的原因使我们一直无法建立"法治"观念。

张香华:我倒认为那是中国人有贪小便宜观念,中国人气质里面,有一个缺点,就是贪小便宜;还有,就是不诚实。

我们的生活教育之中一直没有好好告诉我们"诚实是一个美德",起码不太强调这一点,反而教导我们应付事情的方法,只要把它摆平就好了,做得通就可以了。而没有教导:做事的方法之中,有一些基本的德行是一定要注意到的,譬如说,一件雨衣并不值多少钱嘛,不是贵重的东西,那为什么会不见了呢？那就是拿走它的人，拿的时候有没有“罪恶感”的问题。

有一次，一个西方人告诉我：“中国人没有罪恶感！”我听了觉得很不好意思，很羞耻。还有一次，我和一个法国朋友到台湾故宫去参观，我好不容易找到一个停车位置，结果另一个男的，身手比我快，把车绕到我前面，一插把位置就插走了，还回过头来，满不在乎地对我笑着说：你去别的地方还找得到。我听了很生气，那个法国朋友向我说：“你们中国人真是有办法！”我觉得奇怪，问他什么意思？他说：“你看，他这样就停了车。”我反问他：“你们法国人不做这种事吗？”他说：“也有，不过反应不一样，法国人也会向对方争执，对方一定会说：对不起，对不起，我实在是有急事！但是中国人不一样，对方那个中国人，只会嬉皮笑脸说：你到别的地方去找嘛！位置还有嘛！”

法国人内心里知道他错，所以会为这种事抱歉，中国人良心上毫无责备。

我觉得这件事反映出中国人没有罪恶感，是更严重一层的败坏。

柏　杨：有些人还觉得很光彩咧！这是很可怕的价值观。

问：还有一点，提到雨衣的事，我还有一个经验，刚搬到台北来时，在高雄骑的摩托车，我把它骑到台南，然后决定把它托火车运到台北，我那摩托车箱中有一件新买的雨衣，货运单位的工人告诉我，没有关系，他会和摩托车一起包装，把雨衣绑在坐垫下，包装要多五十元。我看他打包完，坐车到台北，到台北我拿提货单去提车，打开一看，雨衣不见了！像这种事在台湾实在很普遍的。

问：你说民族性，勒滂博士是用另外一个名词叫“族群性”，他认为族群是一个绵延不绝的生命体。

所以族群性当然和他们的文化传沿有关，但这文化传沿并不一定永远一成不变,这种文化价值观事实上是可以经过努力改造的。刚刚说的雨衣事件,当然治安和"罪"的观念的因素都是有的,而且它们还彼此影响,所以才产生了这种现象。

我有一个朋友在日本很多年,他曾说:"很奇怪,中国人和日本人外形上差别不大,很难分清,但是走在东京街上,我一眼就看出来了,为什么?因为我只要看他过马路就知道了,日本人看到绿灯一亮,就信心十足走过去了,中国人一定要犹豫一下,看看有没有别的车子冲过来,确定没有才敢过马路!"连走路都没有信心,这种行为就成为他族群行为的特征之一。

我还有一个痛心的感悟,我觉得在中国的历史中,很少看到像我们现在那么堕落的知识分子,知识分子是社会"最后的良心"。但我们现在的知识分子却一点道德勇气也没有,他们作为"最后的良心"的觉悟一点都没有。原因是:在我们的社会上主张正义,非但得不到鼓励,却还常常要付出惨重的代价,我看长久下来也会影响我们的族群性。

还有刚刚提到的,台湾的中国人现在富有了,但人性却急速地堕落,像办丧事也跳脱衣舞……

问: 那是中国人爱面子、爱热闹。

柏 杨: 中国传统文化堕落那么快的原因,还是因为中国人像浅碟子,吃三天饱饭,掌了三天权,就开始忘了自己是谁,我们每一个人都很容易自我膨胀,我们的社会情况还没有可以堕落的条件,就开始堕落了,这是一个很重要的爆炸性问题。

问: 我昨天访问李昂,她提到我们的中产阶级在富有之后就堕落了,我说不只是中产阶级,连低层阶级也堕落了,不少人把脱衣舞请到坟地上去跳,结果要下葬了,却找不到"孝子",因为"孝子"也跑去看脱衣舞了。

相对的,要挽救这种堕落,有人就一天到晚喊:复兴传统文化！最近我读《资治通鉴》，我想，我的天，这些杀人如麻的文化，要怎样复兴才好。

柏　杨：文化一旦衰败，就不可能“复兴”，一定要扬弃落伍的部分！

问：对，像日本德川幕府时代，也是非常落伍封建的，有很多制度也是很残忍的，但为什么他们经过维新之后能进步那么快？我想主要是他们勇于反省！

另外，就是他们现在也还有不民主的地方，譬如：他们对“部落民”的态度，也是极不公平的，但是你看，他们的作家那么勇敢的来控诉这种不平，也没有人说他们在“挑拨种族感情”！他们甚至有些有良心的学者到台湾来放映日本人在抗战时的暴行影片，他们希望日本政府不要再走那愚昧的路，也不要向后代说谎，如此的行为，如果中国人不是要说是“叛国”了吗？

柏　杨：只有政府和大多数人都勇于，这样的国家才是健康的国家，才是强大的国家，才是使人尊敬的国家。

问：我想这和我们的教育方式有关，我们从小课本就教育我们：“我们国家地大物博，资源丰富。”日本人教育子女却是：“我们地狭人稠，所以我们要努力才有饭吃！”因此他们自小就有忧患意识！

还有一个问题：人家都说我们中国人喜欢把遗产留给子孙，替子孙着想，那为什么我们现在把环境生态破坏成那样？我们要留什么给子孙？

柏　杨：你要知道，老观念并不是把遗产留给大家的“后代”，而只是留给他的“儿子”，所以这也是我们文化中落后的部分！真的，我们一定要把这些落后的部分彻底扬弃，建立新的文化！当然，我知道所有的改变中，文化的改造是最困难的，但是为了后代子孙，却非做不可！

我和杨青矗整整打扰了柏杨夫妇一个下午，离开时张香华女士开车送我们下山到新店搭车，车沿着山路蜿蜒下来，张女士一直客气地说，希望我们有空再去聊聊。我看着雨中雪白的油桐花，脑海中却一直回荡着柏老临出门时一句意味深长的话："为什么要国家强大？人民过得幸福快乐更重要！"那句话突然插在我们今天的谈话末尾，给了我巨大的震撼，那话中所隐含的深刻的人道精神，使我对柏杨的思想内容有了更透彻的领悟。

中华民族是不是受了诅咒？

访问者李怡先生

文载1987年4月香港《九十年代》杂志

柏杨先生和夫人张香华女士，应香港电台和《星岛日报》的邀请，于1987年3月7日至14日访问香港一周。此行的主要目的，是作为嘉宾，颁奖给香港电台和《星岛日报》主办的"开卷有益"征文比赛的得奖者。

访谈在柏杨下榻的海景假日酒店进行，时间是3月12日上午，香港立法局刚刚通过限制言论自由的《公安（修订）条例》之后不足十二小时。

问：先谈谈你在香港停留这五天来，对香港的印象吧！你似乎接受了不少记者的访问。

柏　杨：不错，但大多数是邀请我来的香港电台和《星岛日报》安排。

问：对香港其他方面有什么看法或印象？包括外面那座让你赞不绝口的天桥（指尖沙咀东部的行人天桥）？

柏　杨：我的印象既粗糙又肤浅，但是就拿那座天桥来说，我所走过的一些都市中，包括罗马、巴黎、马德里、纽约……从没有见过这么漂亮的天桥。香港是个殖民地政府，这和在自己的花园里盖东西不一样，既是殖民地政府，它可以不必建这么好的天桥，甚至根本不要天桥。台湾的天桥也多的是，可是有哪一个建得让你觉得美观？这使我很感慨，一个外国人，而且是个统治者，他不仅关心实用问题，还能关心到你的感受，注意美化的功能。

张香华：昨天一位学建筑的朋友说，香港六十年代到八十年代的市容有很大改变，主要是希望能把它弄得更像样，吸引更多的外来投资。

柏　杨：能够这样做，本身就已经是一件了不起的眼光见识。

比方脏乱问题，前天我们到尖沙咀东部海滨公园去走了一下，觉得那地方很干净，竹篱笆剪得很整齐，里面也没有脏东西或大小便……

问：当然不可以！怎么可以在那里大小便？

柏　杨：当然可以，怎么不可以？这个“当然”的问题，对很多人来说，就是当然可以。尤其在半夜或人车比较少，附近又没有厕所的时候。

问：所以这是“当然可以”和“当然不可以”的问题。

柏　杨：对！“当然”问题实际上就是个文化问题。好比我们两个是好朋友，当然要互相帮助，背后不要下毒手。但是如果是另一套文化，他的想法就不一样，既然是好朋友，当然背后要下毒手。别人没法这么接近你，我不下毒手谁下？

一位朋友来我这儿，“咳”的一声就向地毯上吐了一口痰，我大喝这不可以……

问：这里？不是吧！

柏　杨：千真万确，说了简直没法相信。我这么一喝，他吃了一惊，也很惭愧，我说赶快拿张纸来把它擦起来，他就照做了。他的确不知道"当然不可以",因为在我们乡下都是吐在地上的,是"当然可以"。文化层面不同,就是两个不同的世界。

问: 到目前为止,您在大陆总共出了多少本?

柏 杨: 三四十本总有。

问: 这么多?那稿费有多少?

柏 杨: 有人说十几万,有人说几万,确切数字谁也不知道,于是乎只好自己做自己的白日梦,幻想着有很多钱。前几天我跟一些朋友偶然谈起,他们说如果把人民币折算,大概每本一千美金——这里说"大概",因为谁也不清楚,谁也不懂到底怎么算,全是道听途说,说了也不必负责任。——三四十本合起来大概三四万美金。

1984年在美国,几个朋友给了我一个不错的建议。现在台湾的作家没有一个人领大陆的稿费,但我的想法是我愿意具名把我的稿费领出来,存入人民银行,然后在北京成立一个基金会,用这个钱来帮助大陆的青年作家,作为鼓励创作或出版之用。

问: 你这个计划是不是已经正式向外界宣布了?

柏 杨: 不,这只是我自己的一个构想。

问: 但是怎么领呢?

柏 杨: 我可以写个收据,委托人帮我办,只要大陆愿意承诺这笔钱按我的意思去用,我就愿意具领。我想这对大陆年轻作家来说也有好处嘛!

问: 这倒有意思,但是台湾方面不会有意见吗?

柏 杨: 如果有,我可以承当,顶多坐牢,那是我的事情。

问: 从道理上来说,是没理由拒绝的,但事情会怎么发展,只好看他了。谈谈另一个问题,你这次离开台湾,有没有碰到什么麻烦?

柏 杨: 提到这个问题,很有感慨。中国人的事就是一个"说不准学",这学问就是你不知道下一步会发生什么事,或不会发生什么事,一切都是说不准。你能不能出国?当你认为没问题的时候它就有问题,而且还不知道问题出在哪里。台湾现在说要沟通,不要走两极化,但是不走两极化就必须要有一个管道。你拼命在打我,我说:“不要打了!不要打了!”你得听到我的声音才成呀!否则你把我打得吱吱叫,又把自己的耳朵捂起来不听我的声音,还越打越愉快,我当然也要咬你一口!

这次申请出国,张香华的出境证五天就下来了,我却完全没消息,没消息不打紧,连个询问的地方都没有。只好一面托旅行社问,另一面请朋友打听,结果各式各样的原因和谣言都有。有的说我曾经和中国驻美大使章文晋的夫人跳过舞——记得那天在爱荷华,聂华苓拍了那张像,还开玩笑地说:“哈!柏杨,你完蛋了,我有你跳舞的照片。”——但是跳舞有什么好大惊小怪的?有的说我在美国和大陆的作家相处得不错,比方我叫谌容“女飞将”,但是在当时那个环境下,你见到大陆的作家,难道教我跟他们打架!另外,有的说前年底林希翎是到我家住了两天以后,才开始攻击国民党的。问题是她从来就没有在我家住过呀!有的说:“哎呀!你帮康宁祥助选了!”我火了,说:“我帮康宁祥助选有罪?!康宁祥现在却在美国,我为什么反而不能出去?”

我火大了,一口气把所有的原因都列出来,写了封信给内政部出入境管理局,问它到底是哪个原因。然后把副本寄给国民党主席蒋经国、民进党主席江鹏坚……然后是台湾警备司令部……所有机关我通通寄一份,我说我以后每个礼拜写一封信,将来出一本《陈情书》。此外还要正式宣布领大陆的稿费自用,抗议不准我出境。

问: 结果到底是什么原因呢?

柏 杨: 还是“说不准”。最后虽然是出来了,但危险得很,香港签证是到了香港才拿到的，总计仅出境证前后就折腾了四十五天，刚好是正常时间的九倍。

问：　　不过你刚才说的写信的办法，在台湾还可以，在一些地方就不行。

柏　杨：台湾还是有它的阶段性的，现在这个时候可以，我坐牢那个时候就不行，一封信写出，人就不见了，谁敢去问原因？今天能够这么做，不是我勇敢，而是环境许可。

问：　　所以你觉得台湾近年在这方面算是比较进步？

柏　杨：不只"算是"，而是确确实实地在进步。

问：　　台湾一直是绝对不容许反对党存在的，你看台湾的反对党会不会长命？

柏　杨：独裁文化里面没有民主思想的最高指导原则，所以革命革来革去，老革不出民主政治。洋人就有这个最高思想指导原则，比如孟德斯鸠的三权分立等。台湾现在也逐渐有这种观念，开始接受这个思想，所以反对党会一直存活下去。

问：　　你对民进党前景的看法呢？

柏　杨：有人攻击民进党，说他们一开始就闹内部问题，国民党还没砸你招牌，你就先把自己的招牌砸了。我认为这根本算不了什么，一个政党刚开始，就像一个小孩刚生下来一样，又脏又臭，再漂亮的女孩子，哪怕是倾国倾城，生下来的时候不就那样？所以这不能构成对它严厉批评的原因，应该给它一个公平的看法。如果只以初期的情况下定论，是蛮危险的。

当然，在另一方面，也应该给国民党一个公平的评价。对于台湾近年来的开放和转变，有些民进党人认为这是因为国民党不得不让步，再不让步只有更坏的后果。这话虽然不错，问题是它在紧要关头能够让步，能看出危机，就是它的智能。让步是一种能力，有太多人连这个能力都没有，或者是一让就垮。

问：“让步是一种能力”，恐怕也不是中国传统的政治文化。中国人通常会认为让步是懦弱的表现，是没有面子的事。

柏　杨：让步确是一种能力！有些人总是从道德的观点去要求一个政权，应该英明地自动让步、自动转弯，这是不可能的。事实上，在被迫的情况下，它能认清局势而转弯，就是英明。好比你走路碰上了个大石头，不能走了，如果你转弯，这是你的英明决定，如果你硬要往石头上非碰不可，老抱着革命想法，不让人挡路，那就只好碰得头破血流。

中国人自从南宋以后，就成了懦夫，不敢谈和解，和解就是卖国。事实上谈判是大学问，打仗都没它这么困难。民主政治就是不断地谈判，不断地让步；不断地要求，不断地放弃和妥协。

问：所以你觉得你六十年代以来一直批评的文化问题，现在已经有所进步了？

柏　杨：至少现在的台湾能够接受《丑陋的中国人》，而没发生大毛病，这就证明了在台湾的中国人的反省能力，已远超过大陆。

问：你在《丑陋的中国人》的序里面曾经用对话的方式表示，中国人最大的毛病是讳疾忌医。其实，世界各国的民族都有优点，也都有毛病，只是别的民族不像中国人那样讳疾忌医。中国人不只是讳疾忌医，甚至于连医生都要掐死，或弄到监牢里去。

柏　杨：为什么中国人特别讳疾忌医？这似乎是一个心理健康和信心问题，丧失了信心的人常常会觉得自卑、害怕。比方你请人家吃饭，人家有事拒绝了，你就认为人家一定是看不起你，这种想法就是一种病态。中国人常常需要牺牲别人的尊严来肯定自己，比如牺牲人家原来的饭局来迁就你，或刻意贬低人家来提升自己。还有一种是死不认错的毛病。这些都使自己越来越缺乏信心、不敢面对。

再举一个例子。比方你是个校对,有五个错字没有改,我说:"李先生,这五个字你没校出来。"你马上嗓门很大:"我昨天一个错字都没有,你怎么不讲?我前天也一个错字都没有,你为什么也不讲?就看见这五个错字。你知道你这样说有什么影响吗?你不讲大家都不知道,你这一讲大家都知道了,同事看不起我,外面一传这报纸有五个错字,连报也不买了,错字多嘛!这样一来,大家都失业了,你要饿死我们是不是?"老天!我何必一定要先赞美你一番,说你昨天、前天没错字,过去五百年来都没错字,才能提出批评呢?为什么就这么讳疾忌医,怕人家指出自己的毛病呢?

问: 还有一种毛病,就是孙中山说的一盘散沙,不合群,跑到外国也一样,爱搞窝里斗,最近有人担心民进党似乎也有类似的问题。

柏 杨: 窝里斗既不可避免,我们应研究如何适应它,如何处理或因应斗了之后的新形势。哪个民族没有窝里斗?但是不同的意见经过表决后,就应该照最后的决定去做。

问: 换句话,是一个民主程序的问题。

柏 杨: 孙中山先生说过,外国人做事看合约,中国人做事靠承诺。外国人照合约上面的规定一条条地办,中国人却什么都可以商量。但问题是:中国人早就没有了这种"承诺"的美德了。现在不只是完全要靠合约,有时连合约都不算数。

问: 你是什么时候开始认为对中国文化应该有所反省?

柏 杨: 写杂文的时候。但是直到坐牢后,才真正彻底领悟到文化问题是根本问题。我们的文化缺少平等、民主、人权这些最高的思想指导原则,所以会永远打打杀杀,永远走不出一条路来。

问: 你是坐牢以后哪一年开始写《中国人史纲》?

柏 杨: 第二年,大约1969年,以后就一直没有停。而且越整理越肯定问题是出在文化上。因为两千年以来历史上发生的事情并没有变，一直在平面上循环。人性千古不变固然不错，但是连想法、方法都千古不变，这就很奇怪了。

问：你做历史工作，除了想在文化上做反省外，还有什么希望？

柏 杨：想找出证据。昨天有个朋友开车接我，在路口要转弯，旁边正好有辆出租车也要转弯，结果那辆出租车竟示意我们的车先走。这在我看来简直是天方夜谭，不可能发生在中国人身上的事，让我大受感动。

问：这个很简单，现在我容忍你，将来你容忍我嘛！

柏 杨：有些人偏没这种认识。将来？将来是什么时候？如果将来人家不容忍我，那我现在岂不是吃了亏？（笑）

问：台湾方面，你认不认为反对党出现后，会慢慢发展出一个互相容忍的文化？

柏 杨：不但会，而且现在已经开始。比方蒋经国，他关了我十年，我没理由说他好，但他就肯这样宣布："凡是攻击我私人或蒋家的言论，不要处理；我都没发脾气，你们不要管。"不管他这么做的动机是什么，这是一种容忍，而且反而使那些攻击他的言论效果减到最低。我觉得这是一件非常好的事情。如果整个台湾这种容忍的取向，能继续维持一二十年，将来一定会发展出一个台湾从来没有的文化。

问：能不能说说你未来的写作计划？

柏 杨：再三年半完成《资治通鉴》之后，我打算写一本回忆录或自传，把我这一生半个世纪的经历写出来。

问：能不能现在用最简单的方法大致说说？

柏 杨：我是1920年军阀时代出生的，当时国民党还是个很弱的党。但是我们北方人从父老到小孩，对国民党都非常景仰和崇拜。

问：你是在哪里出生的？

柏 杨：河南开封市。北伐的时候我只有七八岁，那时国民党势如破竹,进城的时候虽然听不懂他们说些什么话,但是那种向往之情,现在记忆犹新,以后就开始接受国民党的教育。

问: 抗战的时候十七八岁,中学念完了?

柏 杨: 没有,高二。那个时候非常崇拜蒋委员长。托尔斯泰曾说,如果有人行刺沙皇,他一定以身相保!当时如果有人行刺蒋委员长,我也会用性命去保护他。

当时我在武汉当兵,蒋委员长来检阅过我们的部队,我也当过他的仪队。现在想来,也并不后悔当时加入了国民党,反正那时候也只有这么一个党可以加入,没得选择嘛!(大笑)但到了抗战后期,国民党越发腐败,蒋中正身上那种以"圣君"自居的想法大肆发作,我也开始对他失望……

问: 能不能问一下你那时的阅读兴趣是什么?

柏 杨: 多半是鲁迅、巴金、老舍的书。国民党那时候没什么书好看,一切只看枪杆子,比较之下,共产党就懂文学、艺术得多了。

问: 抗战之后呢?

柏 杨: 抗战中期,我到四川省三台县念东北大学,思想从那个时候开始转变,也开始对国民党,尤其对蒋中正的膨胀和封建,不能忍受,他老是自己订的法律自己不遵守。就好像他是公司的老板,他规定墙角不许撒尿,他高兴起来就往墙角撒一泡,好表示他是这家公司的老大。我觉得真是既肤浅而又愚昧。抗战结束时,我就知道这个人没有能力统治国家。

问: 你是东北大学哪一年毕业?

柏 杨: 1946年,抗战胜利以后。

问: 写作呢?哪一年开始?

柏 杨: 写作是到台湾之后才开始。

问: 杂文是什么时候开始的?

柏 杨: 到《自立晚报》后。那时大家都说我小说写得不好,不好就不写嘛!改写杂文,谁知道这报酬可大了——十年牢狱。

问：　　坐牢真的是因为“大力水手”的漫画出事吗？

柏　杨：“大力水手”只是导火线，杂文是主因，是一种累积的算总账结果。

问：　　审讯的时候有没有把杂文拿出来？

柏　杨：当然有，而且立刻就拿出来了，特务每天看它，在书上画线，一面画一面问：“这是什么意思？”

问：　　现在杂文是不是又可以继续卖了？

柏　杨：可以，而且很畅销。这当然是好事，可是想想，经过了三十年，书还是一样畅销，这表示什么？表示社会的问题还是一样，还是没有解决，真是可悲。

问：　　《资治通鉴》是一个月出一本吗？

柏　杨：过去是，现在打算一年出十本，太累了。上次倪匡到台北，打电话给我，问我现在怎么样，我说累得像猪一样，他说你连猪都不如，猪哪有活得这么辛苦的？（大笑）不过我心里倒是很愉快，能够给古人一个生命，让他们再活起来，我认为很有意义。

　　昨天和香港的代理商聚会，他们说《资治通鉴》在香港销三千本，《丑陋的中国人》在香港销一万二千本左右。我这个大厨师炒的菜有人愿意吃，确实令我有一种感谢之情。

问：　　最后一个问题，比较一下台北和香港的记者吧！

柏　杨：这倒有趣，前天晚上电台小姐请我吃饭，有个记者也问我：香港的电台、电视台和台湾的有什么不同。我说当然不同了，因为台湾的电台从来不访问我。（大笑）每次有记者要访问，我都说不行，他一定说行，结果果然播不出。报纸也一样，比如柏杨名字就不能在《中央日报》出现，连广告都不行，《香港时报》也一样。所以我平时不接受访问，何必大家为难呢？

问：　　你的文章《联合报》也不登吗？

柏　杨：当然不登，但广告可以。

问：　　所以文章最高是可以到《中国时报》。

柏　杨：对，《中国时报》是一份开明的报纸。提到广告，《中央日报》社长、副社长都是老朋友，《通鉴》发行时，我打电话给他们，说我起个稿，你看了再说好不好？他说不必看，看了有什么用？他说，他当然知道没问题，但是婆婆太多，管的人太多，他这一登，电话马上都来了。我刚出狱时，星光出版社送了一份《中国人史纲》广告稿给《中央日报》，结果连接广告的小姐都几乎被撤职，认为她接这广告没有政治警觉，害得她哭哭啼啼到处求人说情，使我深感惭愧。

问：　　实在很难想象，这是无视于现实，书到处都在卖嘛！

柏　杨：《丑陋的中国人》不肯登还可以理解，连《资治通鉴》都不可以，就太奇异。可能是因为海峡两岸都不丑陋，只有我丑陋吧！

问：　　我想就到此为止吧！今天耽搁了你这么多时间，真是非常谢谢。

两岸之间

访问者高天生先生

文载 1987 年 5 月台北《自由时报》

问：　　你在很多著作中强调，中国传统文化缺乏人权思想，没有平等观念，政治上欠缺民主见识。台湾文化是中国文化的一部分，为什么会发展成现在的状况，依你的观察，有哪些因素介入其中？

柏　杨：有一个因素是：台湾的政治条件比较成熟，中产阶级兴起后，反对的力量才有庇护所。

其次，台湾所结交的朋友很重要，如果结交的朋友是乌干达的阿敏先生，或是中非帝国的皇帝，那我们就不能有现在的发展了。

再者，教育普及，民智启发。在这一点上，国民党做了很多好事，假如大家都不认识字，也就无从发展政治和经济。无论如何，国民党所提供的是一种民主式的教育，纵然有很多事照教科书来做行不通，但是社会大众总是有若干民主的概念，一旦社会条件成熟，即能有民主的成果。

然而，社会很多人对民主的认识仍然有限，民主最重要的是能容忍不同的意见，这是一种生活方式，必须经历几千年或几百年，才能逐渐成型。中国文化没有平等的观念，不是我在你之上，就是我在你之下，马上就被定位，所以往往不许对方发言，把反对当做反抗，把不满当做不忠，当然很难形成民主生活。我在想：培养民主生活，必须由自己本身做起，对自己的妻子、丈夫、家人，彼此尊重。中国人最喜欢感情上的效忠，常听到有人说："他是我的好朋友，无论如何我支持他。"事实上，必须要看是什么事才支持，如果朋友去偷窃、杀人，也支持吗？还有中国人不喜欢赞扬别人，从不把人放在平等地位衡量，不是将对方压得很低，就是把对方抬得很高。

问：从比较浮面的情况看，所谓中产阶级，在香港可能比在台湾更普遍，为什么发展会不同呢？

柏　杨：殖民地政府让人民享尽经济自由，却绝对压制民主，他们用"法治"代替民主，甚至用法治打击民主。他们让人民沉醉在"经济自由""享乐自由"之中，而远离政治思想，再加上中国文化中又没有民主思想，所以使他们的民主脚步，十分缓慢。

台湾的政治发展情况，是个奇迹，但能不能保持奇迹呢?

问: 可否举出几个标杆为证明呢?

柏 杨: 比如反对党的成立,民主政治方向非常正确;经济的繁荣、物质的富裕。中国文化有一个"恶性循环":乱久必治,治久必乱。历史上的治世,如贞观之治、开元之治、萧衍的治绩等,差不多只有三四十年的时间,接着就是一个大的动乱。像台湾的客家人,当初五代时,避难南下,那时整个河南省千里不见炊烟。在治世之后,往往有一个可怕的动乱,我译《资治通鉴》,刚译到萧衍的三四十年太平盛世,社会一派升平,可是侯景之乱发生,不到几个月工夫,交通中断,人脸都像"鸟"那么瘦尖,欠缺粮食,很多人穿上绫罗绸缎,戴上珍珠宝石,躺在床上,辗转呻吟,活活饿死。多么大的浩劫!

问: 你曾经感叹"中国人是不是受到诅咒",说明中国人的残暴性。现在看法有无改变?

柏 杨: 我认为中国人多少有点狼的性格,我实在不喜欢这种性格。在日常生活中的例子到处可见到,中国人对陌生人,往往很不友善,还乐于使人受苦受难! 陌生人碰面时,彼此一点笑容都没有,过度的猜忌疑心,不要说不能关心别人,甚至连接受别人关心的能力都没有。

问: 你在很多著作中一再谈到中国文化有问题,但特别指出你个人的遭遇,你强调并不是某一个政党或某一些个人的问题,你形容这是中国"酱缸文化"的问题,应如何积极解决这种恶文化的问题? 对于进行文化改革,有无具体的构想?

柏 杨: 现在台湾反对党人士对国民党抨击时所用的言论、修辞,我都非常熟悉。1920年代,国民党攻击军阀,所用的言论修辞,几乎也是相同文句。我常想:现在民进党批评国民党的这些话,应该保留起来,在几十年以后,如果拿来批评民进党(假如它仍存在而且又当了权的话),包管仍然有用。老实说,我没有能力提出具体的建议,也没有一针见效的方案。我的想法是从小事做起,这个酱缸太大、太久了,不是一个人或少数人所造成,也不是短期发展出来的,而是经过几百年、几千年的累积,所以不容易一下子打破或跳出来,因为文化太厉害了,不像高雄市的爱河,整治后马上就变清澈。只有一点,由小事做起,从自己、家庭做起,先行建立起来平等的观念,不要动不动斥责孩子不要讲话,更不要把孩子骄纵到无法无天、丧失礼貌,才能建立人与人间起码的尊严。

社区文化是应提倡的观念,过去传统的村落部族文化,早有问题,像家族中的长幼有序,有长辈、晚辈之分,形成尊卑的顺序,即构成权威,晚辈不敢在长辈面前表示意见,晚辈不听长辈的话,或提出不同的意见,就有人说孩子大了,翅膀长硬了。在社区里,每个人都平等,董事长隔壁住的可能是扫马路的,大家一律平等,权利、义务、人格,一律平等,社区组织的管理委员会,大家贡献能力,每个人尽义务要缴费,每人都是一票。可是我们的社区文化常产生一个毛病,每当开会时,都会推举公认的有权或有钱的人当主席,一切事情由他决定,给他当领导。但真正的民主和平等的做法,不应如此,所以每个人都要从这些小地方做起,社会逐渐形成这种观念,社会结构才会慢慢改变。

问: 李乔写《台湾人的丑陋面》,承认社会上很多问题都出在文化,什么东西碰到中国文化,好像都会变形,你形容这个文化酱缸太厉害,漂亮小姐进去,也会变成老太婆,像一个漩涡一样,把人都陷进去。李乔认为文化的渗透是无孔不入,每个人受到中国文化的影响是不可避免,好像一个人有先天性的肝炎,必须靠不断地注射疫苗,使身体产生抗体,对恶文化自然产生免疫力,他主张不断吸收世界进步的文化来补充，建立一种新文化，才能到达理想社会。你认为如何？

柏　杨：我们的看法完全一样，我们必须先了解自己不健康，然后才有可能选择不同的药方使自己健康。譬如有人选择马克思，有人选择三民主义，每个人都有权选择。问题是，选择错了，就要付出代价，苦难更大；选择对了，就是真正的救星，收到安富尊荣的成果。

问：譬如有人有先天性的肝炎，如果不承认此一事实，不打预防针、注射疫苗，永远没办法产生抗体，疾病也永远不能治愈。

柏　杨：我们先承认自己的缺点是最重要的，应该先照照镜子确定自己是红光满面，或憔悴不堪，可是现在很多人的反应却是"摔镜子"，不但自己不肯照镜子，有人拿镜子时，还说他是反动分子，为什么拿镜子给我照？然后仍是摔镜子。台湾有一家杂志攻击我，只攻击我私生活，却不谈文化本质。除了"摔镜子"，还有"打医生"，我就被打了"九年二十六天"的大板。

不一样的念头

访问者岑逸飞先生

文载 1987 年 6 月 Play Boy 中文版

柏杨应香港电台及《星岛日报》邀请，为"开卷有益"征文比赛主持颁奖，访问香港一周，Play Boy 中文版趁这个机会，派笔者进行访问，深入探讨柏杨的心路历程，包括柏杨的坐牢感受、柏杨对历史和文化的看法、柏杨对香港的观感，以及柏杨独特的爱情观点。柏杨的谈话，一如杂文和历史著述，警语百出，风趣生动之余，亦不乏沉痛之音。

问：　柏杨先生，我曾整理过一些有关你的生平资料，现在先向你查证一下。你是在 1920 年生于开封，幼年丧母，那么你的父亲和兄弟呢？

柏　杨：我是河南省辉县人，生于开封，我大概一岁的时候，母亲去世，没有印象。父亲是在 1939 年死于开封。我有两个弟弟，都是继母所生，一个弟弟已经去世；另外一个，不晓得他在哪里。

问：　你先在开封高级中学读书，后来加入国民党，做过三民主义青年团干部。抗战胜利后，考进四川东北大学，对吗？你是哪一年大学毕业的？

柏　杨：1946 年大学毕业，那个时候我二十七岁。当时抗战已经胜利，我去沈阳，在私立辽东学院做副教授。

问：　那个时候，很多年轻人都加入共产党，我相信共产主义的吸引力很大。

柏　杨：一个人会受环境影响。抗战爆发的时候，我十八岁，高中二年级，选择的能力很低。大家都说，共产党好，国民党不好。国民党也警觉到这个问题，在各地设立军事委员会战时工作干部训练团，免得青年到陕北去。我们并不知道到底谁好，我是身不由主，不知不觉加入国民党的。

问：　那个时候共产党的宣传很厉害？

柏　杨：非常厉害，但没有机缘让我到陕北去。那时候去陕北也不容易，我在河南当兵的时候本来可以通过同学去的，可是那个领导人（高我一班的学长），后来不晓得什么原因改变了主意。

问：　那时，你们已觉得国民党不好？

柏　杨：也没有觉得国民党不好，我只有十八岁，分辨能力还不够，尤其在河南省那地方，比较闭塞。

问：你是在1949年到台湾，1950年开始用“郭衣洞”本名写文章，当过省立成功大学副教授、台湾艺术专科学校教授，后来在台北《自立晚报》做副总编辑，对吗？1960年你开始用“柏杨”的笔名在《自立晚报》和《公论报》写文章，我听说你这个笔名的来历跟台湾的横贯公路通车有关？

柏　杨：你对我这么清楚，使我吓一跳；你的准备工作如此认真，更使我钦佩！你说得对，那个时候我去参观台湾横贯公路，只有一个地方名为“古柏杨”的隧道，还没有通车，我们就步行走过那条隧道，当时我觉得“古柏杨”这个名字很好。

问：你是在1968年3月7日开始坐牢，本应在1976年3月6日释放，后来再软禁一年零二十六天。说到坐牢，我曾经有一个坐过政治牢的朋友跟我说，坐牢好像去过一次地狱，所以他不愿意谈坐牢的情形，认为外间的人永不会明白。你有没有这个感觉？

柏　杨：我想每个人的性格不同、看法不同。我的反应是：我要大声讲出来。讲的目的，不是让朋友分担我的痛苦，而是让人家知道世间有这种事，然后这种事才能够避免。大家都不说话，就会以为坐牢也没有什么。其实没有什么不可以讲的，犹太人集中营的事大家如果不提，那怎么可以改进？

问：然则坐牢算不算是一种锻炼？

柏　杨：应该是一种锻炼。牢房就好像炼炉一样，如果你是真黄金的话，会炼得更亮更红更好；如果你是假黄金的话，一炼就变成废铁。有很多人，在外面慷慨激昂，可是一关进去，往往万念俱灰，甚至自杀，甚至出卖朋友同志。

问：我这个说法也许刻薄一点。从另一个角度看，坐牢是不是一件好事，可以增加人生的体验？

柏　杨：这种说法有真实性，但不是每一个人都有坐牢机会，也不是每一个人都可以适应,不适应的话就产生负面的影响。不过每个坐牢的家庭,都会发现孩子们的成长很快,可以一夜之间就成长。我记得我第一次被传讯的时候,我的八岁女儿,她就觉得不对劲,她问妈妈:“爸爸往哪里去?”她妈妈很焦急,叫她不要问,她就说:“妈妈,告诉我我不哭!我不哭!”

问: 他们把你抓去,据说因为你翻译美国金氏社“大力水手”漫画而惹祸。那是怎么一回事?

柏 杨: 那组漫画是说,大力水手父子在岛上竞选总统,发表演说,其中有一句我翻译为“全国军民同胞们”,这是个导火线,特务说:“全世界只有我们总统用‘全国军民同胞’,而且漫画是在元月三号发表,刚刚在总统发表文告之后,这是什么意思?”我没有办法回答这个问题。因为这些漫画是金氏社供应全世界各国的,每个礼拜供应一次,下个礼拜供应什么,没有人知道,而且我也没有本事拜托美国金氏社在什么时候供应什么,没有能力作这个安排,但他们指责我在打击领导中心。

问: 可能他们想抓你已经很久,只是找不到一个借口,现在机会来了。

柏 杨: 是的,所以我说国民党并不像他们自己说的那么善良,他们笑脸的时候你也要当心。他们最喜欢斗文化人,人类最弱的一环就是我们。

问: 他们抓你以后怎样用刑?

柏 杨: 我右膝盖的骨头被他们打断(柏杨卷起右裤管,指出膝头的骨折处),到现在还没办法复原。他们有种种花样给你痛苦,主要是要侮辱你,要打破你的自尊心。到最后,你会发现,你完全置于他们的控制之下。后来我终于受不了,我说你们不要把我打成残废,你们把我打成残废之后,我出去后只有饿死。

问：　那么你就跟他们合作，他们要你讲什么就讲什么？

柏　杨：你完全错了，你不能讲这种话，这种话一讲出来以后痛苦更大。他们是要你：做什么事说什么事。这个时候最为痛苦，你要揣摩特务在想什么。好像，我不知道加入什么团体，才能使他们满意；开始时我说我加入共产党，特务就破口大骂："你配？"后来我招出"民主同盟"这个组织，事实上我根本不了解这个组织，但他们接纳，说："你看，早讲就好啦，不用受苦。"

问：　你坐牢的时候，每天的生活怎么样？有没有体力劳动？

柏　杨：国民党对政治犯只在审讯时用酷刑，发监执行后就比较客气。体力劳动是没有的，而且你想种菜、想煮饭，还不容易，要申请。每天很清闲，可以看他们允许看的书，可以写东西。从早到晚，除了吃饭之外，就是坐牢，你的天地就是你的铺位。有些人整天坐着，等着吃饭。

问：　我听说你的眼睛不大好，是因为坐牢的时候晚上看书、写稿，但灯光不够，损坏了眼睛？

柏　杨：牢房的特征，灯挂得很高，跳起来也摸不到，而且只有一盏灯。

问：　其实白天也可以看书，晚上休息一下，谈谈天不是更好吗？

柏　杨：当然可以。只不过同房的人，水平不一样，往往没有什么可以谈的。政治犯的成分很复杂，不是每个政治犯都是知识分子。而知识分子中有台独的、有老右的、有老左的；我是属于老左的，但我跟老左的人又谈不来，纵然可以谈得来，每天见面，三个月什么也谈完，到最后就每天面面相觑，无话可说。

问：　假如坐牢的时候不让你看书，那怎么办？

柏　杨：不让我看书，我想我会疯。

问：　你出牢以后，所写的文章，好像没有以前尖锐，是不是对人生的看法有了改变？

柏　杨：我有一个不伦不类的比喻，或许可以说明我的转变，释迦牟尼在菩提树下大彻大悟，而监狱就是我的菩提树。坐牢的时候，我想到很多问题，自己有一种醒悟，这不是说我过去走的路不对，我只是觉得，我应该突破。我过去写杂文，所有杂文作家都喜欢打抱不平，所以读者的反应十分热烈。可是我从来没有想到，当前的问题，不是杂文可以铲除。这好比一个人身上有病毒的话，某个地方长了一个赘疣，杂文作家把它剪掉，但剪掉以后，对其本质毫无影响，其他的赘疣还是要长出来的。杂文作家发表文章，剪掉赘疣，是绝对应该的，可是只要病毒仍在，也就是专制、封建仍然存在，大问题就始终不能解决。

问：　　你不是说杂文作家在帮倒忙？

柏　杨：当然绝对不是帮倒忙，应该有人继续杂文创作，事实上我现在仍在写杂文，不过我觉得应该有更高层次的内涵，不但要剪掉赘疣，还要深入治疗，使身体永远健康。

问：　　现在许多人，已把"柏杨"这个名字，与"酱缸文化"连起来。我知道"酱缸文化"，是象征死水一潭、陈腐污腐之极，而其来源与君主专制政治的关系密切。但是否可以从思想的流派来看这个问题。也就是说，酱缸文化，是否与儒家、法家或道家扯上关系？

柏　杨：儒家在中国人的生活里面，占了一个很重要的位置。儒家的很多想法，假如与政治结合，就会产生如西方中古时代宗教与政治结合的情况一样。可是西方进入黑暗世纪之后，有马丁·路德的出现，自我反省，终于解放出来。中国自汉王朝以后，许多儒家政策，渐渐步入黑暗时代，再也跳不出来，直到现在。这些问题，我认为儒家应该负大部分责任。我的意思不是说，儒家一开始就不好，正如基督教一开始也很好，而是步入黑暗时代才不好。

问：　　那法家又怎样？

柏　杨：法家是一套更专制、更教条的思想，我们不能采用现代的观念来看法家，中国的法家是愚民性的法家，不过比较起来，法家还是有条理可取，儒家是说不准，法家是说得准。

问：明末研究《资治通鉴》的王船山，在他的《读通鉴论》中曾经指出，法家赏罚分明，问题不大；但法家和道家配合，贻害甚大，使皇帝的统治手法更趋高明。中国文化看来甚为复杂，不只是儒家的问题吧？

柏　杨：事实上支配我们人民内心的思想，也包括法家和道家以及佛教。儒家思想生根在官场，在那里发挥作用。

问：说到"酱缸文化"，我留意到，读中国书愈多的人，似乎酱气愈大。这究竟是否中国读书人的问题？

柏　杨：不敢马上这样肯定，但好像应该是这个样子。

问：你有一篇演讲提到，文学先天具有道德性，可是在中国文人里，多的是文人无行，总是向强权屈服。而传统有句话说，"仗义每多屠狗辈"，为什么中国大部分文人会如此呢？

柏　杨：全世界任何一个国家，一个作家被诬陷的话，全国作家都会声援支持这个被诬陷的作家；只有我们这里，所有作家都在打落水狗，好可怕、好可耻。文化人确确实实，有很多地方是应该被看不起的。这大概是儒家学派"明哲保身"哲学的实践！

问：刚才谈到读中国书的问题，我记得鲁迅曾写过"青年必读书"的文章，认为年轻人最好不读中国书，你觉得这个看法怎样？

柏　杨：我赞成，非常赞成，但我认为最好不要读儒家学派的书。我们这个文化里面，儒家是酱缸的最大泉源。随便讲个例子，所谓"乱臣贼子，人人得而诛之"，讲起来慷慨激昂，可是用现代的观念，就完全不是这么回事，谁有权力断定哪一个是乱臣？哪一个是贼子？标准是什么？"人人得而诛之"，"人人"是谁？这一点很重要。像这一类的告诫，不断在儒书上出现，影响我们的思想。

问：　鲁迅自己也读了很多中国书。他的解释是，他好像吸烟上瘾，戒不掉，但他知道中国书的害处，所以劝告年轻人不要读。

柏　杨：经过这次经历后，我觉得读中国书，最好晚一点才读。年轻人读中国书，经验不足，很容易全盘接受，不加分析。好像我，直到五六十岁，坐进大牢，才能看出中国书不恰当的地方。可是年轻人没有经过这些痛苦，不容易了解。

问：　太年轻去读中国书，可能变为年少老成，没有热诚，也欠缺冲劲，对吗？

柏　杨：（笑）对，晚一点才读，而应先接受西方的自由和民主的观念。事实上，我们现在这个文化，是弱势文化，西方文化是强势文化。弱势文化挡不住强势文化。弱势文化的原因很多，我们不进步，西方却不断进步。他们超越了黑暗时代，我们却不觉得自己在黑暗之中。

问：　你觉得鲁迅所说的阿Q精神，现在仍然存在？

柏　杨：当然存在，像批斗我，就是一种阿Q精神。（笑）

问：　根据你读《资治通鉴》的心得，你能否展望中国的前途？是悲观，还是乐观？

柏　杨：中国的事情，万人瞩目，涉及太多因素，实在不容易分析，现在的大问题是，我希望我们现在开始来一个文艺复兴，从事反省的工作。台湾已有反省迹象，可是不是每一个人都愿意反省，都有勇气反省，都有智能反省？

问：　我们不如谈谈近代人物，有哪些人你是比较佩服的？政治方面或是思想方面。譬如孙中山，你觉得他怎样？

柏　杨：我觉得孙中山相当伟大，在战乱时代，讲出那些话，做出那么多的事……

问：　其他人呢？譬如说在思想界。

柏　杨：胡适、梁启超、鲁迅、孙观汉，这些人我都佩服。

问: 康有为呢?

柏 杨: 唉,康有为恐怕是最后一个典型的儒家书生,他的能力不足。

问: 我们重看历史,假如"康梁变法"能够成功,中国走君主立宪的路,是否会比搞辛亥革命好呢?

柏 杨: 我个人认为比搞辛亥革命好,清廷虽是满族人,但满族人又有什么关系?孙中山最后要把皇帝赶下台,是因为无路可走,被迫走上革命之路。孙中山当初本来上书给李鸿章呀。如果是君主立宪,皇帝只是一个虚君位,就像英国的皇室,国家会完全不一样。我们国家,从民国以来,就缺少一个领导中心,缺少一个受人崇拜的牌位。假若有了这个牌位,就不会打来打去争取。国家要养这么一个牌位其实负担不大,问题就是在中国传统文化里面不容许皇帝没有权,使这个构想无法实现,所以中国人没有福气。

问: 是否可以这样说,中国有两个传统,一个是君统,一个是道统,过去是以道统来监察君统,可惜道统未能发展为一个客观的架构来限制皇帝的权力,对于坏的皇帝无法加以控制。

柏 杨: 我有一个看法,也许不够成熟,请你指教。我认为中国历史上根本没有道统这回事,道统是几个儒家系统知识分子关在房间里,自己意淫编制出来的。道统从什么地方证明其存在呢?唯一的证明出现在书本上。什么尧、舜、禹、汤、文、武、周公、孔子,都是纸上作业。这究竟是什么"统"?了不起是学术界里儒家思想的一脉相承,成不了一个统。这是儒家系统知识分子自我陶醉!那些做皇帝的人才不在乎你什么"统",他只在乎你驯服得够不够。所谓《春秋》出,而乱臣贼子惧,古书不能读的地方就在这里。我曾做过统计,在《春秋》书出以后,乱臣贼子比书出之前要多得多,怎么会惧?这是事实。但儒家系统大话一讲,就自己信以为真,抬高身价。

问：　　但无可否认，儒家思想里的“杀身成仁、舍生取义”，也影响过一些读书人，譬如说文天祥。

柏　杨：几千年以来，只有那么几个！我不是完全否定儒家，我只是强调，儒家思想的流弊，远超过它的贡献。

问：　　然则宋明理学呢？宋朝的朱熹，明代的王阳明……

柏　杨：朱熹最糟，儒家思想的黑暗时代，大概从朱熹开始。在朱熹以前，儒家思想还有很多人情味，很开明，与人抬杠还可以，但朱熹却是杀手。

问：　　但王阳明与朱熹是势成水火的。

柏　杨：王阳明更唯心，(笑)他的唯心已走上不合规则的道路。

问：　　其实王阳明也是事功型的人物，他很能办事，而且在打仗方面也表现出色，不是书呆子。

柏　杨：但他作为一个思想家，那又不同。他就是格来格去，格不出一个道理。洋人在思想方面，有一个最高的指导原则，那就是人权与民主。在基督教里有一个最大的特点，在上帝之前，每一个人都是平等的。但儒家不是这样，儒家讲人为的等级，王阳明不能突破。

问：　　现在的新儒家，如唐君毅、牟宗三、徐复观这一批人，你的看法又怎样？

柏　杨：我的看法是，既然有所谓新儒家，至少证明，传统的旧儒家已经落伍，传统的旧儒家一定有毛病。(笑)唐君毅、牟宗三，我都不认识，但知道一件事，唐君毅死后，徐吁轻微地批评了他几句话，立刻引起他的徒子徒孙用下流的话破口大骂，还出了一本书，大概用来吓阻，这是一个卑劣的形象。徐复观已尽了全力，我想，问题不在理论，而在行为，新儒家靠一窝蜂打手，不能使人心服。

问：　　那么你是完全反对儒家？

柏　杨：绝不，这跟基督教一样，我只反对中古时代黑暗世纪的宗教，现在的基督教有什么好反对呢？如果儒家思想，只要能够修正到跟时代相合，那岂不很好。

问：　　你曾经自比为《水浒传》里的梁山泊好汉。梁山泊好汉有一百零八个，你比较喜欢哪一个？宋江？鲁智深？

柏　杨：宋江，我喜欢宋江。

问：　　但宋江的儒家思想很重，以前文化大革命时期批《水浒传》，正是要批宋江的儒家思想。

柏　杨：人是一个综合性的东西，不能说你有儒家思想我就不喜欢你。比如你是儒家，或者你是法家，我可能不喜欢你的思想，可是我喜欢你这个人，喜欢你的性格。

问：　　你的确喜欢宋江？

柏　杨：我喜欢宋江，也喜欢鲁智深，因为宋江是“及时雨”。我觉得帮助别人是一件非常快乐的事，尤其人家需要帮助的时候，我这个想法可能不太现代化，（笑）这与一个人的成长很有关系。北方人差不多受《水浒传》的影响，南方人则是受《三国演义》的影响。因为北方人贫苦，没有安全感，暴君太多，受欺负、受迫害，都希望有人替天行道，这就是宋江他们出现的社会基础。

问：　　你已经来过香港两次，能否谈谈你对香港以及香港人的感受？譬如说，跟台湾人比较，香港人有什么特点？

柏　杨：以我来说，来的时间那么短，只是走马看花。不过我太太，她生于香港，比较了解香港，她也跟我讲了一些。我听不懂广东话，但她会说广东话。她说：广东话很有趣味，有些事情只有广东话才能表达出那种感情。她认为广东话是一种非常丰富的语言，我觉得广东人是非常刚强的。至于香港人，我觉得他们比较有自信心和自尊心，中国传统文化在他们身上的坏影响可能比较少。

问：　　也许因为香港是一个殖民地，一般香港年轻人，受中国传统文化的影响比较少，读洋书比较多，所以香港人现代化一点，没有酱缸文化的污染，这是殖民地的副产品。

柏　杨：应该是这么说。我举个例子。就是昨天在马路上，我太太忽然间碰见一位十几年没有见面的朋友，她的孩子在北京念书，她跟我太太说，她问她的孩子："妈妈这样跑来跑去，你心里面是否不高兴？"她这个孩子只有十二岁，回答说："妈妈，我看出你很爱你的工作，妈妈你快乐就好啦！"啊，这绝不是一个中国传统孩子所能够讲出来的话。这是西方文化的产品，他知道为妈妈着想，一个十二岁的孩子。

问：　你翻译完了《资治通鉴》以后，会有什么计划？

柏　杨：我也跟你一样，不会休息的，一有时间就要动一动。写完《柏杨版资治通鉴》，还要三年半。三年半以后当然还有许多其他计划，譬如说，翻译《通鉴外记》，也很有意思。

问：　为什么你对《资治通鉴》这本书有那么大的兴趣？

柏　杨：因为我看不懂。后来坐牢之后用心看，发觉这是一个宝藏。以前是随便翻翻，随便看看。坐牢的时候一章复一章地看，要费好大工夫才看得懂，这使我想到，其他人要看得懂的话，也非得费这么大的工夫不可，何不由我一个人承当。其他人有别的事情忙嘛，都那么艰苦地看《资治通鉴》干吗？

问：　坐牢的时候只看《资治通鉴》，是否很苦闷？

柏　杨：坐牢的时候，假定我知道出来以后，有这么多朋友、这么多温暖，我坐牢的时候会每天唱歌。

问：　那个时候你以为自己出不来，悲惨的地方就在这里，是一种精神折磨。

柏　杨：你的话使我回到二十年前，仍觉得凄凉。国民党的可恶在什么地方呢？我是判刑十二年的，十二年就是十二年嘛，也不是我申请的，十二年之后就应该让我走。十二年后来减刑了，减为八年。八年，就应该让我走。想不到出狱这一天，又把我软禁，使我对国民党的认识，更为深刻。

问：　你有没有计算日子，做好心理准备，八年就可以出来？

柏　杨：不会每天计算，否则会疯。每年也不会计算，而是在最后那两三个月倒数,从一百天开始,好不容易数到最后一天,却又被软禁。软禁是最悲惨的,因为你不知道要关多久。坐牢我知道,你判我十年,就坐十年嘛,你判我二十年,就坐二十年嘛,但软禁比无期徒刑还可怕。

问:　那么使你感到最痛苦的,应是被软禁那一年了?

柏　杨:对,被软禁的那一年。没有一个人告诉我,有什么方法可以走出监牢,国家没有法律。最后,全靠孙观汉向卡特总统和美国国务院呼救……

问:　中国传统对文人是特别不放过的,而且我觉得,不管在中国大陆或台湾,都不能丑化领导人。在美国是可以的,譬如说画漫画,把里根画成小丑模样。在台湾不可以这样做吧?

柏　杨:这样做就是打击领导中心,至少十二年有期徒刑。我觉得,丑化假如不可以的话,还说得通,可以理解;问题是,并不是丑化,只是照实述说,同样也不行。

问:　你那本《丑陋的中国人》的书,我听到你接受香港电台的访问,你对这本书好像不太满意?

柏　杨:不满意的地方,就是我没有很精密地把我所要表达的内涵写出来。我一直想写这个题材,希望能很有条理,很有深度写出来,但如今没有做到,因为时间不够。不过我的确有很多的感想,一有机会,我就讲出来。

问:　批评你的人说,你说中国人丑陋,使年轻人失去自尊心。你如何答复这样的批评?

柏　杨:我认为不是青年人的自尊心问题,而是中国人的心态问题,有时骄傲得不得了,有时又自卑得不得了。香港青年人起码在态度上不会这样,香港青年人是有自尊的,这是我初步的印象。但你看看许多中国人,一旦有钱或有权之后,简直狂妄得不得了;一旦他们处于低位,又卑微得不得了。我举个例子。我有一个朋友,是个女孩子,在美国念书,她妈妈加强她的华文教育,要她读李密的《陈情表》。她妈妈说古人读《陈情表》很少不流泪的，问她读《陈情表》有什么感想。她就说，她觉得中国人很卑屈，什么“臣不胜犬马怖惧之情，谨拜表以闻”，为什么把自己当做“犬马”呢？古书不能读，这又是原因之一，我是什么，就是什么！“臣生当陨首，死当结草”，这皇帝究竟有多大恩典，值得一个人如此牺牲。所以有几次我跟孙观汉见面，我跟他讲，我愿意为你牺牲，但他马上就阻止我，他说你这个观念就是酱缸文化，人不可以随便轻言牺牲。他的话给我很大的感触。

问： 那么你是否同意，把中国人形容为丑陋，会有某种作用，可以刺激他们奋斗？

柏 杨：对，这正是我的本意，请将不如激将。就好像我给他一张成绩单，我告诉他有五科不及格，他会有两种反应。一种反应是，五科不及格，那怎么办？怎么办？另一种反应则是，你说我不及格，不及格又怎么样？从前有人八科不及格呢！我不及格谁知道？你为什么到处讲我？你到处讲我，我怎样见人呢？你是我什么？爸爸？哥哥？我马上和你脱离关系，去你妈的。他就是这样破口大骂。假定是这种反应的话，就是不肯承认错误，纠正过失。我的对象是前一种人。

问： 最后，柏杨先生，你是否可以谈一谈你的爱情生活呢？你对第一任妻子的离去，有什么感想？与第二任妻子张香华女士，又是怎样产生爱情的呢？

柏 杨：过去的事像一场噩梦，我坐牢之后，前妻倪明华就离开了我，我对她充满了同情。在台湾，过去的政治牢，跟现今的政治牢，意义完全不一样。现今坐政治牢也蛮光荣的，而且台湾已很久不抓政治犯了，坐政治牢也不容易。（笑）现在坐政治牢，可以得到那么多的同情和慰问，但六十年代坐政治牢，连孩子读书也被人骂，孩子没有脸上学。香华是一个理想的妻子，我想是上帝特别把她赏赐给我！

问： 倪明华弃你而去，你还同情她？

柏　杨：她是不得已，身不由主。假如外间的压力不是那么强，可能不会这样。再说，假如没有无聊的男人去追她，（笑）情形也许不同。

问：　　你跟张香华女士以前没有见过面，是坐牢出来之后大家才认识的？

柏　杨：以前没有见过面。不过我很欣赏她，她很聪明，很有智能，对人生的很多看法，都给我很大的帮助。她学中国文学，比较平稳。我的性情比较极端一点，常常要靠她来平衡，加以提醒。

问：　　你们认识后感情发展很快？

柏　杨：发展很快。所以我一直认为有"一见钟情"这回事。人的感情，在乎来"电"不来"电"。不但是男女关系，就是同性朋友，也是如此。譬如说我觉得我们之间，以后可以做一个长期的朋友，但有些人就不行。所谓"话不投机半句多"，如果一开始就谈不来，以后变成很好的朋友就很难。如果谈得来的话，感情的发展就很快。

问：　　你们可说是天作之合了。

柏　杨：我是属于粗线条，她比较细心。我本来有孩子，她也有孩子，但怎样处理我与前妻孩子的关系，都由她来教导我。唉，人到老年，妻子实在太重要啦。我现在几乎离不开她。记得八四年在爱荷华（Iowa）的时候，聂华苓就打趣说，你这个人，张香华不在，你就疯啦，六神无主呀，急得要打电话报警。（大笑）他们都说，张香华是柏杨的镇静剂；她是比较静，我则比较动。

问：　　其实你已写过很多文章谈爱情的问题。

柏　杨：我写过很多，对爱情有很多感慨。爱情是需要培养的，友情也需要。友情是两个男人之间的感情，有时比夫妻之间的关系还要好，这是男性的特征。两个男性而成为生死之交，真正谈得来，而又有共同的事业，感情甚至超过妻子。当然,我们都很难找到一个很好的朋友,也很难找到一个很好的妻子。古语说,“愿天下有情人都成眷属”,成为眷属不难,到处都是眷属。但夫妻之间,除了是夫妻之外,同时还是好朋友,就比较难。我庆幸我和香华之间,除了是好夫妻外,同时还是好朋友。

民主的实践与挫败

台北《南方》杂志编辑部访问
文载 1987 年 6 月台北《南方》杂志

问: 您曾提到酱缸是民族文化长期累积的结果,而大陆《光明日报》的孙国栋认为,这只是明朝以降几百年来子孙不长进的结果,不必归罪于五千年前的祖先,您认为呢?

柏 杨: 我想中国文化在明朝以前的确有相当高的贡献,好比南宋时期虽然国势很弱,可是人民生活程度很高,水利、造纸、印刷都达到不平凡的巅峰。但是我们必须了解,文化跟木头不一样,它不能拦腰截断,它有从太古时候的历史渊源。文化如果没有堕落的因子,它就绝对不会突然衰败。

问: 孙国栋认为中国文化里面曾有一股清流,但是这股清流却从没有涌上来过!

柏 杨: 为什么清流涌不上来?假使“清流”代表的是一种健康,而被压制,几千年下来,黑流一直在流,这不是病态是什么?

问: 不同朝代的压制,是不是都那么一致?我记得罗家伦先生在《新人生观》里提到唐朝的气质是开朗活泼的,这个现象不知您有何解释?

柏 杨：每一个新王朝建立的初期，都会朝气蓬勃，甚至连禽兽王朝——北齐帝国，都是如此。经常是，一个新皇帝即位，第一道命令就是把过去人民不欢迎的法令或政治措施取消。但问题不在这里，问题在我们的政治中，没有最高的民主哲学作为指导原则，中国封建时期的革命遂永远是一种恶性循环，一上台可能表现出色，以后就开始堕落腐化，当他认为非常安全的时候，就开始暴行，这时又必然激起新的革命。永远都是这样的循环而没有办法升级，这就是没有指导原则去引导它。例如，当初袁世凯一再表示他不愿称帝，可是别人告诉他："我们追随您的目的是什么？就是要封荫妻子，这个轿子你不能下，我们可以跪着、趴着抬，甚至喊着万岁抬。但您要是非下轿不可，我们就翻脸！"为什么袁世凯称帝失败？那是因为西方思想已经传入，他的大将副总统冯国璋面对这种思想，认为在民主制度下，他也有机会当总统。而袁氏称帝，他大不了只是个王爵而已！虽然这种想法很浅薄，但说明了这种东西指出一条崭新的路。

问：另外值得一提的是，在台湾政治现状下有所谓"台湾结"与"中国结"的问题，可否请您谈一谈？

柏 杨：我认为历史和文化，是一种存在，后人没有办法依主观意识，认为它不存在，它就不存在，就像一个人没有办法选择他的父母一样。假使一个人对父母不满意，他也不能改变父母，因为父母是一个无法改变的存在。例如最近因女色而退出美国总统竞选的哈特，他为了发音方便，擅自改变来自父亲的姓，因之对他的政治声望，产生相当大的影响。不管是羞辱，抑或光荣，人都无法选择父母，同样的，一个民族无法选择历史。

我们看当初台湾光复时，台湾居民那种回归祖国的狂热，如果他们不是中国人，就绝对不会产生那种心情。钱可以买到笑声、欢呼声,但绝买不到内心真正的愉悦。然而,像一个孩子欢天喜地扑到母亲的怀里,结果却招来一顿毒打,打得遍体鳞伤,这确实是一个伤心欲绝的经验。因此,台湾居民开始彷徨,对国民党的统治不满。这种心情是相当自然。加以,"中国结"与"台湾结",如果没有政治意义,就跟我的"中国结"与"河南结"一样,并不冲突。如果有政治意义,这政治意识应是后天人为的产品。

问: 是不是有些人希望把历史文化的脐带,跟大陆永远地割裂呢?

柏 杨: 脐带如果是政治的,有割断的可能性,如果是文化的,就根本割不断。而且,割断脐带也并不代表什么,你也割掉了跟娘亲之间的脐带,但很难说你不是娘亲的儿女!但是我认为对这种想法下的独立运动,没有帮助。因为用了那么大的劲证明自己不是中华民族,结果只不过徒逞口舌之快。过分强调"台湾民族",除了使原本狂热的人更狂热之外,也使更多不狂热的人远离而去。

问: 如果中国传统文化中没有民主这东西,而我们又迫切需要,那么对传统文化是不是一种反动?

柏 杨: 传统文化中有太多的东西应该淘汰!

问: 这就是许多人对你不谅解的地方,他们由于民族情感的认同,无法接受您的说法!

柏 杨: 这和民族感情有什么关系?难道不喝豆浆,改喝牛奶,就没有了民族感情吗?不可能!牛奶下肚,就成为养分的一部分!

问: 那您的意思是不是指文化就是现在的生活?

柏 杨: 是的,只要被消化、被接受的文化,我们都要它成为中华文化!像"胡琴"、"旗袍"都成了中华文化一样。

问: 那中国文化的界说不就模糊了吗?

柏 杨: 我觉得学术上精密的定义并不重要。

问：　　这岂不是“全盘西化”的立场？

柏　杨：“全盘西化”只是个能刺激得人们发疯的激情，那是绝对不可能的。我们认为：对强势文化，能吸收多少就吸收多少，不要执意拒抗。

问：　　既然在中国传统文化寻不着民主的根，您又为何要翻译《资治通鉴》呢？

柏　杨：人有知的权利，有寻找归属的感情，历史可以提供我们。每一个中国人都有根，如果不知道这个根，他就永没有归属感，轻则他会怀疑人生的意义，重则就会发现类似“台湾民族”议论，带来困扰甚至苦难。

问：　　所以您才选择像司马光这种反动者的作品？

柏　杨：“反动”两个字充满“斗争”意识，《资治通鉴》是一个宝藏。

问：　　你在《丑陋的中国人》演讲时提到“中国人到哪里都是中国人”……

柏　杨：我觉得该提醒这句话。

问：　　可是这样的话，似乎给人一个印象，任何努力都没有希望？

柏　杨：非常抱歉，我只是一时的感慨。事实上，从另一个角度来看，中国这古老的民族，经历这么沉重的打击，这么多的浩劫，衰弱到这般程度。在这种状况下，我们的民族还是活下来，年轻的一代甚至已开始反省到自己的民族是不是病了，想寻找病因，找药方疗治，从这点看来，这个民族充满希望，我自己就没有绝望。

张香华：可是您表达的方式，就是让人觉得坏掉算了！事实上，还有很多人在努力，如果不是这样，这民族早被消灭了！

问：　　可是每个人努力的方向并不一致，也许为了救中国的衰败，有人会牺牲自己的一切，而走上国家主义的路，并不见得如您想象的一定走上民主。事实上，现在很多人就抱着这种梦！

柏　杨：这点只说明中国人没有自治力，所以渴望有一个强大的领导，这很容易被野心家利用。事实上历史可以告诉我们，任何强大的领导都救不了中国，它已经救了五千年了，能救早都救出来了。现在只有平等、人权、民主思想，才能救中国，因为它在美、英、法、日等国家证明了它的威力。

问：可是类似的努力，孙中山先生也做过。

柏 杨：那时经济还不成熟，教育也不普及。

问：如果我们撇开政治层面来看，我觉得中国人对民主、人权的观念认识不清，好像选举才需要民主，受到迫害才要争人权。回顾传统，从来就缺少对个人的尊严及权益的维护，好像个人根本不存在。所以我认为首先要从个人做起，否则讲来讲去，都太抽象。

柏 杨：那天座谈会，黄光国先生提到有人认为台湾找不到虐待儿童的案例，这就是普遍人权观念的缺乏。所以一定得从小教育。

问：最后，我想必须代那天座谈会的听众问这个问题——《丑陋的中国人》这本书如此畅销，您是不是得了便宜又卖乖呢？

柏 杨：我觉得这句话既不通又夹缠，既酸又毒，代表中国人的另一方面。

问：这个问题似乎层面不太够，柏杨讲的对不对可以讨论，如果不对的话，卖乖有什么用呢？

柏 杨：这种问话等于没有问，就像座谈会那天有人问：写《丑陋的中国人》的人是不是也是丑陋的中国人？我也可以反问他：你讲这句话，不也是丑陋的中国人吗？这样就不用讨论了嘛！

问：事实上我们也可以引申来谈，就因为自己是中国人，所以才愿意谈这个问题，如果我听到美国人谈这个问题，也许我承认他讲的对，但我的情绪反应一定不一样！

柏 杨：至少这一点现象我的预言应验了。美国人写美国人的丑陋没事,日本人就丢了官,而中国人的反应就这般激烈!

谈到这里,时刻已近黄昏,整个访谈已进行三小时,柏杨先生以他一贯的坦诚态度,用各种生动譬喻解说了自己的意见。由于打扰已久,我们便向他告辞,一行人走入花园新城渐暗的黄昏。

生活真相

访问者宋雅姿小姐
文载1989年5月台北《媚》杂志

有人问柏杨这一生最高兴的是什么?他说:"就是和张香华结婚!"

十二年前遇见张香华时,柏杨刚出狱,自称"又老又穷",一无所有,却和张香华一见钟情。张香华看上他"身心都健康",来往十个月就答应嫁给他。

他们结婚之前,各有过一次婚姻,而且各有各的子女,夫妻及双方的孩子相处都极融洽。柏杨形容他们的二度婚姻"像倒吃甘蔗,越来越甜"。

从以下的对话,可以看出他们的生活多有情趣。

问: 我和柏杨认识的时候,他刚从监狱出来不久,最吸引我,也最令我奇怪的是这人怎么这样健康?身心都健康。

柏 杨:(故作惊讶)你不是看我年轻貌美?

问: 这社会很多人都有病:恐惧、怀疑、焦躁、不安、防范。而他,坐牢那么久,还有那么大的热情,那么开阔的心胸,真的很让我眼前一亮。

柏　杨：其实我年龄大，又坐过牢，一无可取。

问：　不会啦！

柏　杨：十几二十年前，坐过政治牢的人是非常危险的，大家都防着你，像是有辐射性的东西。加上我年龄很大了，整整大香华二十岁，又非常穷，连衣服都没有。坐了十年牢，什么都没有了，连朋友、亲情都没有了。在那种情况下，没想到来往才十个月，她会答应嫁给我。我是 1977 年 4 月 1 日出狱的，1978 年 2 月 4 日，我们就结婚了。

我相信"一见钟情"，而且一直认为"一见钟情"非常重要；不仅是男女之间，同性朋友，甚至工作伙伴，也是一样。假如第一次见面觉得不适合，以后处起来就很难。

去年我到上海，很多人都问我"这一生最高兴、最幸福的事情是什么？"我认为就是跟香华结婚。人家讲"倒吃甘蔗，越吃越甜"，我们结婚就是这样，越来越好，比从前更好，她的优点也越来越多。

问：　我想这是因为两个人都比较成熟，成熟的人比较容易相处。如果不成熟，很多事情明明可以很顺的，也会搞得乌烟瘴气一团糟。当然不是说两个成熟的人就一定可以成佳偶，假如情不投意不合，就成了"成熟的仇人"。

柏　杨：所以，情投意合很重要；这在某种情形下可以很简单，有些情形就很复杂。婚姻问题谈个五千年、一万年也谈不完。一个单位就有一种情况，没有一句话或某一个法则可以用到所有的婚姻上。

问：　今天的社会，变动很大、冲击很多，不像以前比较静态的社会，好像结了婚就是养儿育女。如今要结为夫妻，两个人一定要携手同行，一直相伴相随；这不是说一定要有同样的职业，而是对人生的价值取向要一致。行业不同，假如价值观念一样，起码有很多信息可以交换，也可以把自己的生活经验告诉对方,和他分享。否则,你跟我讲,我觉得无聊透了,或觉得俗气,那就完蛋了。

柏　杨:人生的价值取向很重要。比如丈夫很有钱,看到太太写了一篇小说,赚了一千块钱,就高兴得不得了,于是很不以为然地说:“这算什么!我到酒家,一给就是十万、二十万的!”

问:　这是个感觉嘛!

柏　杨:这是个感觉,是个价值观。男女之间,原来是互不相识的;认识以前,对男的来讲是交女朋友,女的是交男朋友。因交朋友才有共同的兴趣、共同的价值标准。所谓“谈恋爱”,恋爱是谈出来的,不是打出来,也不是坐出来的,只有坐牢才是坐出来的。

谈恋爱,就是交换感情、知识、境界,成为很好的朋友之后,才发展为男女感情、性的感情。

问:　他有这样的观念,对我来说很重要。假如他的观念很传统,娶个老婆,什么都要依附他,男的就当家做主,女的要乖乖配合,多令人受不了。

他是很好,我们真的很平等。不是现在一般女权主义讲的那种该谁洗碗、扫地之类的平等,是真正尊重对方,把你当个朋友,什么事都可以一起分享、商量,绝不会认为“理所当然,你都得配合我”。我是很愿意配合丈夫,但他如果那样想,那我可不要配合了。

柏　杨:现代女性越来越有知识,经济又独立,男人不应该再有“我是主人,你是助手”的观念了。有些夫妻刚结婚时还会互相尊重、互相关爱,一切都很新鲜,但是几个月或几年下来,女方逐渐变成附属品,或妻子太强,丈夫变成附属品。夫妻关系不平等之后,较弱的一方就会开始主动的堕落。比如太太天天关在家里,心想反正我只要拿了钱去买菜、做饭,把家里打扫好就可以啦!先生做的事,她一概不知道,也不关心。先生也懒得跟她讲,觉得她只是自己养的一个“上床的老妈子”,距离就越来越大。

北方有一句话“上床夫妻,下床君子”,男女结婚除了夫妻的关系之外,也要有朋友的交情,朋友是平等的。《老残游记》最后一句话“愿天下有情人都成眷属”,我觉得这还不够,应该“愿天下夫妻都成朋友”。

问: 刚刚他说现代女人有知识、有经济能力,所以夫妻不能再像传统那样一主一从,我觉得这还不只是个形式的问题。以我为例,前几年,我就把工作辞掉了。按理说,是个典型的家庭主妇了,没什么收入,除了偶尔有一点小稿费、版税,这很有限嘛!大部分的经济来源都靠他,但我不感觉是他在养我。我常跟他说:“我不觉得自己没有收入?!我也很努力在经营自己的生活,每天都很努力的工作,只是经济来源的方式不一样而已。”

柏 杨: 我认为太太在家洗衣、扫地、煮饭,也是工作。

问: 但假如当了家庭主妇以后,心想反正丈夫拿钱回来养家嘛!自己就养尊处优、贪图享受、逃避现实。我认为这已经放弃了本身的尊严和平等的价值。

柏 杨: 夫妻如果不能做朋友,生活就很单调。老爷回家来板着脸,饭桌上也不讲话,吃过饭就看报纸,太太看电视、打毛衣、忙小孩,好像公式一般。

人生能有什么大事!能够活下去,就靠很多的小情趣。我们每天晚上睡觉前,都要打两局桥牌。谁输了就磕头。不过她比较赖皮,赢了赶紧记下来,输了就说:“这局不算,是友谊赛。”

问: 我们打桥牌已经有十一年了,结婚后不久就开始。当初是因为他工作太忙,压力太大,想来点轻松的事,但是做什么好呢?我们很少看电视,又不游山玩水,因为自己就住在山水里。有一天,在家里摸到了一副牌,从此就打起蜜月桥牌了,天天如此。

柏　杨:而我天天早上醒来第一句话,就是问她:“你觉得怎么样?”她的身体不好,常常胃痛,三两天就感冒,以前出车祸造成的脊椎痛不断发作,今年又得五十肩,最近胆结石,开刀把胆拿掉了。按理说,我年龄大了,应该她照顾我,事实上,是我照顾她。你看!我已经七十岁了,身体、精神还这么好。

她又很会做梦,每次醒来就说个不停,有时还骂我:“你刚刚跑到哪里去了!我都被人枪毙了,你怎么不见了?”

问:我还有一个毛病,在外面常常记挂着家里。他开始写《资治通鉴》以后,很多事情都要我下山去办。一到了外面,手里常常拿着一堆铜板,不断打电话回家问有没有事。这几天,我开刀后在家休养,轮到他下山办事,就没有习惯打电话回家。

我们没有什么相同的长处,倒是有一样的缺点——都很糊涂。像我,回家常常走错门,还奇怪钥匙怎么打不开?他比我更糊涂,这样也好,彼此比较能谅解。如果我嫁个细心的丈夫,看我这么糊涂,一定会很生气。

柏　杨:我也常常上错门,把别人家当成自己家。出去买东西,不是付了钱忘了拿东西回来,就是拿了东西忘了付钱。我们家最忙的事情,就是找钥匙、找眼镜。有一次出去吃饭,回家找不到钥匙。找来锁匠,大门打开了,内门的安全锁打不开,搞了两个多钟头才打开。进门想了半天,才想起钥匙在夹克里,夹克在餐厅里。

问:更受不了的是,我们每次开车下山,他在车子都要听那种乱七八糟、没有趣味的广播节目,我一听头皮就发麻。他真的能从一些负面教材取得营养,会根据那些节目,对社会作分析、批判。

柏　杨:不要老听自己喜欢听的声音嘛!你要听各种不同的声音,

才能知道各种不同的生活内容。

问： 我总是希望在车子里能听些轻松的音乐,有时候他会将就我,有时候我也让他去听那些没趣的广播。要不然怎么办呢？又要坐同一部车下山。

柏 杨：平常都是她开车,我在旁边指挥。去哪里,该走什么路,车子停在哪里,她从不事先想好,这我都会事先想清楚。

问： 只要到达目的地就好,管他走哪条路！可以随兴一点嘛！那条路比较美丽,就走那条路。有时半路上见到有趣的店,我会下来看一看。这种事情,他是从来不会做的。有时在车上起争执,我就跟他说:“你好好坐着就是,我会把你送到。”

如果是他开车,我会很紧张。因为他反应比较慢,又喜欢煞车。

柏 杨：我开车不会左顾右盼,她就会。

问： 就因为这样,我出去回来才有那么多有趣的见闻可以跟你报告啊！这样生活才会有趣啊！我比较感性嘛！常常觉得感性世界快要被人侵略掉了。

柏 杨：我也很感性。

问： 你的感情和我不一样。

柏 杨：我也很有感情。

问： 感情跟感性是不一样的,有感情的人不一定就感性。

柏 杨：我想到我们有一点相同的——都喜欢买东西。

问： 我不觉得自己喜欢买东西。

柏 杨：我们家的东西都是你买的。

问： 我只买非常需要的东西。我有些朋友常买一堆不需要的东西,我实在不能了解。

柏 杨：我喜欢买书和文具,其他很少买。

问： 你喜欢买家具啊！

柏 杨：家具都是你买的啊！

问： 以前都是你去挑的，最近因为你比较忙，所以就由我买了。他有一个更可怕的嗜好，就是喜欢买房子。这个房子，他一看，几乎两秒钟就决定买了。这种大事都由他决定。

柏 杨：其实是我一个好朋友建议的。他在花园新城事业公司当秘书，那一年过年前告诉我，要买就快，否则年初四一开张就涨价了。只好跟朋友借了钱缴订金，结果初四一开张反而跌价了。

问： 有一阵子，他觉得新城的管理不好，想另外买房子，我反对，因为一个家是一点一滴建立起来的，每一样东西都有了感情，买新房子又要重新规划。有一天，他硬拉我去看附近的一个社区，当场缴了订金，还拉了高信疆一起去，说做个邻居。后来才发现那地方有缺点，费了好大的劲儿，才要回一点订金。他做事就是这样冲动，娶老婆也是乱娶一通。

柏 杨：我娶老婆都很随意，哪里像你嫁老公百般精挑细选。

问： 他还喜欢买车子。有一次，车子开到一半坏了，他气得下车，就说要去买一部新车。

柏 杨：我们结婚时，双方都不是第一次婚姻，各有各的孩子，但都处得蛮融洽。四年前，我女儿忽然跟我说："爸爸，我改口叫她妈妈，好不好？"我说："还是叫阿姨好了！"只是提醒女儿不要在不经意间有任何不孝的举止。她的儿女和我也很好，常把同学带到这儿来玩、来闹，或者和我们一起聊天。

问： 我们有这么好的组合，一方面是幸运，一方面是努力，双方都要有宽容的心胸才行。

柏 杨：我过生日，或朋友请客，她的孩子都来。有时他们还会和我联合起来对付妈妈。昨天，她的小儿子就"指导"我："我跟你讲啊，有时候你让她发点脾气就好了！"

俗话说"不是一家人，不进一家门"，在一起生活久了，难免会受她影响。比如以前我很爱买各种东西，现在不太买了，因为有时候她会发脾气叫我去退掉。

问： 因为他乱买嘛！有一次，他给我的朋友买一个镜框，我一看，忍不住大叫："不要！不要！赶快去退掉！"实在太丑了！真是没眼光。

由这些小事看起来，别人会以为都是他在迁就我，其实大多是我迁就他。

柏 杨：我们家现在比较西化，就是迁就她。她爱干净，餐桌礼仪又多，吃饭、喝汤都不准有声音。

问： 他这人一吃面条就稀里呼噜，我最受不了。现在一吃面，他只好一个人端着大碗，躲得远远的，我们的助理小姐看了都觉得好笑。

柏 杨：吃面有汤，怎么会不出声音？一定要吃得稀里呼噜，出一身大汗，才过瘾啊！

问： 我一听这声音，就觉得好像要吃进气管里了，我怎么吃都不会发出声音。

柏 杨：写诗的人都比较细腻、唯美。她最近诗写得比较少了，可能生活压力太大，操心的事情太多。我们家信箱每天都满满的，人家一个机构的信都没这么多。这些信件都要她来处理。

问： 有时我真想不通，他一个人一天怎么会有那么多事情。

柏 杨：我一个月要写一本书啊！

问： 每一本书的封面设计、文字、安排、图片说明，都要我们来盯着。忙什么说不上来，可是就一直忙。

柏 杨：蛮忙的！连助理小姐都说，每天一早来就忙个不停。

问： 我写过一首诗——

我，终于蒸发成一枝
干爽、轻灵、透明、玲珑的
树叶的
标本

是忽然觉得自己到了中年，好像树叶，原来的光泽、水分，慢慢都蒸发了，但树叶的脉络非常分明，干爽、透明，像标本，这是我对年龄的看法。这首诗，他说看不懂。我朋友就开玩笑：“他怎么看得懂？看见两片树叶，啪！啪！两下就打掉了。他根本是个大金刚！”

柏　杨：其实我们对写作是有共识的。我写作很受她的影响，写完后都请她提意见。如《资治通鉴》中的“柏杨曰”，很多是她的意见。

问：我也很尊重他的表达方式，怕太干扰他的创作意识。有时目的是同样的，只是表达方式不同。如果他喜欢原来的方式，就请他保留，我的意见只是提供他另一个思考的方式和机会。

柏　杨：有时候，我觉得她的建议很有意思。有时候也会反省：为什么她看不懂？一定是我的表达方式有问题。

问：这一点印证在婚姻生活里，也蛮重要的。彼此没有表达清楚，又要坚持己见，就会弄僵了。

柏　杨：我们的二度婚姻算是很幸福的。两好成一好，才是好！

问：这也要感谢我们第一次结婚的对象，若他们在儿女面前破坏我们，说坏话，我们的家庭组合就不可能这么好。

柏　杨：基本上，我是很关心社会的；关于这一点，我们也常常互相交换意见。

问：大部分的看法都很一致。我们都认为人是非常尊严的，自由是非常尊严的，都希望我们的社会越来越民主，人人有尊严，社会有法治。

柏　杨：她当年敢嫁给一个政治犯，真是不容易，况且这个政治犯既老又穷。

问：我觉得“思想开放”跟“背叛国家”是两码子事，不能混为一谈。

柏　杨：主张民主自由也算叛国吗？“不满”并不是“不忠”。现在的尺度，在我们看来，简直比以前好太多了。就像刚才我提过的，应该听听别的声音。有人攻击我，我也觉得很好，可以使自己净化。看到别人批评自己又能不动怒，可以变成更好的人。

问：　他真的蛮能接受人家的批评。常常我认为他的做法不妥，而说出我的看法，他不见得都接受，但会思考。

柏　杨：她的语言能力很好，这点对我帮助也很大。她会说英文、国语、广东话、闽南话，又善于表达。我呢！一口河南腔，嘴巴又笨。

问：　可是一有演讲，大家都喜欢请他。每次他去演讲，参加座谈，我坐在一旁，比自己演讲还紧张。他的语言表达能力比写作能力差太多了，常有很多漏洞，我都记下来告诉他。

柏　杨：这真的很好，一般朋友甚至很好的朋友，也不见得会管你这些。

问：　有一次，他在金石堂演讲，我坐在下面一直举手，不是要发问，而是明示他讲得太烂了，赶快下台吧！结果他还一直讲。

柏　杨：以后我演讲，她都不去了。现在我也改变方式，干脆让大家发问，我来答。

问：　他这个人做事比较直接，比较据理力争。我受他影响，现在也变得凶悍了。这是我儿子说的。他说："我发现你跟郭伯伯一起生活以后，变得很爱讲话，而且比较会骂人。"

以前我是比较婉约，现在发现生活节奏变得这么快，不要再含蓄了，赶快把事情讲清楚最好。有一次就直接对一个朋友说："你的做法再不修正，我马上和你绝交，我没有时间交你这种口是心非的朋友。"别人听了，简直不敢相信，认为"这不像张香华的做法"。我说："这就是我的做法，我现在可以这样直截了当地表达自己的好恶了。"

柏　杨：其实她内在的性格是蛮激烈的，如果不激烈的话，我们相遇也不可能迸出火花。

结婚以来，我们都是一起出去旅行，只有一次因为她有事走不开，我一个人去马来西亚演讲，觉得很不习惯。除了语言问题之外，生活上没人照顾也不行，年纪大了。

问： 所以最近他要去旧金山，我因刚动完手术，可能不方便陪他去，我很担心他不会照顾自己，拼命打听这一趟要不要转机？如果要转机，他就头大了。

柏 杨： 在这些生活细节上，我一直蛮依赖她的。所以希望她早日康复，万寿无疆。

问： 跟他出去旅行，伤脑筋的事一时也说不清。总之非常麻烦。

柏 杨： 根本不麻烦。有什么麻烦呢？

问： 他会忘东忘西，没有条理。和人约时间、地点，都一团糟。从一早醒来，就忙得鸡飞狗跳，比在家里更累几十倍。在家还有助理小姐，在国外，他的活动那么密集，接触的人又那么多。

柏 杨： 主要就是客人多。

问： 像车轮战一样。

柏 杨： 每一次旅行回来，她都发誓再也不陪我去了。但下一次又不放心我一个人去。

问： 责无旁贷啊！谁要陪他去呢？只有我啰！

柏 杨： 比如去年大陆旅行一个月，沿途都是她帮我记录行程、活动、人物，回来后我照她的记录才写成游记。所以，我觉得我们配合得很好，真是天衣无缝。我们年纪都大了，我常想谁先死谁有福。有时候，她身体不舒服，会叫："我累死了！我要死了！"我就说："你没有那么大的福气！"

莎士比亚说："上绞架和结婚一样，都是上帝注定的。"我们的婚姻也是上帝注定的，非常好，我唯一能说的，就是："感谢上帝！"

人权与人生俱来

访问者里戈先生

文载1994年3月6日至12日美国《星岛日报》

知名作家柏杨携夫人张香华女士应邀访问美国旧金山湾区，并发表演讲。记者在弗斯特市柏杨义女刘元旭家中，采访了海内外都非常知名的柏杨先生。

问：　你过去写杂文时，是否要考虑在批评当局和保护自我之间建立某种平衡？

柏　杨：当然。不仅我，所有的文化人，和报纸编辑，心中都有一个小型的“警备司令部”。我追求的是改革，不是革命，所以我不鼓励牺牲，生命何等可贵！文化人不是政治人，文化人以追求自由为目的，而政治人以追求政权为目的。追求政权的人可以去牺牲，政党有时也需要有人去坐牢。我是单纯的文化人，我并不希望走进监狱。

问：　你如何掌握这种平衡同时又不昧自己的良心呢？

柏　杨：我用最不严肃的文字，表达最严肃的思想。虽不能畅所欲言，但说的是真话，本来可以更严肃的话，因为有所顾忌而变得缓和。那时写文章，发表后当天没有人打电话找你麻烦就很令人满意了。

问：　您是不是说，文化人与政治人由于追求自由的目的不同，因而他们一旦结盟也只能是阶段性的？

柏　杨：政治人要夺取政权，文化人则批评政权。当他们共同推翻一个政权，政治人追求到了权力的宝座，而文化人还是文化人。政治人得到宝座之后便成为新的统治者，好朋友也疏远了，政治人与文化人的蜜月很快就成为过去。政治人一旦把天翻过来，媳妇熬成婆，成为新的婆，而文化人仍是挨打受气的旧媳妇。

问：　您描述的是民主形态不健全的政治结构之下可能发生的情形。

柏　杨：政治人与文化人之间关系的变化，有良性，也有恶性。在民主国家，他们之间的亲密感情，可能不变。如果是专制封建政体，关系一定恶化。

问：　1968年您被捕入狱，事先您有没有预感？

柏　杨：有，但不相信会真的发生。我不是一个聪明的人，英国哲学家罗素说，凡是坐牢的人，从他们坐牢的这个事实，可证明他们的聪明不够。

问：　1968年1月3日，你在《中华日报》上发表了译自美国"大力水手"的连载漫画，内容是父子二人合购小岛并建立国家，互相竞选总统并且互不相让。您译这幅漫画，有无讽刺蒋氏父子的用意？

柏　杨：实在没有。我的英文是天下第一大烂，更不会咬文嚼字，于是，在译"Fellows"时，顺手就把它译成"全国军民同胞们"。当时工作很辛苦，根本没去多想。事到如今，连小朋友都会指出我的翻译有问题，的确也是。不过，我当时确实没有想去讽刺谁。

问：　不期然而然？

柏　杨：大灾难往往起因于一个小偶然！调查局对我说，"全国军民同胞们"这个说法全世界只有中华民国总统蒋中正使用，所以我要付出代价。

问：　有人说你在潜意识里有反讽的动机。

柏　杨：不知不觉地流露？有这种可能。不管怎么样，"大力水手"

事件只是借口，无论有没有这位水手，他们都会逮捕我。那时我正为《自立晚报》写杂文，一天到晚提心吊胆，生活在剃刀边缘。只怪我仍不够小心。我真的没有故意去污辱谁。

问：　谁是他？

柏　杨：蒋经国，当然，还有蒋中正。出事之前李焕曾经对我说，别写了，别惹麻烦，还是教书去吧。李焕说他的一个朋友可能接任国立艺专校长，当时我在国立艺专兼课，讲授文学概论，如果李焕的朋友接成了校长，教我正式到国立艺专。

问：　李焕为什么会如此关心你？

柏　杨：李焕是位厚道的长官，他告诉我，他常参加一些高峰会报，每次，都有人提到我的名字，而提到我的名字的时候，蒋经国他都不讲话。这不是好兆头，可是我当时不知道。

问：　您后来没有教成书。

柏　杨：李焕的朋友没当成校长。

问：　当你被投入绿岛开始牢狱生涯之后，你对蒋中正、蒋经国有无新的认识？

柏　杨：我过去写杂文一直是以部下及学生的立场去表达一种恨铁不成钢的心情，去进谏言，希望他们能采纳。

问：　您是蒋的学生？

柏　杨：蒋中正把不少学校的校长都兼下来，不是连林彪都是他的学生吗？我当然也是他的学生。想不当他的学生都很难，一直希望他是一位真的英明领袖，能改正自己的错误。把我关起来之后我就想，蒋家他们对我的处罚并不是我应该得到的，一句话就动用极刑。

问：　这种心情你在绿岛的时候有没有表达的机会？

柏　杨：我不会和自己过不去。

问：　监狱中有体罚？

柏　杨：在这一点上国民党还多少遵守游戏规则。他们拷打囚犯的目的在于取得口供，一旦取得口供，就不再拷打了。到了监狱，没人认识你是谁，没必要动粗，除非你主动挑衅。

问：你说国民党多多少少遵守游戏规则，那么就是说国民党也有不守规则之时？

柏　杨：当初我被判了十二年。1975年，蒋中正过世，大家减刑三分之一，我的刑期应该是八年，可是后来又软禁了我一年零二十六天。软禁是一种更邪恶的暴行，绝对违法。软禁没有刑期，要一直关到蒋家父子满意为止，他可以关你三个月、三年、三十年。没有规则的专制，比有规则的专制还要坏，所以说恶法胜过无法。被软禁的人大赦都赦不到，因为你既没有犯罪，又不是囚犯！这是蒋家残忍的一面。判一个确定的刑期还有个盼望，软禁永没有出来的日子。

问：一个作家有了牢狱生涯之后，对社会政治问题的看法是否仍能持平？

柏　杨：人格特质不同，反应也不同，有些人一辈子咬住仇恨不放，有些人把这场灾难化做营养，有些人全盘崩溃。所以，对问题看法，落差一定会有。

问：九年牢狱生涯，您最大的收获是什么？

柏　杨：我的思想跟岁月同时成长。进监狱前我是个小说家、杂文家，主要写社会问题，这是一种比较表层的贡献。进监狱之后，我开始探讨冤狱。我发现冤狱是中国历史的主流，中国差不多每朝每代都要屠杀功臣。历史上，政治与法律不分，政治官员同时也就是司法官员，从宰相到县长，他们的主要任务不是政治，而是司法。

问：譬如包公？

柏　杨：是的。官员的荣耀往往建立在他有没有制造冤狱上，这个标准是不是太低了？包公放在今天就是市长，他杂七杂八什么事都管。你想想看，一个国家的行政官如果都忙着打官司，这个国家能好吗？

问：　　您如何分析这一重要的历史现象的产生原因？

柏　杨：这说明我们的文化有病。五千年的历史上并没有使我们建成一个民主及法制国家。事实上，几千年历史不过是几千年的冤狱历史，我出狱后不少人用这种事实安慰我，说这种事情多啦，你也别生气。这是什么话？连历史上的冤狱都不应该生气？我们的民主怎么长进？

问：　　这是一种无原则的宽恕和无奈的忍气吞声。

柏　杨：保我出狱的一位国代老大姐对我说，算了算了，过去就过去了。这话我不爱听，怎么能算了？我承受家破人亡的痛苦，身被刑残，声名扫地，怎么一提起就有人认为我多事？我没有得到温暖，没有得到正义，看到的全是义正词严的责备。"过去了就算了"，这句话既势利又邪恶，不知道害死多少人。

问：　　您的意思是说，并不是要以牙还牙，但一定要指出问题所在。

柏　杨：对。我反对"见怪不怪，其怪自败"这句话。见怪不怪，怪怎么可能败？见怪一定要怪。对那位国代老大姐，我拍案而起，我说："大姐，我现在就去拿菜刀，杀你全家，然后对你说，大姐，对不起，人死不能复生，过去的就让它过去吧。你能不能接受？说声算了，血海深仇就自动消失了？"我说完这段话，刷的一声，起身冲向厨房拿刀。

问：　　把人气急了后果不堪设想。

柏　杨：后来这位大姐对我说，你对，你对，脾气仍这么坏！你看看中国人多可怜，连安慰人都不会呀。我们的文化病了，见怪一定要怪。

问：　　您对包公持批判态度？

柏　杨：包公拍惊堂木让人住嘴，让人跪下，这怎么可以？对包公个人的公正，我非常尊敬，但包公的做法不应该成为中华民族追求的标杆。民主要靠制度来支持，包公却是靠着背后权势行事的，没有皇太后和八王爷，他自己都活不成。

问：您说中国文化有病，什么病？

柏 杨：基因。中华文化中缺少人权基因。因为没有人权思想才会产生包公型的法治。

问：听说您在台湾主持一个人权基金会的会务。

柏 杨：是的。从呱呱坠地那一刻开始，人的生命与他的人格，就具有同等的尊严。中华文化缺少这个内容。

问：不平等的观念也使得中国的政治斗争格外残酷。

柏 杨：这很糟糕。这种文化取向造就庸才。我给你五毛钱，让你出门向西走二里地买西瓜。你按我说的办了，一去看没有人卖西瓜，就空手回来。我骂你愚笨，但我欣赏你，因为你听话。另一个人出去后向东，只走了一里地就用三毛钱买回了西瓜。我会夸你，但我不信任你，因为你会思考。这很可怕，整个社会都这样，会造就出什么样的人？

问：居高临下，所以绝对自傲的人就可以把绝对自卑的人往死里整。

柏 杨：汉武帝整司马迁不一定要用宫刑，包公也不一定非得用铡刀不可。古代刑法还有车裂、凌迟、腰斩，洪秀全的弟弟就是被凌迟的。在政治斗争中如何处理政敌，十分重要，这个环节也反映了一个国家的民主和进步的尺度。

问：西方某些国家并不单纯谈人权，人权之外还有别的东西，这个问题层次比较多。

柏 杨：不错，“人权”这个名词是舶来品，但要注意，只是在中国发生了政治事件之后，人权才会被“舶来”。想想看，有生命而没有人权，多么悲哀！那样的生命有什么意义！人权反映了人类尊严，人和人之间没有任何区别，不能说这是我家里的事你管不着。在人权问题上，我们要问台湾当局：难道经济成长和人权保障冲突吗？

问：如何去改变台湾的这种情况？

柏 杨：这一代人恐怕不行了，我在台湾成立人权教育基金会，我担任会长，我要从小孩做起，和大人抬杠，实在抬不完。

问：成年人在酱缸中酱坏了，所以你把着眼点放到孩子身上。

柏 杨：要转变一个族群不是一件容易的事情，总得一百年吧。

问：有些人比你乐观，他们提出“基督教救中国”。

柏 杨：基督教算什么呀！掉进我们这个大酱缸，基督也会腐烂。太平天国不就是例子吗？基督一到中国就有了两个儿子，一个是耶稣，一个是洪秀全。

问：依您之见，人权思想能够救中国？

柏 杨：我认为这是根本所在。如果没有平等，老弟，哪里有法治？

问：你如何评价鲁迅？

柏 杨：鲁迅这个人我佩服，他在一个大的环境下敢怒敢言。我对他也有我的批判。鲁迅擅长于批评别人，但他自己恰恰是一个不接受批评的人。梁实秋批评他《死魂灵》没有译好，鲁迅就不接受。他这个人器量不大。

问：果戈理的《死魂灵》鲁迅是从日文版转译的，而非直接译自俄文。直译已不易，何况转译。你的家庭和受教育背景对你今天产生了哪些影响？

柏 杨：说到受教育背景实在很惭愧，我在东北大学政治系学国际公法。世界上哪有什么国际公法？原子弹一扔，什么法都没了。

问：实力外交原则主导国与国交往。

柏 杨：就我离开大学四十多年的历史上看，我当初的看法没错。我的父亲在清朝末年是当警察的，民国初年在河南通许县当县长，我从小就目睹衙门打人，打板子，打手心。那时候我还小，一到打人的时候家人就会把我抱开，怕把我吓着。成年之后，我越来越感到那种司法制度的弊端。在军阀时代，父亲当了军阀，也入了国民党，但他不是嫡系，后来他就在花生业公会做事。

问：　　您翻译《资治通鉴》，七十二册一千万字，是什么原因促使你下决心去完成这样一个浩瀚的工程？

柏　杨：远流出版公司要出，我又愿意去做，所以一拍即合。一个人查字典就能完成的事，就不必大家都去查字典。这是老实话，简单明了，不像一些伟人，连放屁都要弄出一个哲学基础。

问：　　《柏杨版资治通鉴》大陆也出齐了。

柏　杨：我去年去大陆，就是为这件事。

问：　　您对国民党的看法前后经历了一个很大的转变。

柏　杨：是的。1936年"西安事变"，后来得知蒋委员长脱险，我高兴得流泪。那时候许多热血青年愿意为他去死。我是1938年第一次见到蒋中正的，简直热血沸腾。当时，如果有人要刺杀他，我会用我的身体保护他。

问：　　您对蒋中正的这种崇拜持续了多久？

柏　杨：到抗战末期！

问：　　那么，您如何看待张学良？我当面听蒋纬国先生说，张学良曾说"西安事变"是他一生中的一件大错事。但是，接近张学良的另一位人士说，张学良没说过此话。

柏　杨：张学良这个人不精彩，无论什么时代，他都不是英雄。我不喜欢张学良的胆大妄为，我也瞧不起他的江湖好汉劲头。他是一个理念不清的人，江湖上的黄天霸。他送蒋中正回南京就表现了他的江湖气，他仿佛要向蒋中正表明，"大叔，我错了，从今往后我要为你两肋插刀。"

问：　　可是蒋中正并没有遵守江湖上的游戏规则。

柏　杨：蒋中正是玩股票出身。我想起一种非洲的野狗，叫"海乙那"。海乙那互相打斗撕咬时，穷凶极恶，但一旦打败的一方落荒而逃，然后四脚朝天倒在地上，获胜的一方也只是追上去在对方的喉管处嗅嗅而已，并不咬死它。对方把命交给你了，你反而不杀它，这是野狗都做得到的。蒋中正做不到,他连野狗都不如。如果抗战胜利蒋中正派张学良坐镇东北,天下形势可能大不一样。

问: 你认为张学良当初错在何处?

柏 杨: 他违背了诚信原则。他是个平庸的大少爷,有点性情,但他算不上一个政治家和一个出色的将军。当然,蒋中正也同样平庸。

问: 与毛泽东相比,蒋中正似乎总差一步棋。

柏 杨: 岂止一步。

问: 南京机场一下飞机,张学良潇洒的少帅生涯也就结束了。

柏 杨: 蒋纬国说张学良后悔,这可信,在那样的大环境下,张学良难道能说他不后悔?张学良在别人面前不承认他说了那样的话,也很可理解。海乙那式的投降只有刘邦才会接受,蒋中正没有这种能力。

问: 你的小说《异域》后来拍成电影,相当轰动,那段历史正好是国共斗法的最后阶段,李弥兵团困守西南滇缅战区。你如何评价国民党在大陆的失败?

柏 杨: 国民党长期以来,不承认它的失败。那时我就纳闷,你没失败,怎么跑到台湾来了?难道是观光来了?所以我小说写出很多年之后,才拍成电影。

问: 蒋中正曾经说,他是败给他自己人了。

柏 杨: 任何个人、任何政权,都是自己先行瓦解。只有自己出现了瓦解的裂缝,别人才会找得到着力点。蒋中正的这个说法是遮丑,他并不真心承认这个事实,他拒绝承认失败。不是什么人都能做到承认失败,承认失败需要智能和勇气,只有承认失败才能检讨失败,进而取得胜利。

问: 您是眼看着国民党失去了江山的人。

柏 杨: 不假。国民党一团人马困守辽宁本溪的一个山头,被共产党死死围在里面。当时我在辽宁学院教书,离战区很近。一个当地人去解救国民党官兵,他说,看看你们平时的所作所为,你们就算是都死在这里,我都不掉眼泪。看看你们今天这副狼狈相,我还是给你们找一条小路,带你们逃生。

问: 国民党失民心,依您之见,关键问题何在?

柏 杨: 国民党党政军合一,我是国民党党员,我都看不下去。先不说国民党贪污腐化,哪怕它只是把军风军纪搞好一点,也不会垮得这么快。

问: 两岸分裂是一个政治现实,你如何分析这种分裂格局的前景?

柏 杨: 从历史上看,中华文化是统一的文化。中国历史上分的时候不多,南北朝的时间也不长,后来还是归于统一。从西方历史看则不然,罗马帝国在崩溃后也试图统一,但没能成功。中国则每次都会成功,中华传统文化是统一。

问: 您如何展望您的人权教育的前景。

柏 杨: 我希望将来的中国人彬彬有礼、器宇轩昂。这不是码头工人式的器宇轩昂,而是有良好教养——有尊严、有尊重的器宇轩昂。我们不去讲爱与恨、侵略和战争,我们去讲平等。只要这样,大慈大悲就在我们的身上,中华人就会担负起自己的国际责任。

中国往何处去?

访问者马丁·瓦斯勒(Martin Woesler)教授
文载1996年8月号香港《开放》杂志

问: 中国文化在世界上最具悠久历史。但在近百年来,其一部分被遗忘。今后是否存在这种可能性:对现存的文化进行保护，使其达到以往的高峰。

柏　杨：没有一个人否认，文化是有生命的，它有萌芽期、茁壮期，当然也会衰老、死亡。中国文化是世界上最古老的文化之一，历史悠久，仅仅使用文字，保守的估计，也有三千五百年。对宇宙来讲，三千五百年是一个短暂的时间，但从生命的观点看，三千五百年足使一种文化进入暮年。我不能具体地指出哪一年起，中国文化开始停滞，但是可以感觉到，我们的文化，至迟从十四世纪就开始腐烂、沉淀，成为一个使人窒息的巨大酱缸。使我们的思考能力和检讨能力，以及追求理念的能力，都受到很大的伤害。我曾经写过《中国人，你受了什么诅咒?》，用一篇小说的形式，提出我对我们民族的忧虑。

文化的衰老，最敏锐地表现在国家的力量上。自十九世纪以来，中国不断被西方国家击败，使中国人在腐蚀力极为强大的缸底惊醒，才发现中国之外，还有其他更强、更大的国家；也发现除了中国传统的儒家思想之外，世界上还有其他更吸引人、更博大精深的思想和主义。于是，到了二十世纪初，中国遂成为一个各式各样思想及各式各样主义的庞大试验场。这些试验，并没有使中国和中国人的处境改善，反而使中国更加贫穷，互相残杀、互相憎恨，脸上蒙羞。文化形成是一种生命累积，无法用几次政治运动，使人遗忘。

问：中国目前是否还能意识到长远的儒家思想传统？儒家思想是否今天还被提倡？它是否还能帮助解决现存的问题？

柏　杨：两千年以来，儒家思想通过各种形式，像大海中章鱼的群脚一样，紧紧地抓住中国。近代的启蒙者一度强烈反对儒家，希望消灭儒家思想。然而，儒家如果那么轻易地就被消灭的话，它本身就不会有存在价值。儒家是一种柔性思想，可以跟任何一种相异的，甚至相冲突的思想结合，它本质上是和平的、保守的，像一盆温水，而且基本教义是："统治者尊贵，被统治者卑微"。每一位以统治阶级自居的知识分子，都欣赏这种理念。

儒家思想是否能帮助解决现存的问题？儒家治理中国，已有两千年之久，不但没有把中国治理好，反而越治越糟。两千年是很久的试验时间，足够证明它没有治理国家的功能，对我们解决现代问题，所能提供的帮助，几乎是微乎其微。只因为，儒家思想中，缺少人权思想，缺少民主观念，而这两大支柱，正是现代文明必须具备的基因。

问：中国长期处于闭关自守状态，直到近一百年来才对世界开放。近十五年来一直进行着市场经济改革，这条路是否正确？它将会被导向哪里？

柏杨：因为地理环境的缘故，中国拥有亚洲东部广大的土地，几乎一开始就控制黄河、长江两大流域，而在这两大流域上，创造出古老的中华文化。当中国人已读书识字的时候，四周的其他民族，还都在茹毛饮血。巨大的差距，使中国的版图不断扩充，而且所向无敌。附近邻居们对这个庞然大物，自然会说一些讨好奉承的话，中国人听惯了之后，就信以为真。进贡本是一种小国向大国表示臣服的行为，依照常理推测，小国应该认为进贡是一种羞辱，但事实上却不然，外国向中国进贡却是一种权利，中国拒绝外国进贡则是一种惩罚。原因很简单，小国进贡一些破铜烂铁，中国君主满足了虚荣心之后，就赏赐大量的金银财宝，作为酬谢。很多小国，为了争取更多向中国进贡的次数，不惜攻击中国的边境。中国渐渐自满自大之后，遂变成一个封闭国家。到了1840年代，鸦片战争后，清政府五口通商，中国才第一次成为国际社会的一员。中国在二十世纪八十年代的对外开放，无论政府或人民，都从开放中发现自由经济的益处。

问题是，开放政策这条道路虽然正确，但正确的道路不一定平坦，就在进入二十一世纪后，可以预见的是，中国社会将会发生贫富极端不均的现象。只有在和平中找到平衡点，那才是中国人的幸运。

问：中国知识分子评价本国人，有的以身为中华人而骄傲，有的批评中华传统文化，比如你曾写过《丑陋的中国人》一书。有没有具有传统典型特色的中华人？如果有的话，能否举出一些典型？

柏 杨：我是一个中华人，因为我别无选择，我不能选择我的出生，但是，我并不认为中华文化多么令人骄傲，但也并不因为我是中华人，而感到绝望。我属于这个族群，这个族群还使我有过痛苦，但也使我感到奋发，而充满挑战。古代孔丘就是最早的一位具有传统典型特色的中国人，他性情温和、博学多才，有很大的包含性。像王安石、李卓吾，他们都能跳出儒家的束缚。近代则有胡适，他和王安石一样，道德相当圆满，开创了中国知识分子的思想领域。像蔡元培、王云五、孙观汉，都是知识分子的典范，而我所没有提及的人，当然更多。

问：像中国如此大和人口众多的国家，也一定存在着很大的问题。哪一种社会形式能够组织起来解决这些问题？

柏 杨：自十九世纪开始，中国和欧、美正式冲突，而节节失败，中国知识分子就开始思考：用什么样的方法，才可以重建中国的地位和恢复中国人过去的荣耀。最初认为这只是单纯的武器问题，只要中国拥有西方的大炮和铁甲军舰，就可以战胜外国，结果幻灭。于是，中国知识分子才深入地想到，这是一个制度问题，良好的制度才可以产生良好的政治环境。

当然，中国的问题，固然是政治制度和经济制度的问题，但最根本的还是文化的问题。举例来说：当一个族群，说谎像吃糖一样，认为诚实是一种愚蠢，说谎是一种美德；以及当一个族群，因为没有人权思想，认为喂饱肚子，就可以代替人性尊严;不把人当人,而被物化。在这种污泥般的基础上,任何新式武器、政治制度和经济制度,都只能带来灾难,不能带来幸福。

所以我认为:中国的问题,是文化问题,中国人对抗邪恶的免疫系统,已经受了重伤,必须重建,使任何新的思想和新的制度,进入中国之后,都不至于扭曲变形,而保持它原来的生命力。这是一项庞大的工程,用急功近利的手段,达不到目的。一个人驾叶扁舟,可以随时随地,用一分钟的时间,转身航向另一个方向。可是一艘航空母舰,它要想转身的时候,必须要很长时间。所以,中国土地大、人口多,文化的改变,需要比其他国家更长的时间。它不能立刻见到功效,但是我们必须有这样的共识,才能够踏出第一步。

走过死荫幽谷

访问者王莹小姐

文载1996年9月台北《光华》杂志

柏杨常说,他是一只皮球,越拍跳得越高;我倒越觉得,他像一条发自高山深谷间的急流,充满自信的生命力,一路上穿石破土,冲击它的水流、暴雨反而给了它更大的力量,终成汪洋大海。

问: 您的《回忆录》中可说是泪痕斑斑、血迹处处,您在口述《回忆录》时有着什么样的心情?又希望您这比常人艰苦,但却也比常人大有成就的一生,对读者有些什么启示?对看这本《回忆录》,和您同时代的朋友,以及年轻一代,甚至今天的新新人类，您有没有什么不同的话想对他们说？

柏 杨：事件发生的当时，和事件发生之后的回顾，心情迥然不同。杜甫有诗说："入门闻号啕，幼子饥已卒。"他从远方流浪回来，踏进家门，迎接他的不是欢迎的笑脸，也不是热烈的拥抱，而是在寂静的破烂茅屋跟前，听到里面传出哭声，他三步并作两步奔进去，发现他最小的儿子，已被活活饿死，就死在那个没有褥子的木板床上，围绕着小尸体的是衣服褴褛、枯瘦如柴，比他那已死的孩子还要饥饿的家人。杜甫会不会从行囊中掏出馒头和大家分享？会不会拿出一些银子，叫家人快去买点东西果腹？会不会呆在那里，张口结舌，只因为他在穷困中跋涉千里，路费用尽，连自己也两天没进饮食，希望挣扎到自己家门，吃一口热腾腾的团圆饭！我们不知道事情的细节，但我们知道真相，杜甫在若干时日后，写下这简单的十个字，作为他当时悲痛的回忆。十个字，寥寥无几，包含了人生最凄惨的，发生在一个父亲身上的悲情。然而，这不过是大社会洪流里的一个小小微弱的声音。杜甫在他进家门的当时，写不出这样的诗句，当他写出这样诗句的时候，他已经完全平静，他可能仍流下眼泪，但是他已可以完全控制感情。

当我口述回忆时，周碧瑟博士坐在我的对面，很多时候，我听到她在叹息，但她不多说话，在我停顿的时候，她就喝茶。我的心情和杜甫写这两句诗时的心情一样，我缓缓地叙述，好像叙述发生在别人身上的故事。上帝赐给我比有些人更多的灾难，也赐给我比别人更强的对灾难的承受力和消化力。每一件往事，都成一缕云烟，在云烟的下面，看到当时的场景、人物以外，几乎还能听到声音，我心情平静，有一种成就感，周博士无论年龄及心路历程，都和我相差这么大，可是她却都懂。

你说："你比常人艰苦，也比常人有成就！"感谢你的称许,但我有不同的意见,我的苦难并不比大多数中国人更多,你可知道有多少人死亡于战争,死亡于饥饿,死亡于中国人自己之手?你可知道有多少人残废,又有多少人家庭破碎,多少人在监狱中哭号挣扎?我们这一代,是一个被上帝遗弃、被暴君蹂躏、被政客野心家玩弄、被暴官凌虐、被暴政吓坏了的一代。假使勉强说有成就的话,我的成就在于迄今为止,还没有被饿死,还没有被逼疯。这当然算不上是成就,只是时代的变迁和上帝的怜悯,使我有机会过几年民主社会的正常生活。在这种情况之下,我不知道应该告诉年轻的一代一些什么话?我不能告诉年轻人:你不要爱你的国家,但鼓儿词就说过:“说忠良,道忠良,自古忠良无下场!”忠良的后果,使人战栗。我不能鼓励年轻人说谎,但诚实的结果,也同样使人战栗,这是我最大的沉痛。我只能告诉年轻人,我们这一代终已过去,但我们这一代交给你们的,却是一个政治初步民主、经济开始繁荣的社会,这是中国历史上从来没有出现过的黄金时代,我们这一代死也瞑目。要提醒的是,当你们把棒子交给下一代的时候,交给他们是一个什么样的社会?是一个更自由、更平等的社会?是一个更繁荣富庶的社会,还是使我们成为一个华劳、台劳最大的输出国?

问:您的一生,几乎与中国自传统迈入现代同步,您对于中国固有文化与西方文明的看法如何?中华文化的黑暗面似乎与您一生所遭受的苦难有密不可分的关系,这是否对您最脍炙人口的《丑陋的中国人》中观察中华文化和人性黑暗面有着某些影响?

柏　杨:某个诗人曾经说过:“东方是东方,西方是西方!”强调东方和西方,有很大的差距,我最初不以为然,因为中国有一句成语说:“人同此心,心同此理!”这几乎成为我前半生观察事物的一个基点,但在以后的日子里,我逐渐修正我的看法，固然是人同此心，但同心不一定就一定同理，因为文化的不同，在同心的基础上，会发展出不同的理。我最初觉得，中华文化的黑暗面，来自于政治制度和政治思想，但更深入地检讨之后，发现我们文化的黑暗面，在于缺少人权观念，使得中国人只知道面子，不知道尊严。一个要面子的人，往往用伤害别人尊严的手段，维持自己的面子：一个有尊严的人，他必须尊重别人的尊严，才能建立自己的尊严。“君尊臣卑”的基本思想，就产生帝王有面子，官僚有面子，男人有面子，小民、女人没面子的文化。这种文化，一定堕落腐败，在这个基础上建立的任何政治制度，都会变形。

然而，一个更严重的问题是：我们文化中，不仅仅缺少人权观念，更缺少审美基因。一直到二十世纪止，我怀疑中华文化中，“美”所占的分量。换句话说，使我们文化变成丑陋的，是因为我们不知道什么是美。女人缠足，不但摧折女人的骨骼，而且还会发出一种令人难以忍受的恶臭，而长达千年之久，中国人竟然认为那是一种美，天足反而是一种丑。因为我们没有审美能力，所以我们不知道什么是美，既不敢也无法去追求美，既不敢也无法去表达美、赞扬美。一直到现在，小学男生还会发出攻击的言辞说：“女生爱漂亮！”爱漂亮应该是一种正面的赞扬，在小心灵里反而成为一种负数。

事实上，指摘别人的人，他心里也在强烈地喜爱美女，但他却不敢向整个文化挑战，所以他不敢承认，更不敢讲出来，这就是我们的酱缸文化。我从小所受的苦难，当然对我有很大的影响，但对我也有很大的帮助，使我不断地思考这些苦难发生的第一因。至少其中有一种思想是有流弊的，那就是：“以其人之道，还治其人之身”，这是一种婆媳文化，而婆媳文化是一种罪恶循环文化，你缠我的足，我把你推翻后，不但仍缠下一代的足，而且缠得更凶。漩涡式的堕落力量,需要西方文化里的自由、平等、人权前来拯救,才能使我们跳出漩涡。

问: 您书中的许多看来十分缺乏人性的"坏"人,有的还在世,您作书时有无顾忌? 揭发这些人您希望有些什么样的结果? 有些人仍然担当高官重任,您有什么感想?

柏杨: 雷马克在《人性的光辉》中,提到一件发生在集中营里的故事,一个小商店老板的民兵,到集中营里,随便踩死一个犹太囚犯,雷马克说:"他走出集中营,回到他的家里,仍是一个温和可亲的小店店主,对人谦恭有礼。"曾加害我的那些人,包括我继母在内,似乎都是集中营里的产物,当然,有一些人特别恶劣的素质,使他的为害更为强烈,不过,大多数人都像雷马克笔下的那位民兵一样,在另外一种场合,他们都可能是可爱的人。

我从前曾强烈地想到报复,报复是一件痛快淋漓的英雄事业,但和我以后的理念冲突,这使我克制自己,最后我的原始性格屈服。而且,站在纯利害的立场,一个报复心强烈的社会,会使一个有权势的人,宁死也不肯交出权势,那就必须使用更大的暴力,才能把它摧毁,中国五千年历史就是这样。我并不是毫无所惧(上帝赐给我肾上腺,就是教我恐惧),我只是对权势的炙热度,反应比较迟钝,所以,我虽然害怕,但一想到无论是被暗杀、无论是被再逮捕、无论是黑巷飞砖,对我都不再是威胁。我还能再活几年? "人生自古谁无死,留取丹心照汗青!"任何伤害,都可能成全我的心愿。我死不悔改的相信:社会有正义,人心有公道!而且,我不怕它来得太迟。在我残余的岁月中,真话都说不完,哪有时间去说假话? 我只是说出我所亲身经历事件的真相,不作任何评论,评论留待后人。我一直有一种罗曼蒂克情怀,被亲人讥笑为"老天真"! 更重要的是,任何特务组织和任何恐怖行动,都必须有一个暴君支持。在没有暴君的时代里,特务无力肆虐,即令窃弄权威,也可以用舆论来阻止。

问：　您出生于相当恶劣的环境,如何自我突破,求得如此精湛的学问?有无个人较独特的治学方法可以给青少年时错过念书环境的人作参考?您做人的哲学为何,碰到逆境时如何能把持自我、不被击垮?而挣出逆境后,又该如何看待世事?

柏　杨：千万不要误会我是在谦虚,事实上,我是一个平凡的人,并没有“少怀大志”,少年时最大盼望是当篮球校队。但是有一个故事说:一只青蛙,掉到一个很深的车辙里,同伴们闻声跑来,伸出援手,可是无论怎么拉,都没有办法把它拉出来,最后它们终于放弃。第二天一早,当它们再回到原处,打算收殓朋友的尸体时,发现它在草地上跳来跳去,还唱着欢乐的歌,不禁问它:“你是怎么跳出来的?”它回答说:“我不得不跳出来,因为一辆大车辗过来了。”我也是一样,命运和性格,像两条鞭子一样,一直对我抽打,我并不是为了表演跳出车辙的特技,而自己投入车辙,而是被推到车辙里之后,不得不跳出来。

从我成长的过程中可以看出,我的学识有限,第一,我没有良好的家庭教育,只有一个不常在家的父亲,和一个仇恨前妻孩子的继母,生命中充满了惶恐和哀苦。第二,我从没有较长的时间在学校里静下来读书,既不喜欢在课堂上听讲,又没有恩师耳提面命,而且日夜都孤独地等待假证件的暴露,心神无法安宁。只是喜欢读书,凡是我看得懂的书,甚至看不懂的书,我都喜欢读,没有目的(除了考试时候那两篇英文作文),也没有企图,读书对我来说是最大的满足,我不但能蹲在厕所里读,有时候厕所已经上完了,仍不肯起来,继续蹲在那里读,只因为不愿中断。而且我还可以一面走路一面读,当《自立晚报》设在台北长安东路时,我每天上班经过那时还没有加盖的公圳旁、狭窄的新生南路上，就曾经撞到电线杆上过。

对书的内容，我会感动，也会怀疑，但不管怎么样，我认为书中的每一个字都已经化成我的营养，使我成长。可惜的是，我读这些书，都不是专家十年寒窗苦读的书，所以，在谋生方面，没有一技之长。我真羡慕很多人一帆风顺，他们并不是没有烦恼，也不是没有灾难，不过是灾难的程度和认知上有差异而已。罗素曾讲过："坐牢的人，都不是聪明的人，由坐牢这件事上，就可证明。"所以我并不认为，我有资格向青年朋友提出做人做事的正确忠告，因为如果照着我的忠告去做，将来可能也去坐牢。一定要回答的话，我认为必须不断地提高自己的素质、不断地成长，具体地说：要不断地读书、吸收，吃菜也吃草，吃荤也吃素，要使它们都转化成为营养。

我有一种毛病，从不提"想当年"，除非有人跟我提起，或像写《回忆录》之时。对于过去光荣的事，有些人念念不忘，而我过去根本没有什么光荣的事，对过去受屈辱的事，谈起来往往仍有余恨。而我比较自私，不愿意被这种余恨支配我的感情，把我搞出胃溃疡，所以我都把它化成一缕轻烟，对美丽的友情和这个有情的世界，爱还爱不完，已没有多余的精力去恨。

问：您一生最大的快乐是什么？遗憾有哪些？最爱的人是谁？有无最恨的人和事？作品当中，最满意的是哪些，或是哪一部？

柏　杨：人生最大的快乐，对我而言，几乎每天都会发生。换句话说：我们家每天都有一件最大的快乐，尤其是要出门的时候，总是发现丢了东西，于是乎找皮夹、找皮包、找钱包、找眼镜、找门钥匙、找车钥匙、找身份证、保健卡、提款卡等，成为最大的灾难，全家每一个人都急得发晕，并且百思不得其解,它们为什么会不见？尤其是找猫(他的学名叫熊熊),更是飘忽不定,它很少出房门,却经常不知去向,于是翻箱倒柜,到处呼唤,好像出了天大的祸事,每一次的结果都铁定会找到,于是我们就享受一次每天最大的快乐。

我最爱的人是谁,我想你一定有一个预设的答案,那就是我的妻子张香华,但我还是告诉你一些对我有恩的人的名字,像北京赠我路费的徐天祥先生,以及把我带到台湾来的吴文义先生,营救我十年之久的孙观汉先生和陈丽真女士,照顾我的梁上元女士、罗祖光先生,以及在晚年全力扶持我的周碧瑟女士。他们的热情和爱,使我重获生命。还有一些我有意无意冒犯过或伤害过的朋友,他们对我的原谅和包容,我都一一心存感激。

我并没有恨的人,更没有最恨的人,前已说过,我非常自私,我不会浪费我生命中最后残余无几的宝贵时间去恨。我只有瞧不起的人,还有被我认为可怜的人,但我一直学习用朋友对我的态度,同样的原谅包容这些人。

至于对自己最满意的作品,你必须承诺不讥笑我大言不惭,我才能告诉你。第一部是《中国人史纲》。在汗牛充栋的史书中,似乎只有这部书把中国五千年历史,说得明明白白、清清楚楚。其他所有版本,包管你看了比不看还要糊涂。第二部是《柏杨版资治通鉴》。这当然是分享司马光先生的荣耀,但我有两点贡献:一是我把深奥生涩的古文,不仅译得明明白白,而且整理得整整齐齐。二是,这是一部宝藏,一个中国人,或希望知道中国精致历史的外国人,这部书供给他全部营养,没有第二部书可以代替。

见书就读的人

访问者汤芝萱小姐
文载1997年5月台北《出版界》杂志

以小说《异域》、杂文《丑陋的中国人》闻名海内外，新诗获国际桂冠诗人奖，白话文改写《资治通鉴》而让一般人也能登其殿堂的柏杨，去年又以《柏杨回忆录》轰动书市。这本书除了揭露柏杨先生个人的遭遇外，也提到他坎坷的求学生活及阅读经验。究竟"阅读"对他而言是何况味？又是如何造就出今天著作等身的柏杨来？以下试拟了几个问题，也许读者能在其中寻回读书的趣味！

问：启蒙书对您日后写作的影响如何？

柏杨：我有很多朋友，从小就不喜欢文学，而喜欢数理。晚上睡不着觉的时候，就找一些他们认为最枯燥的书来看，作为催眠。所谓最枯燥的书，就是小说，包括新小说和旧小说。一位同学告诉我说，他这一辈子都没有看完"一页"小说过（可不是"一本"）。而另外一类朋友，包括我在内，却认为天下最枯燥事，莫过于数理。这两种人很显然的，在社会上走的是两条相距愈来愈远的道路。这项巨大的不同，从什么时候分岔的？事关专业学问，我并不懂，但就我自己的体验，我之所以这么厌恶数理，可能在我遗传的基因里面，缺少数理方面的染色体。但也可能和我上小学时候的老师侯万尊先生无情的体罚有关，使我对数理，由畏惧而拒抗，由拒抗而畏惧。假如当初我的作文课，偶尔有一篇写得不够水准，而被老师把手打得红肿，而数学老师却和蔼可亲的话，我可能成为数理大师也说不定。

不管什么原因，不管是福是祸，我被逼自动自发地走上了文学这一条路。小学二三年级的时候，读过当时中华书局出版的《小朋友》，但内容已不记得，等到小学四年级，我接触到的第一篇新式文学小说，就是葛非先生到课堂上朗诵给我们听的一篇短篇小说《渺茫的西南风》，情节不复记忆，但是它的那种哀怨的气氛，直到六十多年后的今天，仍忘不了那位老师，忘不了那间教室、那所学校，以及女主角的悲情。

这篇小说，是使我喜欢文学，从事文学创作的第一因，稍后，我看《小五义》《七侠五义》《续小五义》以及《荒江女侠》、平江不肖生的《江湖奇侠传》。我说，就那时候，激发出来一个小男孩心灵上，对侠义行为的崇拜情操。更稍后，我读《三国演义》《水浒传》，都对我有很大的吸引。后来，初中一年级，我才开始读《红楼梦》，但读不到一半，就再也读不下去，有人告诉我，那是中国第一部文学巨著，我却嗤之以鼻，因为即令包括后半部书在内，从头到尾，一直没有出现过路见不平，拔刀相助，杀得鸡飞狗跳的场面，对一个十三四岁的男孩而言，凡是没有打斗的书，都不是好书。后来我看张恨水先生的《啼笑姻缘》，那是使我入迷的第一部纯情小说，然而，真正把我引入文学、醉心文学的一本书，却是名不见经传的《作文描写辞典》。这一类的书在十年前的台湾市场上，也曾出现过，现在大概不流行，市面上已看不到了，深感可惜。它把很多小说和散文作品上的精彩描写（包括风景、场景、动作和心理变化）做片段的摘录，看了之后，不但扩大自己的遐思，也会从这些片段的描写中，进入另一个朦胧的世界，激发深入探讨的欲望。像我看到一段描写丁玲女士的第一任丈夫胡也频被秘密逮捕的夜晚，丁玲挨门逐户到朋友家寻找的情形，诡谲而恐怖，使我决心要看完全书，全书名《自杀日记》。后来才知道，不过二十几岁的胡也频，于当天夜晚即被枪决，而我对丁玲的美好印象，一直维持五十年之久。

一个作家的原动力，不决定于他一生所看到的第一本书，有时候，他根本不知道他一生中看到的第一本书是哪一本，但一定有一两本重要的书，在他年轻的时候，在心灵中发酵，如果换了其他性质完全不同的一两本书，他可能走上另外一条路，那一条路，固然可能是一条和他性格不合的痛苦的路，但也可能是一条使他改头换面、更欢乐的路。

问：　您的读书方法是？

柏　杨：自从去年（1996）《回忆录》出版，泄露了底牌。朋友们才知道我根本没有受过什么正规教育，从小学、初中、高中、大学，我也从来没有毕过什么业。即令勉强毕业，最后，也被开除。这项底牌不仅使朋友们吃惊，连我自己痛定思痛，也跟着吃惊。《光华》杂志总编辑王莹女士在访问时，特别提出来问说："你的学问为什么那么精湛？"我吓一跳的程度，几乎要用担架把我抬出来，假如我坚持说我没有学问，一定会有人讥讽我故作谦虚，但如果说我有学问（我真希望我有学问），那我实在是大言不惭。我只不过是喜欢读书而已，而我又没有能力读外文的书和略为深奥的古文的书。假定把一个知识分子比做可以挤出牛奶的牛，那接受正规教育的人，他们吃的是高度营养的饲料，而我不过是一个野生的作家，吃的是大地上我所可能吃到的各式各样的东西，其中有些是有营养的草，有些是有毒的草，我唯一的特征就是饥饿，不但吃草，而且吃树皮，甚至于吃泥土、吃粪便。

一个野生的知识分子和饲料的知识分子最大的不同是，饲料知识分子有师承，有师承的学者，难免不被纳入学说流派和社会利益团体，使他们的思想和行为，都受相当约束，但他们也建立了一个保护网，保护他们自己的学说和地盘，荣耀和生活。野生知识分子则不然，他是孤独的动物、寒冷的动物，没有保护网，没有避难之处，但是，他的思想不受任何师承局限。

具体地说，在这种野生的生态情况下，我读书简直是没有方法，唯一的方法就是见书就读，只要能够消化吸收，世界上几乎没有负面的书，每一本书、每一个字，都有足够的营养。

问：您认为读者该如何读您改写的《资治通鉴》？

柏　杨：这个问题是否可改为：读者们如何读《资治通鉴》，我实在不敢以教师自居，厚颜地告诉读者先生，应该如何读一本书。我只能就我自己读《资治通鉴》的感受，也就是在读《资治通鉴》过程中，我所得到的益处，举出几点跟各位朋友分享。

第一，每一个人都知道，毛泽东先生的案头，数十年如一日地都放着一部书，就是《资治通鉴》，他曾经告诉别人，说他翻阅过四十几遍。政治人物中，毛泽东先生是最熟悉《资治通鉴》的一位。专制时代，对年轻人而言，已成为过去，但像我这样年龄的人看来，专制时代就在昨天，而专制时代的政治斗争既惨烈而又精密，当斗争白热化不能转弯的时候，有权力的一方一定抛出终极武器，这项终极武器一旦出笼，再坚强的对手都会瓦解，被斗成一团血肉，这项终极武器就是“诬以谋反”。历史上多少首领赐给他的部下免死铁券，向他保证无论犯任何罪（包括杀人），都可以赦免，除了谋反。这就使事情变得简单明了，当他想杀你的时候，只要说你“谋反”，就一切搞定，像刘邦杀韩信、像赵构杀岳飞、像蒋中正的白色恐怖。

第二，《资治通鉴》将近一千万字，人物千万，有帝王有将相，有盗匪有小民，有男有女，有老有少，然而不管他是干什么的,只要在他名下出现“骄傲不可一世”之类的句子时,你就可以压下赌注,再往后翻三五页(大家伙也不过三五十页),就会发现他一定覆亡。如果不是身败名裂,一定是全族屠灭,最幸运的(这种幸运很少),也是狼狈下台、丢人砸锅。

第三,古人说“物先必腐,而后虫生”,这句话曾经被科学家(包括聪明的我在内)认为是不可能的,任何有机体一定先感染了滤过性病毒,然后才腐烂,可是如果你把《资治通鉴》多看几遍的话,你会发现这句话真可以说是金科玉律、万世永存。不仅《资治通鉴》上所显示的史实,即令在西方世界,也是如此。当一个国家(包括政府、政权、政治实体),只要它内部不先腐烂,任何外来的力量都不能把它摧毁。外来的力量,最多可以催化内部的腐败,但它不能代替内部的腐败,而内部的腐败包括:头目的骄傲颟顸、官员的贪污说谎、武装部队的向心力瓦解、人民普遍的怨愤,以及中央政府错误的决策。当这些条件都具备的时候,这个国家的免疫系统就整个破坏,而染上了政治性的艾滋病,一个小感冒,就可能夺命。《资治通鉴》记载了六十七个国家(包括政府、政权、政治实体)的兴亡,字字行行,可以作为例证。

第四,专制帝王和独裁领袖,最恐惧的是叛变;最喜爱的是忠心耿耿,认为那是大节。不错,大节建立在忠心之上,但是《通鉴》上可以看出:忠心似可分为四等,最高层次的忠是神性的忠,忠于以全体人民(有时候也包括统治者)幸福为依归的理念和责任。神性的忠异化而成为第二层次的人性的忠,追求正义、公平,这是大多数人逗留的阶层;以各人的性情和品格,决定自己的位置,而终极的目标是忠于事。人性的忠继续异化而成为第三层次的狗性的忠,只忠于特定的人,诸如“领袖”“帝王”“头目”之类,这类人物最大的特征是：当主人把它绑住，准备宰杀它时，它还舔主人的手。狗性的忠终极异化的结果，成为最低层次的狼性的，只忠于有权的大爷，谁的权大就忠于谁，谁能给他官做就忠于谁，历史上每当狼性的忠大行其道的时候，政治上一定有惊心动魄的场面，使人汗流浃背。

第五，有一件事不知道是不是中国所特有？历史上，一个强人总是喜欢在主流体制外，另行建一个更主流的体制，反过来钳制主流体制，使自己称心快意。主流体制的结构和政治生态，都将因之发生巨变。大多数帝国衰退时，强人就会另建一个崭新王国，结果不是摧毁了帝国，就是代替了帝国，或者帝国反扑，社会一团混乱。

以上五点是我临时的感想，当然不限于这五点，我们每个人都可能从《通鉴》中得到灵感，我不认为历史会产生什么样大的教训，但是如果历史的旧照片和现实行动的新画面重叠的时候，熟悉历史的知识分子，会特别惊恐，特别无奈。

问：　你认为现代人应该读什么书？

柏　杨：现代人当然天经地义的应该读他专业的书，假定说你是一位肠胃科医生，而竟然不知道一年以前才发现的“幽门螺旋杆菌”，你一辈子就治不好胃溃疡，你就不是一个好的肠胃科医生，这一点当然是毋庸置疑的，也用不着我们强调。我们强调的是，无论你是哪一种专业，无论你读了多少专业的书，都必须另外阅读人文方面的书，来培养自己的EQ，你可以读小说、可以写诗、可以绘画、可以雕塑、可以演唱，也可以拉小提琴——像爱因斯坦那样的拉小提琴。中国人的所谓专业，大多数都会把自己专业成一部赚钱机器，以致患了一种“上通天文，下通地理，中不通人情”的EQ痴呆症。

我可以推荐很多书给读者，但推荐太多等于不推荐，于是很自然的，我推荐《资治通鉴》。因为它是故事书，连小孩都喜欢听故事，历史就是很多小故事、大故事集结起来的长篇故事，而现在竟然有很多学生最怕上历史课、最讨厌历史书，使我由衷佩服过去的史官，和现代的历史学者，竟然把这么有趣的长篇故事，写得人人生畏，可谓武功高强。《柏杨版资治通鉴》至少做到了这一点，就是它保持着历史应有的趣味，而在这些历史的长篇故事中，我们可以看到千古不变的人的善良，和千古不变的人的邪恶。熟读历史，不会使我们成为一个预言家，但是，当失火的警铃响的时候，我们会知道那是失火的警铃。更主要的是，历史使我们有一种归属感，一个没有归属感的个人和民族，不过是一根漂泊的草。

从历史看未来

——诚实看历史，务实看现在

访问者许芳菊小姐·林志懋先生

文载 1998 年 9 月台北《天下》杂志

问： 在历史的长河中，什么样的人物才能发生影响力？他们为何能发生影响？

柏　杨： 众生茫茫，如果能够占到特别的地位，是非常不容易的一件事。在历史上，充满泡沫人物。

一个人，有很强的使命感、强烈的企图心，才有可能在历史上发生影响。企图心就是一种梦，没有企图心就动不起来，没有使命感就动不起来。

好比蟒蛇，生命中只有两件事，一是交配，一是吃饭。

两件事完成之后,就睡个几十天,醒来再交配、再吃饭,没有其他任何念头。

强烈的企图心是人的一种特质。大到一个国家、一个公司,小到牢房,有些人就是不一样。

每一个在历史上有影响力的人物,最初,都绝对是为了个人利益。最初都没有大志,大志是小志逐步累积而成的。

孙中山最初只是想要当一个清政府的小官而已,但是李鸿章不用他。

特质,是天生的。大志是培养出来的。开阔的胸襟、度量,大多数来自学习、来自挫折,不来自天性。

所以一个人有没有高贵理念,与他成不成功,没有必然关系。但是当他逐渐爬上巅峰的时候,那就成为他成不成功的一个条件,看他能不能和时代配合,能够配合就成功,不能配合就不成功。

企图心或使命感的特质是一种感觉,会在日常生活表现出来,构成一种群众魅力。没有"英雄气概"是看不出来的,只因为你没有升格到那个层面,所以你不能欣赏他。你只看到他平常的那一面,你没有看到他的特质。

问: 台湾的人现在应该用什么样的态度去看历史?

柏 杨: 台湾人民应该以诚实的态度面对历史,以务实的态度面对现在。

只有一个国家可以跟现在的台湾比,就是中世纪的波兰,它有一个特征,虽经过两次瓜分,而仍然不团结。中国人尤其是困难,因为中国人除了有个性外,从不知道还有尊重与包容,对自己人,尤其凶猛。

不能团结是我们的危机。现在我们有四个麦克风,各唱各的调。台湾唯一的希望是:不要再窝里斗了,社会斗争太多,使人厌倦,一切政治化,使人失声。

一个族群也好,一个家庭也好,要有归属,不能没有根,没有根就没有力量。台湾不能发挥大力量,就是我们把根断掉。

我做了一个统计,整个中国历史,从周王朝开国那年(公元前1132年)到二十世纪结束,一共是三千一百三十一年。全部国内、国外,大战、小战,没有战争的时间,也不过两百一十四年。如果加上金马炮战和东山岛战役,没有战争的时间不超过两百一十二年。在三千一百三十一年中,长达二千九百一十九年之久,每年都有战争,这个民族怎么受得了?

我们缺少历史感,经验不能累积、智能不能累积、尊严不能累积,似乎什么都从头开始。

台湾就是什么都从头开始,过去都不算。一切都从今天开始,明天也从今天开始,这是一个非常危险的现象,感情都是随风飘荡、千变万化的。

孟子就说过:"杀一无辜,得天下不为也。"当孟子讲这话的时候,还没有西方。"身体发肤受之父母,不敢毁伤。"讲这话的时候,也没有西方。"君子不食嗟来之食!"也没有西方,然而三者道出中国古文化中,也主张"生命的尊严""健康的尊严""人性的尊严"。

这一切都放在书架上,董仲舒后,官场文化兴起,中国人从来不诚实面对自己。民主?我有。宪法?我也有。斑马线?我也有。凡是硬件我都有,像台湾的计算机硬件各式新的都有,只是软件配不上。

中华文化要从头来,要从基础上翻新,第一要紧的是要培养中国人的尊严和诚实,然后才有尊严和诚实的未来。

中华文化缺少了些什么?

访问者李福钟先生

文载1998年2月23日《中央日报》

人权是一种绝对权利

一直到现在为止,人类最大的利益仍是国家利益。对内对外,都高于一切,过去的历史如此,在辽远的未来,也会如此。可是,一种新的思潮兴起,认为国家利益之上,人类还有一种共同的更高层面的利益,远超过国家和国家保护下的民主利益。在很久以前,人类就有一种自觉,自觉地独立于其他动物之外,而最近一次自觉则是,人类内部——人与人之间的关系,远超过对其他动物和大自然的问题,如果不获得公平的解决,人类凭着自己的智能,所制造出来的灾难,将使人类毁灭。

法国大革命对这个问题得到初步答案,那就是自由、平等、博爱三项最基本的理念,创造了欧美西方国家的现代文明,并成为全人类奋斗的目标。但是任何崇高的理念,在野心家的解读下,常异化出一种畸形的结论。好比说,某一部分有权势的人,认为那些被权势压迫的人,是天生的贱民,天生的贱民必须承认自己是天生的奴隶。美国总统林肯先生,第一个发现和抨击这种现象,他说:我们不应允许世界上,一半人有自由,一半人受奴役。那就是说,人有人的"尊严",不能因为对最高理念的解读的不同,而使"尊严"意义扭曲或丧失,这就是人权。

人权是一种绝对价值,不因地域、言语、肤色、性别和经济条件有所差别。

“亚洲价值”的兴衰

近年来,亚洲的经济发展快速,“亚洲价值”口号顺势冒出,直接挑战十七世纪以前,以自然法为基础的启蒙思想。一时之间,亚洲人也因为这个口号,忽然发现自己的身价暴涨,为我们自己有自己的价值判断与价值标准,而洋洋得意。然而,这个口号经不起考验。我们从原始的农业社会,逐渐迈入工业社会的转型之际,亚洲人还是脱离不了自耕农和佃户思想。我们没有从根本上了解贸易的真谛,而一直认为外国人来我们国家做生意,是赚我们的钱,所以产生了下列认知:“你只要敢借钱给我,我就敢向你借钱。”亚洲大、小城市,高楼大厦遂连云而起。所谓的三小龙、四小龙、五小龙、六小龙,纷纷出笼,“亚洲价值”成为金字招牌,好不风光。忽然间,西方国家收账索钱,各龙无以为应,除了诟骂西方资本家心怀叵测外,“亚洲价值”连颜面都保不住,徒落笑柄。它并不能颠覆西方计算机时代的经济思想和经济体系,只能颠覆自己国家国民(尤其是低阶层小民)的正常生活,而使国家的力量更形下陷。

中国人,你的名字是苦难!

有很多人问我:“你读过中国的《二十六史》,有什么感想?”更有多人问我:“你读了《资治通鉴》之后,有什么感想?”感想当然很多,但如果用一句话来总括的话,那就是:“中国人没有尊严。”读史的时候,我常掩卷叹息:“中国人,你的名字是苦难!”不仅生没有尊严,死也没有尊严,健康也没有尊严——至少一千年以来(多么漫长的时间),在中国广大的土地上,你会发现,每逢夜深人静,家家户户都有小女孩的哭声,她们的骨头被摧折,她们的肌肉被蹂躏成为烂疮。人格更没有尊严——灭九族、灭十族,屠城、杀降、阉割男性的生殖器、强迫接受单一思想、三百年丑陋的剃发、五千年无时或断的冤狱酷刑,中国人活在恐惧、羞辱之中。

曾志朗博士曾经用小白老鼠做过实验,他把小白老鼠分成甲、乙二组,然后电击它们。甲组的小白老鼠受电击后,立刻跳过一道矮墙,奔向广场另一端的几个小门,穿门而逃。乙组的小白老鼠,在受电击后,同样也立刻翻过矮墙,奔向广场另一端的小门,可是小门不开,因为那是画的假门,而不是真门。小白老鼠一直撞击小门,有些撞得筋疲力尽,有些甚至撞昏。过一段时间之后,再做第二次实验,甲、乙二组所有的反应,跟上一次一样。但在做了若干次之后的最后一次,甲组小白老鼠,照样的立刻翻过矮墙,奔向广场另一端的小门,穿门而逃。可是乙组的小白老鼠,在接受电击之后,却不再有任何反应,不再跳过矮墙,也不再奔到广场另一端的小门。它们都趴到地上,无奈地承受电击,不再挣扎。唯一的盼望,就是电击早一点停止,或不再电击到自己身上,而电击到别只小白老鼠身上。

这就是现代中国人的写照。

人权观念的觉醒,是美的诞生。我们用人权教育,唤醒一群乙组的小白老鼠,使它们在电击中,重新建立尊严——生命的尊严、健康的尊严、自由的尊严、人格的尊严。这四项尊严,是一种基本的人权。我们训练自己,使自己尊重这四项尊严,当这四项尊严受到侵犯的时候,绝不退缩回避。但这四项基本人权有冲突的时候,那我们就要学习第一个课题:包容。最后,还有一项更基本的人权素养,那就是,我们要训练自己诚实,诚实的尊重,诚实的包容。

我们常把“五四运动”比做中国的文艺复兴,其实两者有非常大的落差,文艺复兴运动是唤回欧洲人的诚实精神,主要是使自己诚实地面对自己。中国的“五四运动”,追求的只是科学与民主,所以我们迄今为止,仍然不能建立一个很诚实的民主制度,也不能执行一个很诚实的科学观念。最近,桃园机场发生空难,在媒体上看到一篇文章,标题是:“当中国传统文化,遇到西方计算机飞机的时候”,我感觉到,我们不能够诚实地认清自己的缺点,所以也不能诚实地学习别人的优点。我们所会的，只是制造一个美丽的盖头，认为无论盖到任何人的头上，她都会成为美丽的新娘。

中华文化中，勉强诚实的文字，多得不得了，可是这些文字，都放在书架上，专制政治的长期迫害，五千年以来从不曾停止过电击，让外国人认为中华人是世界上最狡猾的一个民族。

我们在台湾推行人权教育，是希望发起文化再造运动，诚实是最基础品质，民主就是民主，不是玩具；法治就是法治，也不是玩具；斑马线就是斑马线，更不是玩具。我们追求诚实，不是立刻要每一个人都能诚实，而是希望建立一种诚实的新文化——尊敬诚实。

推动“追求诚实”文化

人权教育基金会在推动“追求诚实”文化中——诚实的尊重和诚实的包容，第一件事情是推广人权版结婚证书。教育的对象，不是壮年以上的人，尤其不是老人。他们已经定型。我们希望另造一种新的人类，新的中华人、新的中国人、新的台湾人。这些新人类不会从天而降，我们要给这些新人类一个有人权观念的新的家庭。也就是，从年轻的新郎、新娘开始，我们把结婚证书改为结婚盟誓，这个盟誓就是新郎、新娘共同认知。从结婚那天开始，他们同意做到下列几项：他们除了是夫妻外，还是朋友；在家庭中绝不允许有殴打、诟骂之类的任何暴力；夫妻收入，完全等质；一旦对子女的教育发生歧见，必求教专家；尽量维持一夫一妻制；一定为自己订下休闲的假期；双方互相孝敬对方的父母；以及他们要了解，年老的时候，不可心存对子女的依靠，而应培养业余的兴趣。在双方都有这样认知之下的家庭，就是一个有人权信仰的家庭，他们的下一代，将是真正新人类一代，在这样家庭出生、成长的孩子，将是器宇轩昂、追求诚实、自尊尊人，而有宽大包容心的一代。不同于我们这一代，更不同于我们的上一代。

我们的第二项工作，是要建立绿岛垂泪碑。中国人从来不敢诚实地面对灾难,不敢面对死亡,认为只要不想到灾难、不想到死亡,灾难和死亡就不会来临。像乙组的那群小白老鼠,它们唯一的盼望,就是忘记电击,认为只要忘记电击,电击就不会再来。一些暴君,就是希望我们忘记过去的暴政,然后他才可以从容地再下毒手。乙组的小白老鼠群的哲学是:过去的就过去,把它忘记。事实上,他不能忘记,而只是把恐惧冤酷的悲情,刻在自己的基因上。

只有不忘记过去的罪恶,才能避免罪恶的重现;忘记过去的罪恶,罪恶一定重新抓住自己。“英雄眼泪不轻弹,皆因未到伤心处。”我们为台湾民众长期以来受到的迫害垂泪,也为所有受灾难的朋友垂泪,这个碑的建立,不但是宣告白色恐怖的结束,也是宣告历史上绵延五千年之久的政治迫害结束。这座碑,也像华盛顿越战纪念碑一样,矗立在大洋之滨,掀开历史新的纪元。

“老庄稼汉”呼唤“尊严”

访问者李凌俊先生

文载 2003 年 1 月 16 日上海《文学报》

问: 有读者认为,从《丑陋的中国人》到《我们要活得有尊严》,似乎经历了一个从“抨击”到“祝福”的过程,这是否与柏杨先生近年来的心境变化有关?

柏　杨: 记得刚开始写《柏杨版资治通鉴》那年,为了一件我觉得受到欺负的事,大发脾气,以致远流出版公司董事长王荣文,设宴向我道歉。五六年后,同样事再度发生,我却觉得那是一个屁,王董事长问我说:“奇怪,我告诉编辑说,看吧!柏杨又要跳高了。可是你竟没有跳高,平静如常,这是怎么回事?”我说:“我很后悔上次的大发脾气,即令有人欺负,我也应该包容。”他说:“你怎么忽然明白起来了?”我说:“你门缝里瞧人,把人瞧扁了,你认为我不会成长呀!”

问: 从表面上来看,知识界似乎正在变得宽容,但实际上,这是一个犬儒主义盛行的年代,相当一部分知识分子迅速地蜕变为“知道分子”、“知利分子”、“知乐分子”和“知趣分子”,许多舞文弄墨的人只讲风光不讲风采,更不讲风骨,作为一个有社会担待感,有良知,有独立见解的知识分子,在清醒之余,柏杨先生是否会感到“高处不胜寒”的孤独?如果有,该如何排遣这样的孤独?

柏 杨: 您说现世代是一个犬儒主义盛行的世代,我有同感。酱缸文化,就在这世代发挥了强势的功能!中华人是世界上最聪明的民族之一,有时候聪明得冒泡,对任何流行的普世价值,都能霎时间一口吞入,在内化之前,随时都会脱口喷出。像斑马线,我们常夸耀我们也有斑马线,但外国斑马线保护行人,我们的斑马线则把行人诱进来压得头破血流。1960年代,孙观汉博士把“爱”引进台湾文化界,十年之后,“爱”泛滥成灾,到处是“爱”,甚至出现“把交通的爱找回来”这种标语。二十一世纪开始,人权成为我们社会显学,每个人都呐喊人权,教师穿拖鞋、短裤,打赤膊上课,没有人敢干预,因为他有人权。罗兰夫人在巴黎断头台上,曾悲恸地说:“自由!自由!天下多少人用你的名字作恶!”真害怕有一天,我也会喊出来:“人权!人权!天下多少人用你的名字作恶!”

很多追求人权理念或民主理念的人,如同索忍尼辛先生,都变成道德家,转而乞灵道德。我认为我们必须创造出新的中华文化,与传统不同的新的中华文化,能够改变一个细胞,就是一个细胞。

问: 看过柏杨先生的《回忆录》,生活对您似乎不公,但是在您的作品中却看不到任何怨恨和不满,长久以来,知识分子的苦难都非常深重,除却精神上的苦难,还有物质上的柴米油盐的问题,生老病死的困顿。可以说,柏杨先生是从苦难中跨越出来的一个人,回首过去,您觉得您是如何跨越的?如果有一个特定情境,您愿意再次经历一遍那些曾经经历过的事情吗?为什么?

柏 杨:谢谢您对我的赞许,我会努力追求这些美德。实际情形是,我不过天真地盼望言论自由,揭发社会黑暗,伸张正义,帮助政府治国安民。却不知道,我犯了大错,“愚而好自用,贱而好自专”,我这个“早起的虫儿”,被“早起的鸟儿”一啄下肚。

民主政治迫使鸟儿吐出我们这些“早起的虫儿”,然而,有些虫儿已伏尸刑场,有些虫儿已死在牢房,有些虫儿现在仍囚禁疯人院,呻吟度日,只有最幸运的一些虫儿,尚活人世。我正是这群残存的幸运者之一。我拥有雄厚的企图心,用全副生命,从事于使以后世世代代,都没有人再有我这种灾难的工作——人权教育。

问: 请柏杨先生谈谈你的新书,为什么会将“尊严”而不是别的什么作为对全体中国人的祝福?

柏 杨:宇宙万物,只有人有“尊严”,这是一种天赋,与生俱来。人有尊严之后,才能成为一个人。一个没有尊严的人,固然驯顺得可以作为家奴,也可能邪恶得成为蛇蝎。读了《二十六史》,我真是悲恸:中华人一直活得没有尊严!因为我们的文化中缺少尊严。虽然偶尔有先圣大哲说出人性尊严的话,也只不过几句话,写在书上,而书,放在书架上,供后人凭吊。

问: 柏杨先生最近在忙些什么?对于自己新获得的“老庄稼汉”的称号作何感想?

柏 杨:最近忙着卧床患病,和为香港《明报月刊》写一个专栏。我还不知道大陆读者封我“老庄稼汉”绰号。在台湾倒是有人叫我“老天真”或“过动儿”。我想“老庄稼汉”的意思是嘲笑我已这么大年纪了,仍那么土头土脑吧!除了“卖国贼”绰号我不敢当以外,其他任何绰号我都接受。绰号使人感到亲切、温暖。

问: 最后,希望柏杨先生对大陆的读者说几句话。

柏 杨: 千言万语,只两句话:“我们要做一个有尊严,也尊重别人尊严的人。做一个有诚信,也有能力包容别人的人!”

建新跑道·换新骑士

访问者陶澜小姐

文载 2003 年 2 月 11 日北京《北京青年报》

问: 是什么事情促使您在《明报月刊》上发表对当代人的亲情、婚姻、衣食住行等思考的文章?其中有些是关于“中国人的尊严”的,这部分问题的思考是由什么产生的?

柏 杨: 十八年前,我鼓起勇气喊出“丑陋的中国人”,在意料的受到四面八方攻击,其中最严厉的一项是:“你指出中国人的丑陋,我们承认,但你不能够只满口唾沫地表达你的指责了之后,然后拍拍屁股走路,你有责任告诉我们怎么改正我们的丑陋?用什么方法拯救文化的沉沦?不要原则性地告诉我们人权啦,自由啦,民主啦,这类答案,我们五百年前就知道了,我们要的不是抽象的说教,而是具体的药方。”

惭愧当时我没有提出答案,因为我没有答案,只是盼望大家自觉自救,但内心有深刻的感受。不断思考和观察我们文化的生理形态和心理心态,中华人的基因跟世界各文明国家国民的基因都一样,我们之所以落后,所以沉沦,不是我们先天的就烂,而是我们的文化有病。从文化上改革,才能使我们自己提升。权力跟暴力、诡诈,和目光如豆、急剧求功,只能使我们的病势更重,沉沦更快。我觉得有责任提出一点具体建议,这些建议是可行的,不但使我们不再沉沦,而且可以使我们成为地球上的新人类。请不要讥讽我大言不惭,我只是对我们的民族充满了感情,所以迫不及待地提出来供朋友们参考。

问: 您新作中的文风看上去一如《丑陋的中国人》,嬉笑怒骂尽在其中。很多人觉得,人上了年纪会变得宽容一些,但是您好像是越老越激愤,是什么让您不能"宽容"呢?

柏 杨:"宽容"是什么?如果宽容就是"老乡愿"、"老糊涂",那我确实跟老人们不一样,我绝对不会跟"不义"妥协,更不会包容"不义"。假定"宽容"就是和稀泥、假冒伪善,那我也绝对不会和稀泥,我要把事情弄清楚;也绝对不会假冒伪善,要别人去做我自己做不到的事情。有两句话,是我们包容的规则:"遇到善事,肯定它的成果;遇到恶事,探讨它的动机。"这就是包容。我正在练习做一个有能力包容的人,我不会变成"老乡愿"及和稀泥,因为我缺少当一个"老乡愿"或老滑头的能力,在我高龄的时候,我还是说了这么多诚实的话,写出我衷心的盼望。抱歉的是,我能为国家尽力的时间不多了,所以,一有机会,就叮咛几句。虽然我看不到崭新的中华人出现,但我盼望下一代人看到。

问: 现在这个忙着赚钱的社会里,您觉得您的这些思考还会有人支持或有人批判吗?也就是说,您觉得大家还会关注精神层面的问题吗?通过《我们要活得有尊严》这本书,您最想告诉读者的是什么?

柏 杨:这个问题,台湾读者朋友也在提出,可称为"大哉问",实际就是这样，在大家都忙着赚钱的社会里，其他任何话题都没有意义。

促使人类进化的有两大动力，一是经济，一是政治，像两匹永远竞赛中的马，一匹是政治马，另一匹是经济马，有时候政治马领先，有时候经济马领先，两马有前有后，但不会死亡。二十年前，是政治马领先，现在则是经济马领先。但是我们一定要记住，更重要的是它们共同用一条跑道。我们所推动、所创造或重建的新的中华文化，就是要建立新的跑道，没有"新跑道"，仍然用"旧跑道"——"酱缸跑道"，我们的马（不管是政治马或经济马），都不会跑得快、跑得久。酱缸跑道充满了饥饿、谎言、诈欺、战争、流亡、窝里斗、自相残杀的陷阱。

我们正面对着多层面、多元化的社会，大家不可能除了一个专业以外，其他什么都看不见，如果没有新跑道，只会双马俱毙。骑士必须有丰富的人文素养，如果没有人文素养，任何一个专业，都可能为我们社会带来灾难。

讲一个历史故事作为结束，那就是北非的迦太基帝国，历史上最有名的一个商业帝国，他们非常会赚钱，但他们独缺人文素养，这个帝国亡了之后，罗马占领军搜到的全是货币，除了钱，还是钱，迦太基没有为世界人类留下任何文化。我真怕中国成为东方迦太基。我们可以拼命赚钱，但是我们也需要有高层次的文化，就是我们需要一个新的、高水平的跑道，和新的、高水平的骑士——中华文化必须提升，提升到每个人都有尊严、有尊重、有诚信、有包容。